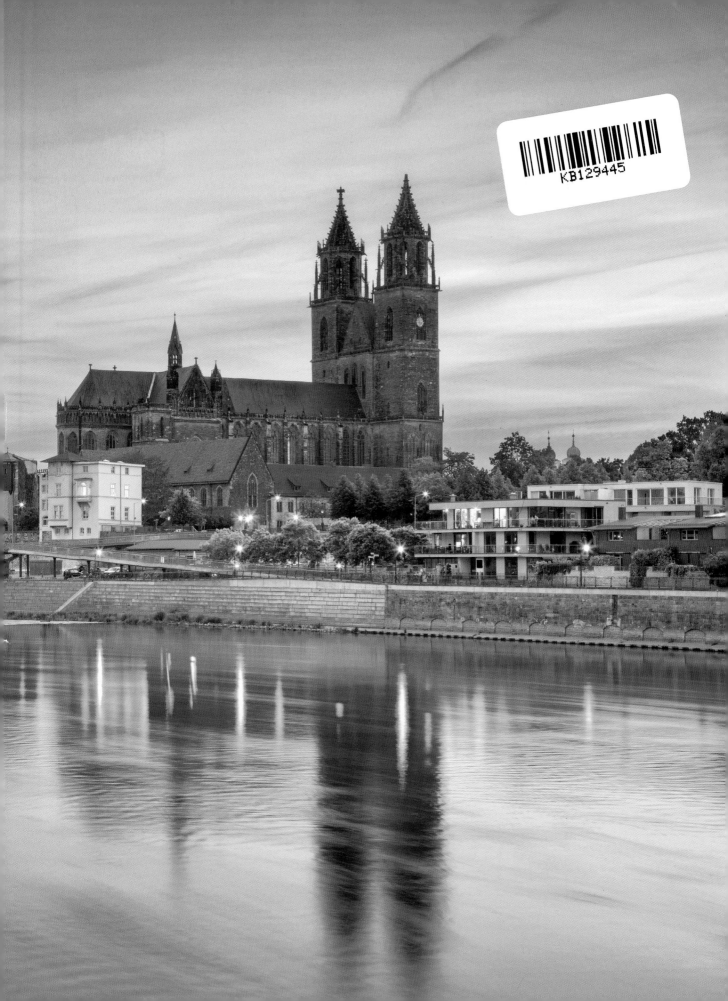

세상이 변해도
배움의 즐거움은
변함없도록

시대는 빠르게 변해도
배움의 즐거움은
변함없어야 하기에

어제의 비상은
남다른 교재부터
결이 다른 콘텐츠
전에 없던 교육 플랫폼까지

변함없는 혁신으로
교육 문화 환경의 새로운 전형을
실현해왔습니다.

비상은 오늘, 다시 한번
새로운 교육 문화 환경을 실현하기 위한
또 하나의 혁신을 시작합니다.

오늘의 내가 어제의 나를 초월하고
오늘의 교육이 어제의 교육을 초월하여
배움의 즐거움을 지속하는 혁신,

바로, 메타인지 기반 완전 학습을.

상상을 실현하는 교육 문화 기업 비상

메타인지 기반 완전 학습
초월을 뜻하는 meta와 생각을 뜻하는 인지가 결합한 메타인지는
자신이 알고 모르는 것을 스스로 구분하고 학습계획을 세우도록 하는
궁극의 학습 능력입니다. 비상의 메타인지 기반 완전 학습 시스템은
잠들어 있는 메타인지를 깨워 공부를 100% 내 것으로 만들도록 합니다.

Level 4

READER'S
BANK

Plant the Seeds of Love for English!

저는 독해집의 사명이 흥미로운 지문을 통해서 독해력을 향상시키는 것이라고 생각합니다. 그리고 독해력 향상 못지않게 중요한 것이 바로 독자들의 가슴에 영어에 대한 사랑의 씨앗을 심어주는 것이라고 굳게 믿고 있습니다. 이런 이유로 저희 영어연구소에서는 독자들에게 영어에 대한 흥미와 호기심을 불어넣을 수 있는 지문을 찾기 위해 많은 노력을 했습니다.

저희들이 심은 사랑의 씨앗들이 독자들의 가슴에서 무럭무럭 자라나서 아름다운 영어 사랑의 꽃을 피우면 얼마나 좋을까요! 먼 훗날 독자들로부터 리더스뱅크 덕분에 영어를 좋아하게 되었다는 말을 들을 수 있다면 저희들은 무한히 기쁠 것입니다.

이 책을 만들기 위해 지난 2년간 애쓰신 분들이 많습니다. 흥미와 감동을 주는 글감을 만드느라 함께 노력한 저희 영어연구소 개발자들, 완성도 높은 지문을 위해 수많은 시간 동안 저와 머리를 맞대고 작업한 Quinn(집에 상주하는 원어민 작가), 지속적으로 교정과 편집을 해주신 Richard Pak(숙명여대 교수), 채영인 님(재미 교포 편집장) 등 모두에게 깊은 감사를 드리며, 지난 30년간 지속적으로 이 책의 클래스룸 테스팅에서 마지막 교정까지 열정적으로 도와주신 김인수 선생님께도 고맙다는 말씀 전하고 싶습니다.

리더스뱅크 저자

이 장 돌 올림

About Reader's Bank

지난 35년 동안 대한민국 1,400만 명이 넘는 학생들이 Reader's Bank 시리즈로 영어 독해를 공부하였습니다. '영어 독해서의 바이블' Reader's Bank는 학생들의 영어 학습을 효율적으로 이끌 수 있도록 끊임없이 양질의 콘텐츠를 개발할 것입니다.

1 10단계 맞춤형 독해 시스템!

Reader's Bank는 초등 수준에서 중·고등 수준까지의 다양한 독자층을 대상으로 만든 독해 시리즈입니다. Level 1~Level 10 중에서 자신의 실력에 맞는 책을 골라 차근차근 체계적으로 단계를 밟아 올라가면 자신도 모르는 사이에 점차적으로 독해 실력이 크게 향상될 것입니다.

2 흥미도 높은 지문과 양질의 문제!

Reader's Bank 시리즈는 오랜 준비 기간에 걸쳐, 유익하고 흥미로운 지문들을 엄선하여 수록하였습니다. 지문에 딸린 문제들은 기본적으로 수능 경향에 초점을 맞추었지만 내신에 많이 등장하는 문항들도 적절한 비중으로 포함시켜서, 장기적인 목표인 수능과 단기적인 목표인 내신을 모두 대비할 수 있도록 균형 있게 다루었습니다.

3 문법, 어휘 및 쓰기 실력을 키워주는 다양한 연습 문제와 QR 코드

독해 지문에 나온 어휘와 문법은 Review Test와 Workbook을 통해 복습할 수 있으며, 지문을 원어민의 음성으로 읽어주는 MP3 파일은 QR 코드 스캔 한 번으로 들을 수 있습니다.

How to Study

흥미로운 영어 지문

- 지식과 상식을 풍부하게 만드는 알찬 영어 지문으로 구성

- 설문을 통해 학생과 선생님이 관심 있는 주제로 선정

- 다수의 원어민과 오랜 경험을 가진 선생님들의 현장 검토 실시

- **난이도 별 표시 / 어휘 수**
  난이도: ★★★ 상 / ★★☆ 중 / ★☆☆ 하
  어휘 수: 지문을 구성하는 단어의 개수

- **QR 코드**
  스마트폰으로 스캔하여 생생한 원어민 음성으로 녹음한 지문 MP3 청취

- **Grammar Link**
  – 지문에서 사용한 핵심 문법을 예문으로 간결하게 정리
  – 교과서 핵심 문법으로 쉽고 빠르게 학교 시험 대비

31

People

★★☆ / 102 words

Leonardo da Vinci's career as an artist began in an unusual way. One day, his sick teacher asked da Vinci to complete his unfinished painting. Da Vinci replied that he wasn't experienced enough to take his teacher's place. "Do your best. I can't paint anymore," his teacher said.

Da Vinci stood before the unfinished painting on the first day and prayed, "Please give me the skill and power to complete this painting for my beloved teacher."

Many weeks later, when the painting was finished, the teacher looked it over carefully and said, "My son, this is amazingly beautiful. I'll paint no more."

Grammar Link

2행 | ask + 목적어 + to부정사: ~에게 …해달라고 부탁하다
Mary **asked me to help** her.
Mary는 나에게 그녀를 도와달라고 부탁했다.

Why don't you **ask your friends to come** to the party?
네 친구들에게 파티에 와달라고 부탁하는 게 어때?

102 | LEVEL 4

English Only

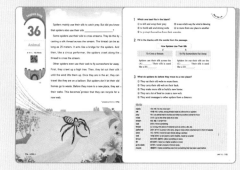

영어 문제와 단어 영영 풀이

Review Test

Unit 마무리 어휘·문법 문제

Word Hunter

흥미로운 단어 퍼즐

Laugh & Think

위트가 넘치는 만화

핵심을 찌르는 **다양한 문제**

1 이 글의 내용으로 보아, 다음 빈칸에 들어갈 말로 가장 적절한 것은?

> When da Vinci was asked to finish his teacher's work, he was _____.

① sad that his teacher was sick
② happy to help his teacher
③ pleased that his teacher picked him
④ excited about the great opportunity
⑤ worried that he wouldn't do a good job

2 이 글에서 선생님이 밑줄 친 I'll paint no more.와 같이 말한 이유는?

① 몸이 아파 더 이상 그림을 그릴 수 없어서
② 자신에게 그림 청탁이 더 들어오지 않아서
③ 제자에게 그림 그리는 것을 계속 부탁하고 싶어서
④ 제자의 솜씨가 자신보다 뛰어난 것을 알게 되어서
⑤ 제자의 그림에 실망하여 더 이상 부탁할 수 없어서

3 W 다음 영영 풀이에 해당하는 단어를 본문에서 찾아 쓰시오.

> finish making or doing something

4 G 다음 우리말과 일치하도록 주어진 단어를 배열하시오.

그는 나에게 컴퓨터를 고쳐달라고 부탁했다.
He _____ the computer.
(me / to / asked / fix)

Did You Know?

다빈치와 스승 베로키오

레오나르도 다빈치는 14살이 되었을 때, 피렌체에서 화가이자 건축가로 활발히 활동하던 안드리아 델 베로키오의 공방에 들어가 회화 수업을 받게 되었다. 당시에 화가가 되려면 4~5년간 도제 생활을 하고 마지막에 스승의 작업에 직접 참여하여 수련을 마쳐야 했다. 다빈치는 도제 생활을 3년 차에 스승의 부탁으로 (예수의 세례)의 일부를 그리게 되었다. 그는 왼쪽 가장자리에 있는 천사를 그렸는데, 그의 솜씨가 너무나도 뛰어나 스승이 그린 천사의 얼굴과 비교가 되었다. 이 일이 계기가 되어 베로키오는 화가 일을 그만두고 조각과 건축에 전념하였다고 한다.

Words

career 경력; 직업
as ~로서
unusual 특이한, 독특한
way 방식; 길
complete 완성하다
unfinished 미완성의
reply 대답하다
experienced 경험 있는, 숙련된
take one's place ~을 대신하다
do one's best 최선을 다하다
anymore 더 이상, 이제
pray 기도하다
skill 능력, 실력
beloved 사랑받는
look over 살펴보다, 검토하다
carefully 신중히, 주의 깊게
son (나이 많은 남자가 젊은 남자를 부르는 말로) 청년[젊은이]; 아들
amazingly 대단히, 놀랍게
표 **1. pleased** 기쁜
  pick 고르다, 선택하다
  opportunity 기회
4. fix 고치다

- 지문 이해에 꼭 필요한 다양한 유형의 문제들로 구성

- **서술형 내신 문제** 서술형
  주관식, 도식화, 서술형 등 다양한 유형의 문제로 내신 대비

- **어휘 문제** W
  중요 어휘에 관한 문제

- **문법 문제** G
  Grammar Link에서 익힌 문법을 문제를 통해 확인

- **Did You Know?**
  지문 내용과 함께 알아두면 좋은 흥미진진한 배경지식

- **Words**
  지문 속 주요 단어와 표현 정리

책 속의 책

정답과 해설

친절한 해설, 지문 끊어읽기, 구문 풀이

Workbook

단어 정리와 지문 해석 연습

단어장

지문별 주요 단어 정리 및 우리말 발음 제시

Contents

Contents

"Life isn't about waiting for the storm to pass.
It's about learning to dance in the rain."

인생은 폭풍이 지나가기를 기다리는 일에 관한 것이 아니다.
그것은 빗속에서 춤을 추는 법을 배우는 일에 관한 것이다.

UNIT

01

Technology

★★☆ / 112 words

You may think drones are a new invention, but they were originally used as military weapons. They carried bombs during World War I and II. Drones had a great advantage: ₃ since they don't need pilots, no lives were lost even if they were attacked. (ⓐ) Today, drones are used everywhere. (ⓑ) They observe weather or take shots from the sky for the news. ₆ (ⓒ) They rescue people from fires. (ⓓ) Soon, drones may even land on your doorstep to deliver pizza. (ⓔ) Since drones can fly anywhere, they may be used as spy cameras to ₉ take pictures of people without their permission.

Grammar Link

4/8행 | since + 주어 + 동사 ~: ~하기 때문에 (이유, 원인)

<u>Since</u> I am not busy now, I can help you.
내가 지금 바쁘지 않으니, 너를 도와줄 수 있어.

We have to hurry <u>**since**</u> we don't have much time.
우리는 시간이 많지 않기 때문에, 서둘러야 한다.

이유나 원인을 나타내는 말로, since 대신에 because나 as를 쓸 수도 있어요.

1 이 글의 흐름으로 보아, 다음 문장이 들어가기에 가장 적절한 곳은?

> Drones can do many good things for us, but some people are worried about privacy.

① ⓐ　　② ⓑ　　③ ⓒ　　④ ⓓ　　⑤ ⓔ

2 이 글에서 언급된 드론의 쓰임이 <u>아닌</u> 것은?

① 　　② 　　③

(서술형)

3 이 글에서 언급된 전쟁에서 드론이 가진 이점을 우리말로 쓰시오.

Ⓖ

4 다음 우리말과 일치하도록 주어진 말을 배열하시오.

나는 시험이 있기 때문에, 오늘 놀 수 없다.

_____, I can't play today.

(I / since / a test / have)

Did You Know?

드론(drone) 이름의 유래

무인 비행기를 가리키는 드론의 이름은 '수컷 벌' 또는 '윙윙거리는 벌의 날갯짓 소리'를 뜻하는 영어 단어 drone에서 유래되었다. 하지만 세계 최초 무인 비행기의 이름은 드론이 아니었다. 2차 대전 당시 영국 해군이 최초로 무인 비행기를 제작하고, 그것을 '여왕벌(Queen Bee)'이라고 불렀다. 후에 미국 해군에서 비슷한 무인 비행기를 제작했는데, 그것의 이름을 여왕벌의 짝이라는 뜻으로 '수벌(Drone)'이라고 지었고, 이것이 널리 쓰이게 되었다.

Words

invention 발명(품)
originally 원래, 처음에는
military 군사의, 군대의
weapon 무기, 총기
bomb 폭탄, 폭발물
advantage 이점, 유리함
pilot 조종사
life 목숨, 생명; 삶
lose (목숨을) 잃다; (물건을) 잃어버리다 (-lost-lost)
even if ~에도 불구하고
attack 공격하다
observe 관측하다, 관찰하다
take a shot 촬영하다
rescue 구조하다
fire 화재; 불
land 착륙하다; 땅
doorstep 현관 계단
deliver 배달하다
spy 스파이, 탐정
permission 허락, 허가
문 1. privacy 사생활

02

Music

★★☆ / 118 words

Do animals enjoy music? According to a study, the answer is yes. However, animals don't enjoy the same kinds of music that we do. This is because animals have a different hearing range from that of humans. For example, unlike humans, some animals prefer high-toned music.

(A) When cats listened to Teie's music, they became calm and rubbed their heads against the speakers. This means that they liked the music.

(B) Recently, a musician named David Teie composed music for cats. He took the *purring and *suckling sounds that cats make and turned them into music.

(C) So music is no longer just for humans. It is for animals too. Maybe in the future, there will be music channels and concerts for animals.

***purring** (고양이 등이) 가르랑거리는
***suckling** 젖을 빨고 있는

Grammar Link

3/10행 | **목적격 관계대명사 that**: 「명사 + that + 주어 + 동사 ~」의 형태로 명사를 꾸며준다.
I like the shirt **that** you are wearing. 나는 네가 입고 있는 셔츠가 마음에 든다.
The same man **that** I met yesterday is here.

that은 앞의 명사가 사람, 사물일 경우 모두 사용할 수 있어요.

1 이 글의 요지로 가장 적절한 것은?

① Animals enjoy music like humans.

② Most animals like high-toned music.

③ It's difficult to compose music for animals.

④ Some animals can compose music like humans.

⑤ Some people want to enjoy music with their animals.

2 이 글의 (A), (B), (C)를 글의 흐름에 맞게 순서대로 배열한 것은?

① (A) – (C) – (B) ② (B) – (A) – (C)

③ (B) – (C) – (A) ④ (C) – (A) – (B)

⑤ (C) – (B) – (A)

3 이 글의 내용과 일치하면 T, 일치하지 <u>않으면</u> F를 쓰시오.

(1) _____ 몇몇 동물들은 사람과 달리 높은 음조의 음악을 좋아한다.

(2) _____ David Teie의 음악을 듣자 고양이들은 곧 잠이 들었다.

Ⓖ

4 다음 우리말과 일치하도록 주어진 말을 배열하시오.

그녀는 나에게 그녀가 가진 모든 책들을 빌려 주었다.

She lent me _____.

(that / had / all the books / she)

Did You Know?

고양이를 위한 음악

위스콘신-매디슨 대학의 찰스 스노든 (Charles Snowdon) 심리학과 교수와 데이비드 타이 (David Teie) 작곡가는 고양이의 청각 세계를 함께 연구하였다. 그들은 고양이가 대체로 인간보다 한 옥타브 높은 음역대의 목소리를 지녔다는 것과 미끄러지는 음을 많이 낸다는 것 등을 발견하였다. 이러한 고양이의 소리를 재료로 삼아 2016년 3월, 세계 최초로 고양이만을 위한 음악 앨범 Music for Cats 를 제작하여 발표했다.

Words

according to ~에 따르면
study 연구, 조사
however 그러나
kind 종류
hearing 청력
range 범위
human 사람, 인간
unlike ~와 달리
prefer 더 좋아하다, 선호하다
high-toned 높은 음조의
calm 침착한, 차분한
rub 문지르다
against ~에 기대어, ~에 대고
recently 최근에
compose 작곡하다
turn A into B A를 B로 바꾸다
no longer 더 이상 ~ 아닌
just 단지
maybe 아마도
channel (텔레비전, 라디오 등의) 채널, 주파수

03

Jobs

★★☆ / 135 words

Nowadays, people don't just care about how a cake tastes. They care about how it looks as well. So designing cakes has become one of the most popular jobs. 3

Cake designers start by learning more about their clients, like their interests and hobbies. Then they use this personal information to create unique cakes, usually for birthdays or 6 weddings. These cakes can be in the shape of people, places or objects. _____, if the client is a musician, the cake might look like a guitar. 9

Are you interested in becoming a cake designer? Then watch some videos about cake designing on YouTube or TV. That will give you an idea of what the job is like. If you 12 decide to become a professional cake designer, go to a cooking school or find a baking program.

Grammar Link

1/2/12행 | **간접 의문문**: 의문사가 있는 의문문이 다른 문장의 일부로 연결되면 「의문사 + 주어 + 동사 ~」로 쓴다.

I don't know **how he solved the problem.**
나는 그가 어떻게 문제를 풀었는지 모른다.

Tell me **what you had for lunch.**
네가 점심으로 무엇을 먹었는지 말해 줘.

1 이 글을 쓴 목적으로 가장 적절한 것은?

① 가장 좋은 제과제빵 학교를 추천하려고

② 케이크 디자이너라는 직업을 소개하려고

③ 생일 케이크를 만드는 방법을 알려주려고

④ 선물용 케이크를 주문하는 방법을 문의하려고

⑤ 케이크 디자이너의 일상을 보여주려고

2 이 글의 빈칸에 들어갈 말로 가장 적절한 것은?

① In short   ② However   ③ Therefore

④ In other words   ⑤ For example

3 케이크 디자이너에 대한 이 글의 내용과 일치하면 T, 일치하지 <u>않으면</u> F를 쓰시오.

(1) _____ 고객의 관심사와 취미를 파악해야 한다.

(2) _____ 인물, 장소, 물건 등 특별한 모양의 케이크를 디자인한다.

4 Ⓖ 다음 주어진 단어를 알맞게 배열하시오.

Do you know _____?

(who / is / he)

Review Test

정답과 해설 p.5

1 짝지어진 단어의 관계가 <u>다른</u> 것은?

① original – originally   ② recent – recently

③ usual – usually   ④ deliver – delivery

[2-3] 다음 빈칸에 알맞은 단어를 고르시오.

2

I'm worried that many people will _____ their lives in this war.

① lose   ② attack   ③ keep   ④ save

3

He wants to watch a Hollywood movie with me, but I _____ a Korean movie.

① compose   ② prefer   ③ hate   ④ rub

[4-5] 다음 밑줄 친 단어와 바꾸어 쓸 수 있는 것을 고르시오.

4

On the stage, he showed us a new <u>kind</u> of dance.

① shape   ② list   ③ type   ④ range

5

The firefighters tried to <u>rescue</u> people from the burning house.

① recover   ② care   ③ find   ④ save

[6-7] 다음 우리말과 일치하도록 주어진 말을 바르게 배열하시오.

6 내가 늦었기 때문에 엄마가 나를 학교에 운전해서 데려가 주셨다.

My mom drove me to school _____.

(was late / since / I)

7 그들은 그 소년이 던진 공을 찾고 있었다.

They were looking for _____.

(the boy / the ball / that / threw)

04

Health

★☆☆ / 108 words

During exam periods, some students eat a lot of snacks because they are stressed. Why does stress make people feel hungry?

According to scientists, our brain produces *endorphins when we get stressed. (ⓐ) Endorphins, a kind of hormone, reduce stress. (ⓑ) But they also make us feel hungry even when we are not actually hungry. (ⓒ) This kind of hunger is called emotional hunger. (ⓓ) If we eat because of emotional hunger, we may feel better for a short time. (ⓔ) So next time, before having a snack, ask yourself, "Am I really hungry? Or is this just emotional hunger?"

*endorphin 엔도르핀(뇌하수체에서 추출되는 호르몬으로 진통 효과가 있음)

Grammar Link

5행 | **get + 형용사**: ~하게 되다
I got angry because of my brother.
나는 내 남동생 때문에 화가 나게 되었다.

cf. **I got a gift** from my girlfriend. ▶ get + 명사: ~을 받다; 얻다
나는 여자친구에게 선물을 받았다.

> become, go, grow, turn도 형용사가 뒤에 오면 get과 비슷한 의미로 쓰여요.

정답과 해설 p.07

1 이 글의 주제로 가장 적절한 것은?

① 스트레스의 여러 원인

② 스트레스의 해소 방법

③ 스트레스에서 호르몬의 역할

④ 스트레스로 생기는 감정적 배고픔

⑤ 스트레스를 줄이는 데 도움이 되는 식단

2 이 글의 흐름으로 보아, 다음 문장이 들어가기에 가장 적절한 곳은?

> But we are likely to overeat and get a stomachache as a result.

① ⓐ　　　② ⓑ　　　③ ⓒ　　　④ ⓓ　　　⑤ ⓔ

서술형

3 이 글의 내용을 다음과 같이 나타낼 때, 빈칸에 각각 알맞은 말을 본문에서 찾아 쓰시오.

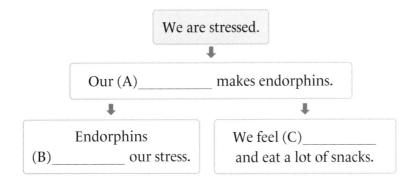

We are stressed.

Our (A)_____ makes endorphins.

Endorphins (B)_____ our stress.

We feel (C)_____ and eat a lot of snacks.

G

4 다음 밑줄 친 get의 뜻에 해당하는 것을 보기 에서 고르시오.

보기
ⓐ ~하게 되다　　　ⓑ ~을 얻다

(1) Go home before it <u>gets</u> dark.

(2) He <u>got</u> free tickets to the music festival.

For teens, looking into a mirror is a daily routine. You probably think "I am too short!" or "I am too fat!" The more you check, the more problems you find. But you're not alone. Many people also have a hard time accepting their bodies.

But if you only focus on what you don't like, you may end up hating yourself. So, stop being so hard on yourself! Here are some things you can do. First, accept your body as it is. Nobody is perfect. You don't have to be perfect, you just have to be YOU! Also, find things to like about yourself. They can be your hair, legs or hands. Or your smile! Finally, remember that nobody is like you!

Grammar Link

2행 | **the + 비교급 ~, the + 비교급** ⋯: ~하면 할수록, 더 ⋯ 하다
The more he has, **the more** he wants.
그는 더 가질수록, 더 바란다.
The higher we go up, **the colder** the air becomes.
우리가 위로 올라갈수록, 공기는 더 차가워진다.

「the + 비교급」 다음에는 「주어 + 동사 ~」 형태가 와요.

1 이 글의 글쓴이가 주장하는 바로 가장 적절한 것은?

① 타인의 외모를 비판하지 않아야 한다.

② 자신의 약점을 빨리 찾아 고쳐야 한다.

③ 외모에 꾸준히 신경을 쓰고 가꿔야 한다.

④ 자신의 능력과 가능성에 확신을 가져야 한다.

⑤ 자신의 외모를 부정적으로 생각하지 않아야 한다.

서술형

2 글쓴이의 세 가지 조언을 다음과 같이 정리할 때, 이 글의 내용과 일치하지 않는 부분을 찾아 바르게 고치시오.

3 things that you can do	(1) You should be perfect.
	(2) You can find things that you don't like about yourself.
	(3) Keep in mind that everybody is like you.

(1) _____ → _____

(2) _____ → _____

(3) _____ → _____

ⓦ

3 다음 빈칸에 공통으로 들어갈 말을 본문에서 찾아 쓰시오.

- Please, don't be too _____ on Jane. She is just a little girl.
- Sometimes we have a _____ time getting up early in the morning.

ⓖ

4 다음 우리말과 일치하도록 빈칸에 알맞은 말을 쓰시오.

네가 책을 더 많이 읽을수록, 너는 더 많이 배운다.

_____ _____ books you read, _____ _____ you learn.

Words

daily 매일의, 일상적인
routine 일과, 정해진 순서
probably 아마도
have a hard time -ing ~하는 데 어려움을 겪다
accept 받아들이다
focus on ~에 집중하다
end up -ing 결국 ~하게 되다
be hard on ~을 가혹하게 대하다
as it is 있는 그대로, 상황 그대로
nobody 아무도 (~하지 않다)
perfect 완벽한
문 2. keep in mind ~을 명심하다

06

Animal

★★☆ / 127 Words

Dolphins spend all their lives at sea. They have to go up to the water's surface every few minutes to breathe. So, if they fall asleep, they will drown. Then, how can they sleep and not 3 drown? Thankfully, nature has a unique way of solving this problem.

A dolphin's brain has two parts, just like a human's. But 6 unlike humans, dolphins can never completely fall asleep. While they sleep, they shut down only one part of their brain. The other part stays awake. After about two hours, the two 9 parts of the brain _____ their roles. Each part of the brain takes turns staying awake until they both get about four hours of sleep. This way, dolphins can get a total of eight hours of 12 sleep a day.

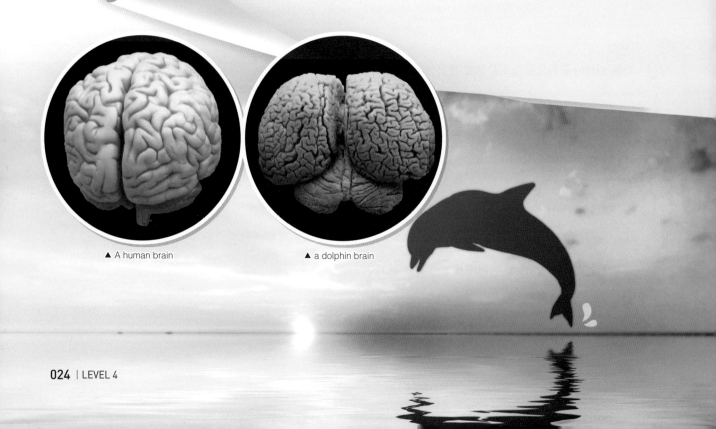

▲ A human brain   ▲ a dolphin brain

1 **What is the best title for the passage?**

① What Makes Dolphins So Smart

② Where Dolphins Sleep in the Ocean

③ Why Dolphins Are Different From Fish

④ How Dolphins Breathe While They Sleep

⑤ How Long Dolphins Can Hold Their Breath

2 **According to the passage, which is true about dolphins?**

① Dolphins can breathe underwater.

② A dolphin's brain has more parts than a human's brain.

③ Each part of a dolphin's brain gets about 2 hours of sleep a day.

④ Dolphins don't go up to the water's surface while they are sleeping.

⑤ The two parts of a dolphin's brain don't fall asleep at the same time.

3 **Which one best fits in the blank?**

① stop   ② work   ③ sleep

④ change   ⑤ communicate

Words

surface	표면 / the outside or top of something
breathe	호흡하다 / take air into lungs and send it out again
drown	익사하다 / die because of being underwater
unique	독특한 / very special, unusual
solve	해결하다 / find a way or an answer to a problem
completely	완전히 / in every way possible
shut down	끄다, 정지시키다 / make something stop working
stay awake	깨어 있다 / remain not sleeping
take turns	교대로 하다, 번갈아 하다 / do something one after the other
total	전체 / everything

Review Test

정답과 해설 p.10

[1-2] 다음 빈칸에 알맞은 단어를 고르시오.

1

> Don't _____, or you'll have a stomach trouble.

① overeat ② accept ③ reduce ④ taste

2

> After dinner, I take a walk with my dog as a daily _____.

① work ② routine ③ diary ④ period

[3-4] 다음 영영 풀이에 해당하는 단어를 고르시오.

3

> the feeling of needing to eat

① hormone ② habit ③ hunger ④ stress

4

> the outside of something

① shape ② object ③ mirror ④ surface

[5-6] 다음 문장의 밑줄 친 부분을 바르게 고쳐 쓰시오.

5 I got happily because of the flowers.

6 The more I listen to the music, the most interested I become in it.

[7-8] 다음 우리말과 일치하도록 주어진 말을 바르게 배열하시오.

7 나는 슬퍼질 때 영화를 본다.

_____

(watch / when / sad / get / I / a movie / I)

8 날씨가 따뜻할수록, 나는 기분이 더욱 좋아진다.

→ The warmer the weather is, _____.

(the better / feel / I)

Word Hunter

● 주어진 영영 풀이나 우리말에 해당하는 단어로 퍼즐을 완성하시오.

❶ a

❷ p

❸ c

❹

❺

❻

❼

❽ u

Across

❸ write a music

❺ relating to people's feelings

❻ 적응하기 어려운 환경에 처할 때 느끼는 심리적·신체적 긴장 상태

❼ not excited, nervous or upset

❽ very special, unusual

Down

❶ 어떤 사실 따위를 인정하고 수용하다

❷ 어떤 분야에 상당한 지식과 경험이 있고 그 일을 잘하는

❹ connected with soldiers or the armed forces

Answers ❶ accept ❷ professional ❸ compose ❹ military ❺ emotional ❻ stress ❼ calm ❽ unique

UNIT 02 | **027**

Christmas, 2025

UNIT

03

07

Origin

★★☆ / 90 words

Why did Columbus travel to America? Surprisingly, it was because he wanted to find salt. At that time, salt was the only way of preserving food. But it was hard to get salt from sea ₃ water, so it was valuable. _____, in some parts of the world, salt was even used as money. In fact, the word "salary" comes from the word "salt." Roman soldiers ₆ sometimes received salt instead of money for their work. When someone is "worth his salt," it means that he is worth his pay.

Grammar Link

5행 | **전치사 as**: ~로써 (수단), ~로서 (지위, 자격)

You can use this glass **as** a vase. ▶ 수단
너는 이 유리컵을 꽃병으로써 사용할 수 있다.

She works here **as** a doctor. ▶ 지위, 자격
그녀는 여기에서 의사로서 일한다.

as가 전치사로 쓰일 때는 뒤에 명사가 와요.

030 | LEVEL 4

정답과 해설 p.12

1 소금에 관한 설명 중, 이 글의 내용과 일치하지 <u>않는</u> 것은?

① 콜럼버스는 소금을 구하러 아메리카 대륙에 갔다.

② 과거에 소금은 귀하고 가격이 비쌌다.

③ 과거에는 소금이 음식을 보관하는 유일한 방법이었다.

④ 로마 군인들은 급여로 소금을 받기도 했다.

⑤ 군인들이 일을 잘하면 상으로 소금을 주기도 했다.

2 이 글의 빈칸에 들어갈 말로 가장 적절한 것은?

① Instead

② However

③ In addition

④ For example

⑤ For this reason

(서술형)

3 이 글의 밑줄 친 <u>worth his salt</u>가 의미하는 내용을 우리말로 쓰시오.

Ⓖ

4 다음 우리말과 일치하도록 주어진 말을 배열하시오.

나는 이 상자를 탁자로써 사용한다.

I use _____.

(a table / as / this box)

Did You Know?

소금과 관련된 영어 표현

중세 시대에 소금은 매우 귀하고 비쌌기 때문에, 소금을 쏟는 일은 금기시되었다. 이를 계기로 소금을 쏟으면 재수가 나쁘다는 미신이 퍼져 'It's bad luck to spill the salt. (소금을 흘리면 불행이 온다.)'라는 영어 표현이 생겼다. 미신에 따르면, 소금을 쏟았을 경우에 불행을 막으려면 소금을 조금 집어 왼쪽 어깨 너머로 던져 어깨 뒤에 숨어 있는 악령을 퇴치해야 한다고 전해진다.

Words

surprisingly 놀랍게도
at that time 그 당시에
way 방법
preserve 보관하다, 보존하다
hard 어려운, 힘든
valuable 귀중한, 가치 있는
cf. value 가치
in fact 실제로, 사실은
salary 급여, 월급
Roman 로마의; 로마 사람의
soldier 군인, 병사
receive 받다
instead of ~ 대신에
worth ~의 가치가 있는
pay 급여, 보수; 지불하다
문 2. **in addition** 게다가
　　 for this reason 이러한 이유로

08

Humor

★★☆ / 102 words

A student and a professor were sharing a seat on a train. They were tired of conversation. So the professor suggested a riddle to pass the time. 3

"The person who cannot solve the riddle has to give the other person a dollar."

"O.K.," agreed the student. "But you are better educated. I'll 6 only give you fifty cents."

"All right," agreed the professor. "You go first."

"Well, what has four legs swimming and two legs flying?" 9

"Oh, that's the most difficult riddle I've ever heard. Here is a dollar. What's the answer?"

"I don't know, either. Here's your fifty cents," responded 12 the student.

Grammar Link

10행 | 관계대명사 that의 생략: 목적격으로 쓰일 경우에 생략할 수 있다.

The people (that) I met were very nice. ▶ 목적격
내가 만난 사람들은 무척 친절했다.

cf. The bus **that** goes to the airport runs every hour. ▶ 주격
공항으로 가는 버스가 매시간 운행된다.

주격으로 쓰인
관계대명사는
생략할 수 없어요.

정답과 해설 p.13

1 이 글에서 교수가 처음 제안한 수수께끼의 규칙을 우리말로 쓰시오.

2 이 글에서 교수가 마지막에 느꼈을 심정으로 가장 알맞은 것은?

① glad
② hopeful
③ embarrassed
④ lonely
⑤ satisfied

3 이 글의 내용과 일치하도록 괄호 안에서 알맞은 말을 고르시오.

(1) The student (knew / didn't know) the answer to the riddle.

(2) The professor (lost / earned) fifty cents.

Ⓖ

4 다음 밑줄 친 that 중에서 생략할 수 있는 것은?

① I ate a donut that was made in France.
② All that I want for Christmas is snow.
③ I made some bread that had no sugar.

Words

professor 교수
share (무엇을 다른 사람과) 함께 쓰다
seat 자리, 좌석
be tired of ~에 싫증나다
conversation 대화
suggest 제안하다
riddle 수수께끼
pass the time 시간을 보내다
educated 교육을 받은
go first 먼저 하다
either (부정문의 끝에서) ~도 또한 (아니다)
respond 답하다, 응답하다
문 2. embarrassed 당황한
　　satisfied 만족하는

09

People

★★☆ / 121 words

One day, a man was boarding a train with his friend. Unfortunately, one of his shoes slipped off and fell out of the train. He was unable to pick it up, but he didn't look ₃ (A) happy / upset . Instead, he calmly took off his other shoe and threw it close to the first shoe. His friend asked, "Why did you do that?" The man smiled. "Well, a single shoe is not ₆ (B) useful / useless to me. After our train leaves, someone can pick up both shoes and wear them."

The man was Mahatma Gandhi, the great Indian leader. He ₉ believed that even the smallest act of (C) kindness / happiness can be a great blessing to someone else. How will you give someone a "pair of shoes" today?

Grammar Link

3행 | 동사 + 목적어 (대명사) + 부사
I <u>picked it up</u> for him. (○)
I <u>picked up it</u> for him. (×) ▶ 목적어가 대명사일 경우 항상 동사와 부사 사이에 와야 함
cf. I <u>picked up **the book**</u> for him. (○)
I <u>picked **the book** up</u> for him. (○)

목적어가 일반
명사일 때는 동사와
부사 사이나 뒤에
자유롭게 쓸 수
있어요.

1 (A), (B), (C)의 각 네모 안에서 문맥에 맞는 낱말로 가장 적절한 것은?

	(A)		(B)		(C)
①	happy	·····	useful	·····	kindness
②	upset	·····	useful	·····	kindness
③	happy	·····	useless	·····	happiness
④	upset	·····	useful	·····	happiness
⑤	upset	·····	useless	·····	happiness

2 이 글의 내용으로 보아, 다음 빈칸에 들어갈 말로 가장 적절한 것은?

> Gandhi threw his other shoe out of the train because
> _____.

① his shoes were too old

② he didn't like his old shoes any more

③ he was upset and could not think clearly

④ he wanted to help someone in need of shoes

⑤ he wanted to give it to his friend as a present

(서술형)

3 이 글의 밑줄 친 give someone a "pair of shoes"가 의미하는 내용을 우리말로 쓰시오.

Ⓖ

4 다음 중 어법상 어색한 문장은?

① He didn't give his dream up.

② He didn't give up his dream.

③ He didn't give it up.

④ He didn't give up it.

Did You Know?

마하트마 간디
(1869.10.2.~1948.1.30.)

인도의 독립운동가이자, 비폭력 저항 운동의 창시자이다. 22년간 남아프리카에 머물며 인종차별과 억압에 대항하는 비폭력 투쟁을 전개했다. 또한 스와데시(국산품 애용) 운동을 이끌고, 영국 직물의 불매 운동을 벌이기도 했다. 1947년에 인도 연방과 파키스탄이 분리 독립된 후, 양 국가 간의 대립이 계속되던 시기에 한 극단적인 힌두교도에 의해 암살되었다.

Words

board 탑승하다
unfortunately 불행히도
slip off 벗겨지다
fall 떨어지다
be unable to ~을 할 수 없다
upset 속상한, 화가 난
instead 대신에
calmly 침착히
take off 벗다
single 단 하나의
useful 유용한
useless 쓸모없는
Indian 인도의
leader 지도자
cf. lead 이끌다
act 행동
kindness 친절함
blessing 축복
문 4. give up 포기하다

Review Test

정답과 해설 p.15

[1-2] 다음 빈칸에 알맞은 단어를 고르시오.

1

People _____ food by using salt, or drying them.

① preserve   ② pay   ③ receive   ④ respond

2

If you work harder, I'll raise your _____.

① price   ② stress   ③ salary   ④ sale

[3-4] 다음 영영 풀이에 해당하는 단어를 고르시오.

3

a question that has a clever or funny answer

① problem   ② riddle   ③ routine   ④ conversation

4

something good that you feel lucky to have

① pay   ② weapon   ③ interest   ④ blessing

5 빈칸에 공통으로 들어가기에 알맞은 것은?

- I _____ a room with another student.
- To use a computer safely, don't _____ your computer with others.

① share   ② clean   ③ slip   ④ suggest

6 다음 밑줄 친 that 중에서 생략할 수 없는 것은?

① The teacher that taught me came from Canada.

② I love the shirt that Tom bought yesterday.

③ He is the actor that I like the most.

④ The library that I often visit doesn't open on Mondays.

7 다음 주어진 단어를 알맞게 배열하시오.

You look hot in your coat. Why don't you _____?

(take / off / it)

10

Animal

★☆☆ / 94 words

An interesting fish lives in the deep sea. It is called a *viperfish. It has a very special way of hunting: it uses light. Many parts of its mouth can light up and glow in the dark. ₃

(A) When little fish see the beautiful, bright lights, they swim over to the viperfish's mouth.

(B) When it opens its mouth, it looks like a Christmas tree. ₆

(C) Once they are inside its mouth, the viperfish shuts its jaw and swallows them.

For the little fish, the light show is over; for the viperfish, a ₉ delicious dinner is served!

*viperfish 심해어

Grammar Link

7행 | once + 주어 + 동사 ～: 일단 ～하면

<u>Once</u> you <u>begin</u> to read this book, you won't be able to stop.
일단 네가 이 책을 읽기 시작하면, 너는 멈출 수 없을 것이다.

cf. I have seen an elephant just **once**. ▶ 부사 once: 한 번, (과거의) 한때
나는 코끼리를 딱 한 번 본 적이 있다.

정답과 해설 p.17

1 이 글의 제목으로 가장 적절한 것은?

① The Viperfish's Scary Face
② The Viperfish's Sharp Teeth
③ The Viperfish's Light Fishing
④ The Viperfish's Colorful Skin
⑤ The Viperfish's Great Enemy

2 이 글의 (A), (B), (C)를 글의 흐름에 맞게 순서대로 배열한 것은?

① (A) – (B) – (C)
② (B) – (A) – (C)
③ (B) – (C) – (A)
④ (C) – (A) – (B)
⑤ (C) – (B) – (A)

3 다음 중, 이 글에서 언급된 viperfish의 사냥 방법으로 알맞은 것은?

①  ②  ③

Ⓖ

4 다음 문장의 밑줄 친 once의 뜻에 해당하는 것을 보기 에서 고르시오.

┌─ 보기 ─────────────────────────────┐
│   ⓐ 일단 ~하면   ⓑ 한 번   │
└────────────────────────────────────┘

(1) We eat out once a week.

(2) Once you start it, you must finish it.

11

People

★★☆ / 111 words

Some famous people had unusual ways of sleeping. The famous painter, Leonardo da Vinci, slept six times a day. He slept fifteen minutes and then worked four hours. After that, ₃ he slept fifteen minutes again and worked four hours. ⓐ He repeated this six times a day. ⓑ In total, he slept only ninety minutes. ⓒ Most people work during the day and sleep at ₆ night. ⓓ You may think he felt very tired, but he didn't. ⓔ He had no problem doing his work. Churchill used this way of sleeping, too. He slept less than four hours. Napoleon and ₉ Edison slept even less. But these famous men didn't get tired. Why? They took short naps many times a day, so they never got too tired.

▲ Thomas Edison taking a nap under a tree

Grammar Link

10행 | 비교급 강조 부사 **even**: 훨씬, 더욱

She is **even taller** than her mother.

cf. Dark chocolate is **far better** than milk chocolate.

cf. It is cold here **even** in April. ▶ 일반 부사 even: ~조차도, ~까지도
이곳은 4월인데도 춥다.

even 외에
far, much, a lot,
still도 비교급 앞에서
강조 부사로 쓰여요

정답과 해설 p.18

1 이 글의 ⓐ~ⓔ 중, 전체 흐름과 관계 <u>없는</u> 문장은?

① ⓐ　　　② ⓑ　　　③ ⓒ　　　④ ⓓ　　　⑤ ⓔ

2 이 글의 내용을 바르게 이해하지 <u>못한</u> 학생은?

① 예찬: 다빈치는 자다가 일어나서 그림을 그렸나 봐.

② 민주: 다빈치는 자다 깨다를 반복하면서 하루에 2시간만 잤대.

③ 수웅: 그런데도 다빈치가 그림을 그리는 데 문제가 없었다니 놀라워.

④ 다솜: 나폴레옹과 에디슨은 하루에 4시간도 안 잤대.

⑤ 정원: 나도 공부할 때 낮잠을 종종 자면서 기력을 회복해야겠어.

서술형

3 이 글의 내용과 일치하도록 빈칸에 각각 들어갈 말을 본문에서 찾아 쓰시오.

> Some famous people slept very little, but they didn't get
> (A) _____ . The secret was that they repeatedly took
> (B) _____ during the day.

Ⓖ

4 다음 문장의 밑줄 친 even의 뜻에 해당하는 것을 보기 에서 고르시오.

┌─ 보기 ─────────────────────────┐
　　　　ⓐ 훨씬　　　ⓑ ~조차도
└──────────────────────────────┘

(1) He became <u>even</u> more famous than his father.

(2) <u>Even</u> a child can understand it.

Did You Know?

쇼트 슬리퍼스(Short Sleepers)

선천적으로 잠을 조금 자도 생기를 유지하고, 피곤하지 않은 사람들이 있는데, 이들을 '쇼트 슬리퍼스(Short Sleepers)'라고 한다. 캘리포니아 샌프란시스코 대학의 Ying-Hui Fu 교수에 따르면 이들은 전체 인구의 1~2%에 달할 정도로 극소수라고 한다. 쇼트 슬리퍼스들을 대상으로 한 연구에서 특정 유전자를 발견했는데, 이 유전자를 쥐에 복제해 넣었을 때 쥐도 짧은 수면 패턴을 보였다고 한다.

Words

unusual 특이한, 드문
(↔ usual 보통의)
repeat 반복하다
in total 총, 합쳐서
tired 피곤한, 지친
have no problem -ing ~하는 데 문제가 없다
less than ~ 미만
take a nap 낮잠을 자다
cf. nap (특히 낮에) 잠깐 잠, 낮잠
문 3. **repeatedly** 반복적으로

12

Culture

★ ★ ☆ / 125 words

Biking is a common means of transportation in the Netherlands. More than 36 percent of people bike to work or school. But this hasn't always been the case. In the 60s and 70s, most *Dutch people used their cars to get around. After the oil crisis in the 70s, however, there was a campaign to ride ___(A)___ instead of ___(B)___.

The country is perfect for biking since its land is very flat. Fifty percent of the Netherlands is less than one meter above sea level. In addition, there are huge networks of bike routes and excellent bike parking spaces all over the country. So it is very easy to move around on a bicycle. This is why biking still remains amazingly popular in the Netherlands.

* **Dutch** [dʌtʃ] 네덜란드의

▲ Bike lanes of the Netherlands

1 What is the passage mainly about?

① how many people use bikes in the Netherlands

② why biking is popular in the Netherlands

③ what makes people happy in the Netherlands

④ how people started a campaign to ride bikes

⑤ the best places to ride bikes in the Netherlands

2 Which set of words best fits in the blanks (A) and (B)?

	(A)	(B)		(A)	(B)
①	bikes	····· buses	②	bikes	····· cars
③	buses	····· bikes	④	buses	····· cars
⑤	cars	····· bikes			

3 The Netherlands is good for riding bicycles because _____.
(2 answers)

① its land is very flat   ② it has many bike rental shops

③ there are few cars on the road   ④ there are many routes for biking

⑤ it is very easy to borrow bicycles

Words

common	흔한 / happening often
means	수단 / a way of doing something
transportation	교통 / a system for carrying people from one place to another place
be the case	사실이 그러하다 / be true
get around	돌아다니다 / move from place to place
crisis	위기 / a situation in which someone has very bad problems
campaign	캠페인, 운동 / a series of activities to reach a particular goal
perfect	완벽한 / having everything that is necessary
flat	평평한 / without any hills or holes
sea level	해발, 해발고도 / the average height of the sea
huge	(크기, 양이) 엄청나게 큰 / extremely large in size or amount
bike route	자전거 도로(cf. route 도로) / a way for bikes only
parking space	주차 공간 / a place where you can leave cars or bikes for a period of time
remain	~로 남아 있다 / stay in the same condition
문 3. rental	대여의, 임대의 / paying someone for the use of something like a house

Review Test

정답과 해설 p.21

1 다음 중 나머지 셋을 모두 포함할 수 있는 것은?

① subway ② transportation ③ airplane ④ ship

[2-3] 다음 빈칸에 알맞은 단어를 고르시오.

2

Be careful not to _____ the same mistakes.

① provide ② shut ③ suggest ④ repeat

3

Fast food is unhealthy, but they still _____ a popular meal.

① taste ② overeat ③ remain ④ pay

[4-6] 다음 우리말과 같은 뜻이 되도록 빈칸에 알맞은 단어를 보기에서 골라 쓰시오.

보기
serve   take   means

4 낮잠을 자다: _____ a nap

5 교통 수단: a _____ of transportation

6 맛있는 음식을 대접하다: _____ a delicious food

7 다음 밑줄 친 even의 쓰임이 다른 것은?

① She ran even faster than me.
② He didn't even come to the party.
③ I want to become even richer than him.
④ These shoes are even more expensive than the dress.

8 다음 우리말과 일치하도록 빈칸에 알맞은 말을 쓰시오.

일단 당신이 수영하는 법을 배우기 시작하면, 당신은 그것을 좋아하게 될 것이다.

O_____ you start to learn how to swim, you will like it.

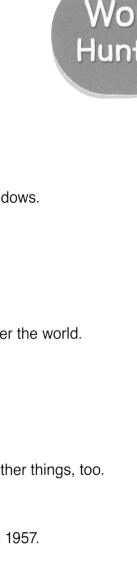

● 주어진 알파벳으로 단어를 완성하여 빈칸을 채우시오.

1 `r` `p` `d` `n` `o` `e` `s`

She never r_____ed to my letter.

2 `a` `l` `l` `f`

Raindrops f_____ on the ground, rocks, or on windows.

3 `v` `b` `a` `e` `l` `l` `a` `u`

The soil is v_____ to farmers.

4 `e` `h` `g` `u`

Korean culture is gaining h_____ popularity all over the world.

5 `v` `r` `a` `t` `e` `l`

We can t_____ around the world by plane.

6 `s` `a` `h` `e` `r`

My sister and I s_____ toys, clothes, and lots of other things, too.

7 `n` `h` `t` `g` `u` `i` `n`

Polar bear _____ has been illegal in Russia since 1957.

8 `b` `h` `r` `t` `g` `i`

Sunglasses protect your eyes from the b_____ sunlight.

9 `u` `s` `f` `o` `a` `m`

New York City is the most f_____ city in America.

10 `o` `m` `n` `m` `o` `c`

Brown is the most c_____ eye color in the world.

Answers 1 respond 2 fall 3 valuable 4 huge 5 travel 6 share 7 hunting 8 bright 9 famous 10 common

Laugh & Think

Small Act of Kindness

"No act of kindness, no matter how small,
is ever wasted."

해석 **[작은 친절한 행위]** "친절한 행위는 아무리 작더라도 결코 낭비되지 않는다."

13

Health

★★☆ / 103 words

We all know that it's important to get enough sleep the night before a test. According to nutritionists, your diet can also affect your exam score. 3

The best foods to eat before a test are fruits (like apples, grapes and peaches), peanuts, fish and oysters. These foods won't make you smarter, but studies show they can help you 6 stay awake. They fight off the sleepy effects of *carbohydrates in rice and bread.

So, if you want to do well on your next exam, get a good 9 night's sleep and pay attention to _____. Then you will certainly get a good result!

*carbohydrate 탄수화물

Grammar Link

1행 | it (가주어) ~ to부정사 (진주어)

<u>To exercise</u> every day is not easy.

→ **It** is not easy **to exercise** every day.
운동을 매일 하는 것은 쉽지 않다.

It is dangerous **to swim** in this river.
이 강에서 수영하는 것은 위험하다.

주어로 쓰인 to부정사가
길면 그 자리에 가주어
it을 쓰고 실제 주어는
뒤로 보내요.

서술형

1 이 글을 한 문장으로 요약할 때, 빈칸에 각각 들어갈 말을 본문에서 찾아 쓰시오.

> If you eat fruits and fish, you can do (A) _____ on your exam because they can keep you (B) _____.

2 이 글의 빈칸에 들어갈 말로 가장 적절한 것은?

① what you eat
② when you eat
③ where you eat
④ what you study
⑤ where you study

3 다음 중, 이 글에서 언급된 시험 전에 먹으면 좋은 음식이 <u>아닌</u> 것은?

Ⓖ

4 다음 문장을 It으로 시작하는 문장으로 바꾸어 쓰시오.

> To change a habit is very hard.

→ _____

14

Story

★☆☆ / 123 words

This is an old Jewish story. Once upon a time, God sent the angel Gabriel to the Earth. God gave him an important task. It was to find the most beautiful thing on the Earth. Gabriel 3 looked all over the Earth. He finally chose the three most beautiful things. The first was a rose; the second was a baby's smile; and the third was a mother's love. 6

It took Gabriel a long time to go back to heaven. When he returned, the flower was already dead. The baby was no longer a baby but a young man. But the mother's love was 9 the same—beautiful and true, just like before! A mother's true love is always beautiful. Even time cannot change it.

Grammar Link

7행 | **it takes + 사람(목적격) + 시간 + to부정사**: ~이 …하는 데 시간이 … 걸리다

It takes me ten minutes to walk to the station.
내가 역까지 걸어가는 데 10분이 걸린다.

It took him three hours to finish his homework.
그가 숙제를 마치는 데 3시간이 걸렸다.

정답과 해설 p.23

1 이 글의 제목으로 가장 적절한 것은?

① God's Love for Babies

② An Old Jewish Story about Love

③ The Unchanging Beauty of Roses

④ The Angel Gabriel's Important Task

⑤ The Most Beautiful Thing: A Mother's Love

2 이 글의 내용으로 보아, 아름다운 것이 갖추어야 할 가장 중요한 조건은?

① 성스럽고 헌신적인 것

② 남에게 도움이 되는 것

③ 꾸밈이 없고 진실된 것

④ 시간이 지나도 변함이 없는 것

⑤ 가장 많은 사람들이 좋아하는 것

서술형

3 이 글의 밑줄 친 the three most beautiful things가 가리키는 것을 우리말로 쓰시오.

Ⓖ

4 다음 우리말과 일치하도록 주어진 말을 배열하시오.

우리가 그 집을 짓는 데 2년이 걸렸다.

It _____ the house.

(to build / us / two years / took)

Words

Jewish 유대인의
once upon a time 옛날 옛적에
task 일, 과업
all over 곳곳에
choose 선택하다
go back 돌아가다
heaven 하늘, 천국
dead 죽은
no longer A but B 더 이상 A
가 아닌 B

A robot duck brings joy and comfort to sick kids. An American inventor, Aaron, developed it to cheer up kids who have cancer.

The robot, named Aflac Duck, can show emotions like happiness and sadness. The duck can also act like a cancer patient and show many symptoms of the sickness. So children can take care of their duck, bathing and feeding it as a nurse does. The kids become happier because they are caring for a friend who is going through the same experience.

Why did Aaron invent this robot duck? At age 12, he had a serious illness. He felt very lonely and afraid while he was being treated. He came up with Aflac Duck because he didn't want kids with cancer to feel the same way.

Grammar Link

11행 | 진행형 수동태 be + being + 과거분사 (p.p.)

The elevator **was being repaired**.
그 엘리베이터가 수리되고 있는 중이었다.

Her new house **is being built**.
그녀의 새 집은 지어지고 있는 중이다.

진행형 수동태는 수동태 의미인 '~되다'에 진행의 뜻을 더해 '~되고 있다'로 해석해요.

1 다음 중, 이 글을 읽고 대답할 수 <u>없는</u> 질문은?

① Who invented the robot duck?

② What can the robot duck do?

③ How long did it take to develop the robot duck?

④ What is the name of the robot duck?

⑤ Why did Aaron invent the robot duck?

(서술형)

2 이 글의 내용과 일치하도록 빈칸에 각각 들어갈 말을 본문에서 찾아 쓰시오.

> The robot ducks can show (A) _____ like happiness and sadness. Also, they show many signs of cancer. So a child can care for their duck like a(n) (B) _____.

Ⓦ

3 다음 문장의 밑줄 친 부분과 바꾸어 쓸 수 있는 것은?

> Nick finally <u>came up with</u> an idea to solve the problem.

① chose   ② had   ③ needed

④ tried   ⑤ found

Ⓖ

4 다음 우리말과 일치하도록 주어진 단어를 알맞은 형태로 바꾸어 쓰시오.

그 문은 그녀에 의해 페인트칠되고 있는 중이다.

The door _____ by her. (paint)

Words

bring 가져다 주다
comfort 위안, 위로
inventor 발명가 *cf.* invent 발명하다, 개발하다
develop 개발하다
cheer up 격려하다, 생기를 주다
cancer 암
emotion 감정
act like ~처럼 행동하다
patient 환자; 참을성 있는
symptom (질병의) 증상
take care of ~을 돌보다
bathe ~을 목욕시키다
feed 먹이를 주다
care for ~을 보살피다, 돌보다
go through ~을 겪다, 경험하다
experience 경험
serious 심각한
illness 질병, 질환 *cf.* ill 아픈, 병이 든
treat 치료하다
come up with (해답 등을) 생각해내다, 찾아내다
feel the same way 똑같이 느끼다, 동감하다
[문] **2. sign** 징후, 신호

Review Test

정답과 해설 p.26

1 다음 중 나머지 셋을 모두 포함할 수 있는 단어는?

① anger   ② happiness   ③ emotion   ④ sadness

[2-3] 다음 빈칸에 알맞은 단어를 고르시오.

2

> The bad weather doesn't _____ my plan.

① affect   ② feed   ③ treat   ④ bring

3

> My parents always _____ for me when I'm sick.

① care   ② accept   ③ rescue   ④ observe

[4-5] 다음 영영 풀이에 해당하는 단어를 고르시오.

4

> something that makes you feel better when you are worried or unhappy

① crisis   ② comfort   ③ weapon   ④ attention

5

> a sign of an illness like coughing or runny nose

① diet   ② task   ③ symptom   ④ experience

[6-7] 다음 문장의 괄호 안에서 알맞은 것을 고르시오.

6 It is very common (to have / have) an English nickname nowadays.

7 It takes me twenty minutes (to clean / cleaning) my room.

8 밑줄 친 부분에 유의하여 다음 문장을 바르게 해석하시오.

His new song is being played now.

_____

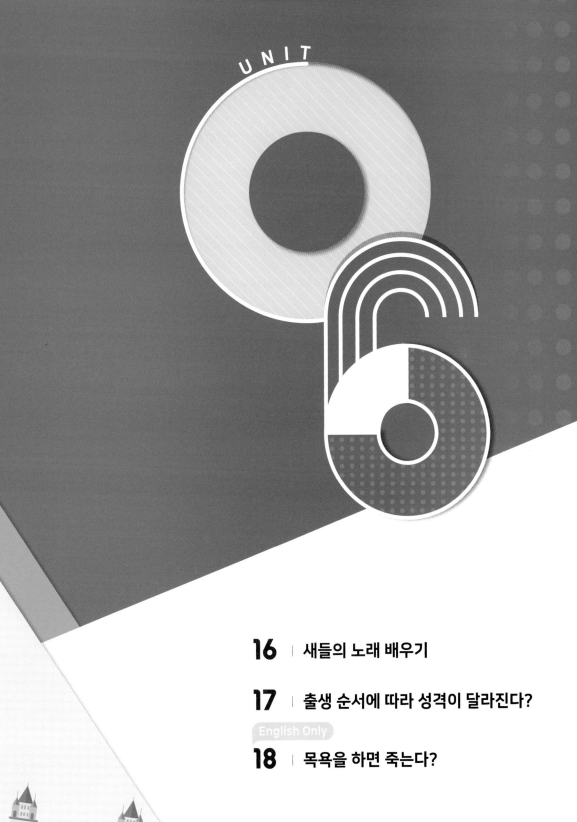

Many songbirds learn to sing by listening to their fathers.

(A) However, if they are taught the songs of another kind of bird, they learn them easily and even pass them on ₃ to their young.

(B) So if they are separated from their fathers and are never taught to sing their own songs, they will only be able to ₆ make strange noises.

(C) In one experiment, a baby *bullfinch was raised by a *canary. Surprisingly, the baby bird learned the canary's ₉ song easily. When it became an adult, it even taught its children to sing like canaries.

*bullfinch 멋쟁이 새(피리새의 일종)
*canary 카나리아

Grammar Link

2행 | 접속부사 however: 그러나

I was sick yesterday. **However**, I went to school.
나는 어제 아팠다. 그러나, 나는 학교에 갔다.

cf. You are only 14. **Therefore**, you can't watch the movie. ▶ 그러므로
The hotel is great. **Besides**, it is cheap. ▶ 게다가

However로 문장을 연결할 때는 반드시 뒤에 콤마를 붙여야 해요.

정답과 해설 p.27

1 이 글의 (A), (B), (C)를 글의 흐름에 맞게 순서대로 배열한 것은?

① (A) – (C) – (B)　　　② (B) – (A) – (C)

③ (B) – (C) – (A)　　　④ (C) – (A) – (B)

⑤ (C) – (B) – (A)

2 이 글을 다음과 같이 요약할 때, 빈칸 (A)와 (B)에 들어갈 말로 가장 적절한 것은?

> The ___(A)___ of a bird's songs depends on ___(B)___ .

	(A)		(B)
①	sound	·····	how long the bird learns
②	sound	·····	what the bird eats
③	volume	·····	where the bird is born
④	style	·····	when the bird learns to sing
⑤	style	·····	who raises the bird

3 이 글의 내용과 일치하면 T, 일치하지 <u>않으면</u> F를 쓰시오.

(1) _____ 노래하는 새들은 아빠에게서 노래를 배운다.

(2) _____ 노래하는 새들은 다른 새의 노래를 배울 수도 있다.

Ⓖ

4 다음 문장의 빈칸에 들어갈 말을 보기 에서 골라 쓰시오.

┌─ 보기 ─────────────────────────┐
　　　However　　　Therefore　　　Besides
└─────────────────────────────┘

(1) Ted studied hard. _____, he got a good score.

(2) The movie was short. _____, it was great.

(3) The concert was fantastic. _____, tickets were free.

Words

songbird 노래하는 새, 지저귀는 새

pass A on to B A를 B에게 전수하다, 물려주다

young (동물의) 새끼

be separated from ~에서 분리되다

one's own ~ 자신의

make a noise 소리를 내다 *cf.* noise (듣기 시끄러운) 소리, 소음

experiment 실험

be raised by ~에 의해 길러지다, 양육되다 *cf.* raise 기르다, 키우다

圈 **2. depend on** ~에 달려있다

17

Psychology

★★☆ / 117 words

Are you the oldest child or the youngest child in your family? Some psychologists say birth order can affect your personality. 3

First-born children often want to be perfect. They want respect from their brothers and sisters. That's why they often become leaders. Many presidents were the oldest children in 6 their families.

Middle children usually make peace. They act as a bridge between the first-born and the youngest children. They hate 9 fights and always try to stop them. That's why middle children have a lot of friends and often become *diplomats.

Youngest children always want to be the center of attention 12 in their family. They are also creative and like to have fun. Many youngest children become artists.

*diplomat 외교관

Grammar Link

2행 | 목적절을 이끄는 접속사 that의 생략
I know (that) she is honest. 나는 그녀가 정직하다는 것을 안다.
We agreed (that) the price was very low. 우리는 그 가격이 매우 저렴하다는 것에 동의했다.

1 이 글의 주제로 가장 적절한 것은?

① 적성에 맞는 직업 고르기

② 리더가 갖추어야 할 자질

③ 형제 자매간 우애의 중요성

④ 출생 순서에 따른 성격 차이

⑤ 사교적인 성격을 기르는 방법

2 이 글의 내용과 일치하도록 각 출생 순서에 알맞은 성향과 직업을 표에서 골라 쓰시오.

성향	인기 있는 직업
① hate making mistakes	ⓐ musician, painter
② want to draw people's interests	ⓑ diplomat
③ try to prevent fights	ⓒ president, CEO

(1) first-born children: _____

(2) middle children: _____

(3) youngest children: _____

Ⓦ

3 다음 빈칸에 공통으로 들어갈 말을 본문에서 찾아 쓰시오.

• I like him because he has a friendly _____.

• People's clothes are often an expression of their _____.

Ⓖ

4 다음 중에서 밑줄 친 that을 생략할 수 없는 문장은?

① They say that she is a genius.

② Do you know any flowers that bloom in the winter?

③ Can you believe that I finished in first place?

Words

psychologist 심리학자
birth order 출생 순서
affect 영향을 미치다
personality 성격
perfect 완벽한
respect 존경, 존중
president 대통령, 회장
act as ~의 역할을 하다
bridge 다리, 가교
attention 관심, 주목
creative 창의적인
have fun 즐기다, 재미있게 놀다
artist 예술가, 화가
문 2. **draw** 끌다
   interest 관심
   prevent 막다, 방지하다
  4. **bloom** (꽃을) 피우다
   in first place 1위로, 1등으로

18

History

★ ★ ☆ / 135 Words

How many times do you shower a day? Maybe you shower at least once or twice a day. But if 18th-century kings and queens heard our answers, they would be shocked.

At that time, kings and queens didn't like to take showers or baths. Take Queen Isabella of Spain for example. (ⓐ) She was proud that she had only bathed twice in her whole life. (ⓑ) Louis XIV of France didn't bathe much, either. (ⓒ) He bathed only three times in his life. (ⓓ) Philip II of Spain even put people in jail for bathing. (ⓔ)

So what was their problem with bathing? All of them believed that warm water opens the pores or small holes in the body, and disease could flow into the body through the pores. That's why they were afraid of bathing.

정답과 해설 p.29

1 What is the best title for the passage?

① The History of Baths

② The Problems of Hot Baths

③ The Cleanest Country in the World

④ Kings and Queens Who Hated Baths

⑤ Health and Disease in Human History

2 Where does the following sentence best fit?

> But this is nothing.

① ⓐ   ② ⓑ   ③ ⓒ   ④ ⓓ   ⑤ ⓔ

3 Write T if the statement is true, or F it is false.

(1) _____ Queen Isabella was ashamed that she didn't take baths much.

(2) _____ Kings and queens thought that bathing was harmful for their health.

서술형

4 According to the passage, what does the underlined their problem mean? Answer in Korean.

Words

shower	샤워하다 (= take a shower) / wash one's body with water
at least	적어도 / as much as, or more than
take a bath	목욕하다 / wash one's whole body with water
take something for example	~을 예시로 들다 / give an example of something
bathe	몸을 씻다 (명사: bath) / wash one's body with water
jail	감옥 (= prison) / a building where people are kept as a punishment for a crime
pore	모공, 구멍 / very small holes in skin
disease	질병 / an illness affecting humans, animals or plants
flow	흐르다 / move smoothly and continuously in one direction

Review Test

정답과 해설 p.31

1 다음 중 나머지 셋을 모두 포함할 수 있는 단어는?

① cancer　　　② disease　　　③ headache　　　④ stomachache

[2-3] 다음 빈칸에 알맞은 단어를 고르시오.

2

> I couldn't sleep well last night because of the _____ downstairs.

① noise　　　② diet　　　③ peace　　　④ salary

3

> Susan is a smart student. She always gets _____ scores.

① creative　　　② worth　　　③ unique　　　④ perfect

4 영영 풀이에 해당하는 단어는?

> the way a person thinks or behaves

① method　　　② form　　　③ personality　　　④ sense

5 다음 밑줄 친 **that**의 쓰임이 다른 것은?

① Who is the man that gave her the flower?
② I didn't expect that he would cry then.
③ I hope that you will like it.
④ I think that you are right.

[6-7] 다음 각 문장의 빈칸에 알맞은 말을 보기 에서 골라 쓰시오.

> ┌ 보기 ┐
> However　　　Therefore　　　Besides

6 He was sick. _____, he kept working.

7 You're just a kid. _____, you can't drive my car.

Word Hunter

● 주어진 뜻에 맞게 단어를 완성한 후, 각 번호에 해당하는 알파벳으로 문장을 만드시오.

Words

1 r s e c p t e 존경, 존중

[ ][ ][ ][ ][ ][9][ ][1]

2 e s t y r o 굴

[11][ ][ ][ ][ ][12]

3 e h v a n e 천국

[ ][ ][4][ ][ ][16]

4 o l e n y l 외로운

[ ][ ][ ][14][13][ ]

5 h s o k c 충격을 주다

[ ][ ][ ][ ][15]

6 f a e c f t 영향을 끼치다

[ ][ ][ ][ ][10][ ]

7 t s a r t i 예술가

[ ][6][ ][ ][7][ ]

8 j w i h s e 유대인의

[ ][ ][ ][5][2][ ]

9 t e r a t 대접하다

[8][ ][ ][17][ ]

10 p m s m t y o 증상

[ ][ ][ ][ ][3][ ][ ]

Sentence

[1][2][3][4] [5][6][7][8][9] [10][11][12] [13][14] [15][16][17].

How to Download

"Don't interrupt – he's downloading another song."

___
해석 [다운로드하는 방법] "방해하지 마 – 그는 노래를 또 내려 받고 있는 중이야."

19

Culture

★★☆ / 102 words

When you hear the word "shower," what comes to mind? Maybe it is "washing your body with water." But a shower can also mean "a lot of gift giving and blessings" on a special ₃ day. For example, when a woman is expecting a baby, her family will have a baby <u>shower</u> several weeks before the baby is born. At the party, invited family and friends will bring a ₆ lot of presents for the baby. Another kind of "shower" is a *bridal <u>shower</u>. When a woman gets married, all of her female friends and relatives throw her a party and wish her well.

* **bridal** 신부의, 결혼식의

Grammar Link

4/5행 | 시간·조건 부사절에서 미래를 대신하는 현재 시제

I will leave here <u>before she **comes**</u>. ▶ will come (×)
그녀가 오기 전에 나는 이곳을 떠날 것이다.

We will stay home <u>if it **snows** tomorrow</u>. ▶ will snow (×)
만일 내일 눈이 오면 우리는 집에 있을 것이다.

정답과 해설 p.32

1 이 글의 밑줄 친 두 개의 <u>shower</u>가 공통적으로 의미하는 것은?

① 욕실에서 물로 몸을 씻는 것

② 짧은 시간에 손님이 몰려드는 것

③ 예상하지 못한 소나기가 내리는 것

④ 축하 선물을 주거나 축복을 하는 파티

⑤ 상대방 몰래 하는 깜짝 파티

(서술형)

2 이 글에서 언급된 상황을 그림으로 나타낼 때, 각 그림에서 묘사하는 상황이 무엇인지 본문에서 찾아 쓰시오.

(1)

a _____ _____

(2)

a _____ _____

(G)

3 다음 우리말과 일치하도록 괄호 안에서 알맞은 것을 고르시오.

네가 내일 올 때, 나는 너에게 계획에 관해 이야기할 것이다.

When you (will come / come) tomorrow, I will tell you about the plan.

Did You Know?

베이비 샤워의 유래

임신한 여성과 태어날 아이를 축하하며 선물을 주는 일은 고대 이집트와 르네상스 시대에도 그 기록을 찾아볼 수 있다. 빅토리아 시대에는 출산 후에 엄마가 된 여성을 위해 지인들이 모여 차를 마시는 모임을 열었다.

베이비 샤워가 본격적으로 유행한 것은 세계 2차 대전 이후 베이비 붐 시대라고 전해진다. 그 행사에서 참석자들은 아기에게 필요한 물품을 선물로 주었고 함께 맛있는 음식을 먹으며 건강한 출산을 기원하였다. 당시에는 여성들만 초대되었지만 요즘에는 남녀 모두 참여할 수 있고, 아이의 아빠가 주최하기도 한다.

Words

shower 선물을 하는 파티; 샤워
come to mind (생각이) 떠오르다, 생각나다
blessing 축복
expect a baby 출산 예정이다, 임신 중이다
baby shower 임신 축하 파티
several 몇몇의, 여러
invite 초대하다
bridal shower (신부의) 결혼 축하 파티
get married 결혼하다
female 여성인; 여성
relative 친척
throw a party 파티를 열다
wish ~ well ~가 잘 되길 빌어주다

20

Technology

★★☆ / 115 words

People often use words in the dictionary as their password. But this isn't a good idea. Hackers can easily find out your password if you <u>do so</u>. How? Hackers use a program called a "dictionary attack." They try every word in the dictionary as a possible password. In a few minutes, they can find out your password.

Then how can you make a strong password? One way is to add numbers and special characters(!@#$%^) to your password. Also, avoid using passwords with only letters or numbers. An even better way is to use a sentence. For example, "my girlfriend and I love to dance together." can become "mygf*&Il2d2g." This password is not in any dictionary!

*& 'and'를 의미하는 라틴어 기호로, ampersand라고 함

7/10행 | **to부정사의 명사적 용법:** ~하는 것, ~하기

One way is **to use** a sentence for a password.
하나의 방법은 비밀번호로 문장을 사용하는 것이다.

My plan is **to travel** around Europe.
나의 계획은 유럽을 여행하는 것이다.

1 이 글의 제목으로 가장 적절한 것은?

① How to Avoid Being Hacked

② How to Make Safe Passwords

③ How to Make an Easy Password

④ How to Find a Forgotten Password

⑤ How to Use a Dictionary to Make a Password

2 다음 중 이 글에서 권장하는 비밀번호를 만드는 방법과 예시로 알맞은 것은? (2개)

방법	예시
① 특수 문자와 숫자를 사용하는 것	mybl@&o2m
② 외우기 쉬운 숫자를 사용하는 것	12345678
③ 짧은 단어를 반복하여 사용하는 것	catcatcatcatcat
④ 문장을 만들어 사용하는 것	ilove2cu
⑤ 사전의 단어 중 어려운 단어를 쓰는 것	contemporary

서술형

3 이 글의 밑줄 친 do so가 의미하는 것을 우리말로 쓰시오.

Ⓖ

4 다음 우리말과 일치하도록 주어진 말을 배열하시오.

나의 소원은 디즈니랜드에 가보는 것이다.

My wish _____.

(is / Disneyland / to visit)

Did You Know?

최악의 비밀번호

미국 보안 전문 업체 '스플래시데이터'에서 최악의 비밀번호 25개를 공개했다. 그 중 1위는 123456이며, 2위는 '비밀번호'를 영어로 표기한 password였다. 또한 영화 스타워즈의 인기로 starwars, princess 등도 순위에 들었다. 너무 단순하게 설정한 비밀번호들은 해킹 프로그램을 설치하면 불과 몇 초 만에 깨진다. 따라서 비밀번호 안전성을 확인할 수 있는 홈페이지 https://howsecureismypassword.net/에서 비밀번호를 점검해보고 주기적으로 변경하는 것이 좋다.

Words

dictionary 사전
password 비밀번호
hacker 해커
cf. hack 해킹하다
find out ~을 알아내다
attack 공격; 공격하다
try 시도하다, 시험 삼아 해보다
possible 가능한
in a few minutes 몇 분 후에
add A to B A를 B에 더하다
special character 특수 문자
cf. character 문자; 등장인물; 성격
avoid 삼가다, 피하다
letter 글자, 문자; 편지
even (비교급 앞에서) 훨씬
sentence 문장
문 1. forgotten 잊혀진 잊어버린
    2. contemporary 동시대의

21

Environment

★ ★ ★ / 141 words

Scientists were studying sea turtles in Costa Rica in Central America. Suddenly, they noticed a turtle behaving strangely. The turtle had something stuck in its nose and seemed to 3 have difficulty breathing as a result. (ⓐ) At first, the scientists thought the object was a worm. (ⓑ) But when they pulled it out, they realized it was a plastic straw. (ⓒ) 6 Once the straw was gone, the turtle swam back into the water. (ⓓ) The same day, the scientists posted a video of the rescue scene on the Internet. (ⓔ) Its goal is to make people 9 aware of the harmful effects of plastic straws. She says, "_____ may be a small change in your lifestyle, but it could be a turning point for the 12 environment."

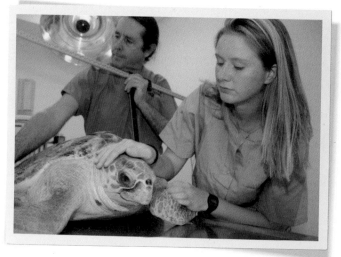

Grammar Link

3행 | **seem + to부정사**: ~인 것 같다, ~인 것처럼 보이다 (추측)

You **seem to** know a lot about English.
너는 영어를 잘 알고 있는 것 같아.

He **seemed to** be sick yesterday.
그는 어제 아파 보였다.

1 이 글의 흐름으로 보아, 다음 문장이 들어가기에 가장 적절한 곳은?

> A woman was impressed to see the video, and started a straw-free campaign by organizing StrawFree.org.

① ⓐ   ② ⓑ   ③ ⓒ   ④ ⓓ   ⑤ ⓔ

2 이 글의 내용으로 보아 코스타리카에서 발견된 바다거북의 상태로 알맞은 것은?

① 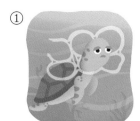   ② 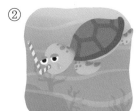   ③

3 이 글의 빈칸에 들어갈 말로 가장 적절한 것은?

① Monitoring the ocean
② Recycling plastic bottles
③ Swimming in the ocean
④ Saying no to a plastic straw
⑤ Raising money for sea turtles

Ⓖ

4 다음 우리말과 일치하도록 주어진 단어를 알맞은 형태로 바꿔 문장을 완성하시오.

그녀는 열정적으로 바이올린을 연주하는 것처럼 보였다.

She ＿＿＿＿＿＿＿＿＿＿＿ the violin eagerly. (seem, play)

Review Test

정답과 해설 p.35

[1-2] 다음 빈칸에 알맞은 단어를 고르시오.

1

> All of his friends know he is wrong, but he is not _____ of it.

① aware   ② bored   ③tired   ④ interested

2

> I like to _____ my pictures on the Internet blog.

① express   ② post   ③ deliver   ④ develop

3 빈칸에 공통으로 들어가기에 알맞은 것은?

> • My baby will be born soon, and I will have a baby _____ tomorrow.
> • If you don't _____ often, your body will smell bad.

① light   ② face   ③ shower   ④ comfort

[4-5] 다음 밑줄 친 단어와 바꾸어 쓸 수 있는 것을 고르시오.

4

> If you <u>find out about</u> the fact, you'll be very upset.

① accept   ② affect   ③ observe   ④ learn

5

> More people became aware of the <u>harmful</u> effects of plastic straws.

① dangerous   ② possible   ③ special   ④ free

[6-8] 다음 문장의 밑줄 친 부분을 바르게 고치시오.

6 She seems <u>feeling</u> bored at school.

7 If it <u>will snow</u> tomorrow, I won't drive my car.

8 My dream is <u>become</u> a football player and win the World Cup.

UNIT

8

22

Mystery

★★☆ / 95 words

There's a scary place in the Atlantic Ocean. Many strange things happen there. So far, seventy-five airplanes have gone missing and hundreds of ships have disappeared. Where is ₃ this mysterious place? It's called the Bermuda Triangle. If you connect the points between Bermuda, Florida and Puerto Rico, it makes a triangle. Inside this triangle, <u>scary</u> ₆ <u>things</u> happen to sailors. Compasses don't work, so they lose their way. Sometimes they find a huge *swirl of water. Like a monster, the swirl swallows everything nearby. Scientists ₉ cannot find the cause, so the Bermuda Triangle remains a mystery.

* **Puerto Rico** 푸에르토리코(서인도 제도에 있는 미국 자치령인 섬)
***swirl**[swəːrl] 소용돌이

Grammar Link

2/3행 | **현재완료 have[has] + 과거분사(p.p.)의 결과적 용법:** ∼해 버렸다 (그래서 현재 …하다)
Somebody **has taken** my bag. I can't find it. ▶ 현재 누군가가 가방을 가져간 상태
Jim **has lost** his keys. He can't get into his house. ▶ 현재 열쇠를 잃어버린 상태
cf. Jim **lost** his keys yesterday. ▶ 어제 열쇠를 잃어버렸고 현재 열쇠가 있는지는 알 수 없음

1 이 글의 제목으로 가장 적절한 것은?

① Where Is the Bermuda Triangle?
② Great Mysteries around the World
③ The Mystery in the Bermuda Triangle
④ The Sea Monster in the Bermuda Triangle
⑤ A Short Travel Guide to the Bermuda Triangle

【서술형】

2 이 글의 내용을 다음과 같이 요약할 때, 빈칸에 들어갈 말을 본문에서 찾아 쓰시오.

> In the Bermuda Triangle, there have been many scary accidents. But still scientists don't know the _____.

3 이 글의 밑줄 친 scary things가 가리키는 것을 고르시오. (2개)

① 물이 소용돌이 치는 것
② 바다 괴물이 나타나는 것
③ 이상한 소리가 들리는 것
④ 나침반이 작동하지 않는 것
⑤ 갑자기 바람이 거세게 부는 것

Ⓖ

4 다음 우리말과 일치하도록 주어진 단어를 알맞은 형태로 바꿔 문장을 완성하시오.

그녀는 서점에서 책 한 권을 샀지만, 그녀는 그것을 잃어버려서 지금 없다.

She bought a book at the bookstore, but she _____ _____ it. (lose)

정답과 해설 p.37

Did You Know?

버뮤다 삼각지대
(Bermuda Triangle)

버뮤다 삼각지대의 미스터리에 관한 정확한 이유는 아직 밝혀지지 않았지만, 가장 타당한 가설은 최근 호주 모내시 대학교의 조세프 모니건 교수 연구팀이 발표한 것이다.
교수의 말에 의하면 버뮤다 삼각지대의 해저에 거대한 메탄 수화물층이 존재하며, 가스가 유출될 때 배가 지나가게 되면 부력을 잃고 침몰할 수 있으며, 항공기의 경우는 가스가 통풍구로 들어가 폭발하여 사라질 수 있다고 한다.
그 외의 가설로는 지구 자기장에 의해 영향을 받는다는 것, 눈에 보이지 않는 공기 터널로 빨려 들어간다는 것 등이 있다.

Words

the Atlantic Ocean 대서양
so far 지금까지
go missing 실종되다
disappear 사라지다
mysterious 불가사의한, 신비의
cf. mystery 미스터리, 신비
triangle 삼각지대 (삼각형 모양의 지대); 삼각형
connect 연결하다
point 점
between (두 지점 이상의 장소·물건) 사이에서
sailor 선원 *cf.* sail 항해하다
compass 나침반
work 작동하다; 일하다
lose one's way 길을 잃다
cf. lose 잃다
huge 거대한, 엄청난
monster 괴물
swallow 삼키다
nearby 근처의, 가까이에 있는
cause 원인; 일으키다
remain (~의 상태로) 남아 있다

23

Culture

★★★ / 124 words

Celebrating HAPPY PI DAY

Einstein Look-Alike Contest

Einstein was born on March 14 — 3.14 (*Pi)!

Every year we celebrate Pi Day by hosting an Einstein

look-alike contest in Palmer Square in Princeton.

Join us if you think you look just like our most beloved genius!

When & Where	March 14, 10:30 a.m.–12 p.m., Palmer Square (Children who arrive by 10 a.m. can attend the birthday party. They can meet and sing "Happy Birthday" to the previous year's winner and enjoy a piece of birthday cake.)
Who	All boys and girls aged 12 and under.
Prizes	Total prizes worth $1,500! Winners will also get a year of free apple pie!
Entry Fee	$3.14
Contact	For more information, contact einstein314 @ princeton.org or call 677-314-2020.

*pi 파이(원주율: 약 3.14159 / 기호: π)

Grammar Link

8행 | **주격 관계대명사 who**

He was the actor **who** played the part of Dracula.

그는 드라큘라의 역을 연기한 배우였다.

I met the person **who** wrote that story.

나는 그 이야기를 쓴 사람을 만났다.

> 앞 명사가 사람일 경우에 쓰이며, who 이하가 앞의 사람을 꾸며줘요.

1 이 글의 목적으로 가장 적절한 것은?

① 아인슈타인 닮은꼴 대회를 홍보하려고

② 젊은 과학자들의 연구 모임을 알리려고

③ 아인슈타인 과학 경시대회를 홍보하려고

④ 아인슈타인 이론 설명회를 안내하려고

⑤ 프린스턴 대학의 과학 강좌를 소개하려고

2 Einstein Look-Alike Contest에 관한 안내문의 내용과 일치하지 **않는** 것은? (2개)

① 3월 14일 오전에 개최된다.

② 10시 이전에 오면 케이크 한 조각을 받을 수 있다.

③ 작년 대회 우승자가 생일 축하 노래를 부른다.

④ 12세 이하의 어린이만 참가할 수 있다.

⑤ 어린이들은 무료로 행사에 참여할 수 있다.

ⓦ

3 다음 대화의 빈칸에 알맞은 단어를 본문에서 찾아 쓰시오.

> A Let's _____ Teachers' Day! I'll prepare some balloons!
>
> B Oh, great! And why don't we sing a song for our teachers?

ⓖ

4 다음 우리말과 일치하도록 주어진 말을 배열하시오.

나는 주스를 마시고 있는 여자아이를 안다.

I know _____.

(is drinking / the girl / juice / who)

Words

celebrate 축하하다, 기념하다
look-alike (사람 이름 뒤에서) ~을 꼭 빼닮은 사람
be born 태어나다
host 개최하다, 열다
square 광장
look like ~처럼 보이다
beloved 사랑하는, 소중한
genius 천재
by ~까지
attend 참석하다
previous 이전의
winner 우승자
piece 한 조각, 한 부분
aged (나이가) ~세의
under ~미만
prize 상품
worth ~의 가치가 있는, ~ 어치
free 공짜의, 무료의
entry fee 참가비
contact 연락, 연결
문 3. prepare 준비하다
　　balloon 풍선

Do you know what makes a song popular? According to researchers at the University of Southern California, the answer is _____. People love songs with repeating melodies and lyrics. 3

The researchers looked at the top ten songs each year from 1960 to 2015. (ⓐ) The top ten songs contained more repetition 6 than other songs. (ⓑ) It was one of the most famous children's songs in 2018. (ⓒ) It goes like this: "Baby shark, doo doo doo doo doo doo. Baby shark, doo doo doo doo doo 9 doo." (ⓓ) As you can see, "doo doo" repeats many times. (ⓔ) This is what makes the song popular.

Then why do people love songs with repetition? They are 12 easy to understand and remember. So people can enjoy the music without trying to remember the melodies and lyrics.

정답과 해설 p.40

1 Where does the following sentence best fit?

> A great example is the song "Baby Shark."

① ⓐ   ② ⓑ   ③ ⓒ   ④ ⓓ   ⑤ ⓔ

2 Find the word from the passage that fits in the blank.

3 Write the answer to the following question in Korean.

> **Q** Why do people love songs that repeat same melodies and lyrics?

Words

popular	인기 있는 / liked or enjoyed by a large number of people
researcher	연구원, 조사자 / a person who studies a subject to find out new information
repeat	반복하다(*n*. repetition) / say or write something again or more than once
melody	선율, 가락 / a series of musical notes or tones
lyrics	(복수형으로) 노랫말, 가사 / the words of a song
contain	들어있다, 담다 / have something inside
try to	~하려고 애쓰다 / make an effort to do or get something

Review Test

정답과 해설 p.41

[1-2] 다음 빈칸에 알맞은 단어를 고르시오.

1
Don't give candies to little children. They may _____ them.

① suggest ② breathe ③ contain ④ swallow

2
I was not that hungry, so I just ate a _____ of pizza.

① piece ② prize ③ taste ④ peace

3 영영 풀이에 해당하는 단어는?

something used for finding directions, always pointing to the north

① compass ② character ③ straw ④ means

4 빈칸에 공통으로 들어가기에 알맞은 것은?

· What happened? What was the _____ of the car accident?
· Too much snow can _____ trouble on the road.

① effect ② repeat ③ cause ④ work

5 다음 우리말과 일치하도록 주어진 단어를 바르게 배열하시오.

그녀는 책을 버스에 두고 내렸다. (지금 가지고 있지 않다)

_____ on the bus.

  (her / has / she / left / book)

6 다음 두 문장을 보기와 같이 한 문장으로 바꾸어 쓰시오.

┌ 보기 ┐
I like that girl. She is sitting on the bench.
➡ I like that girl **who** is sitting on the bench.

I took a picture of the famous singer. She showed up for the concert.

➡

_____

Word Hunter

● 주어진 영영 풀이나 우리말에 해당하는 단어로 퍼즐을 완성하시오.

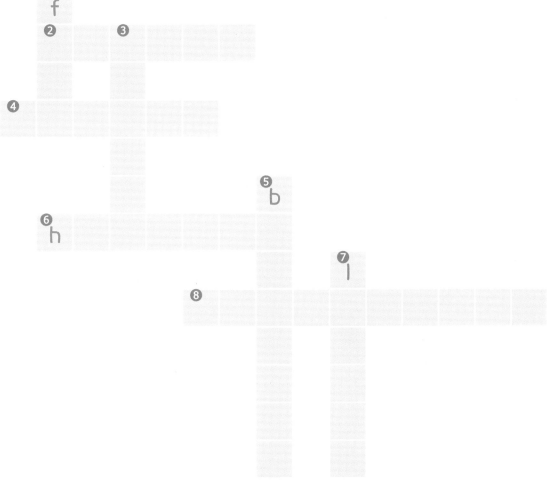

Across

❷ save somebody or something from a dangerous or harmful situation

❹ a series of musical notes or tones

❻ causing damage or injury to somebody or something, especially to a person's health or to the environment

❽ difficult to understand or explain; strange

Down

❶ without payment

❸ a party at which you give presents to a woman who is getting married or having a baby

❺ 행복을 빎 또는 그 행복

❼ 인간의 언어를 적는 데 사용하는 시각적인 기호 체계

Answers ❶ free ❷ rescue ❸ shower ❹ melody ❺ blessing ❻ harmful ❼ letter ❽ mysterious

The New Fashion

해석　[새로운 패션] "나는 너희들을 겁주려고 이걸 입은 게 아니야. 나는 그저 바다를 가로 질러 수영했을 뿐이라고."

25

Body

★★☆ / 111 words

Have you ever wondered how tall you would be when you grow up? Although it's not always accurate, you can guess by doing simple math. ₃

(A) Even if you don't like the result, don't be sad. Depending on what you eat and how much you exercise, you can become taller or shorter by up to 20%. ₆

(B) For example, suppose your father's height is 179 centimeters, and your mother's height is 168 centimeters, and you are their daughter. Then your ₉ height would be 167 centimeters.

(C) First, add your parents' heights together. If you are a boy, add 13 centimeters; if you are a girl, subtract 13 ₁₂ centimeters. Then divide that number by two.

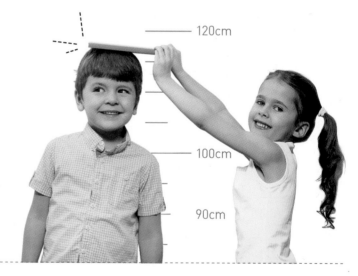

Grammar Link

2행 | 부분 부정 **not always, not all, not every**: 항상[모두] ~인 것은 아니다
People are **not always** happy. 사람들이 항상 행복한 것은 아니다.
Not all of the food was served. 모든 음식이 제공된 것은 아니었다.
Not every dog likes milk. 모든 개가 우유를 좋아하는 것은 아니다.

정답과 해설 p.42

1 이 글의 제목으로 가장 적절한 것은?

① How to Do Math Fast
② Simple Exercises to Grow Taller
③ Is There Any Way to Be Taller?
④ The Best Foods and Diet for Children
⑤ Can You Guess Your Adult Height?

2 이 글의 (A), (B), (C)를 글의 흐름에 맞게 순서대로 배열한 것은?

① (A) – (C) – (B)   ② (B) – (A) – (C)
③ (B) – (C) – (A)   ④ (C) – (A) – (B)
⑤ (C) – (B) – (A)

3 이 글의 내용을 바탕으로 남학생의 키를 계산하여 쓰시오.

G

4 다음 문장을 밑줄 친 부분에 유의하여 우리말로 해석하시오.

Not all questions are easy to answer.

26

Nature

★★☆ / 120 words

In June 2009, there were reports of unusual rain on *Honshu Island in Japan. Frogs and tadpoles were raining from the sky. A 55-year-old man told reporters that he first heard strange noises in the parking lot. When he went outside to check, he saw hundreds of frogs and tadpoles on the parked cars!

How did this happen? Some scientists believe that <u>this strange rain</u> is due to tornadoes. During a big storm, animals in the water can be caught in the tornado. When the tornado loses its speed, the animals start falling down from the sky like rain. So if the weather forecast says there will be a tornado, be sure to keep your eyes open for something interesting.

*Honshu Island 혼슈섬(일본 열도의 중심을 이루는 큰 섬으로, 동해안과 태평양 사이에 위치하고 있음)

Grammar Link

12행 | **keep + 목적어 + 목적격 보어(형용사)**: ~을 …한 상태로 유지시키다

This icebox can **keep the fruit fresh**. ▶ freshly (×)
이 아이스박스는 과일을 신선한 상태로 유지시킬 수 있다.

The hen is **keeping her eggs warm**. ▶ warmly (×)

목적격 보어 자리에
부사를 쓰지 않도록
주의하세요.

정답과 해설 p.43

1 이 글의 내용으로 신문 기사를 쓰려고 할 때, 기사의 제목으로 가장 적절한 것은?

① Heavy Rains in Japan

② Hurricane Season Is Coming!

③ Rain of Frogs and Tadpoles in Japan

④ Old Man Finds Strange Frogs and Tadpoles

⑤ Great Drops in Worldwide Frog Population

2 이 글의 내용과 일치하면 T, 일치하지 <u>않으면</u> F를 쓰시오.

(1) _____ 한 남성이 수많은 개구리들이 토네이도 쪽을 향해 뛰어 가는 것을 보았다.

(2) _____ 토네이도가 거세게 불 때, 동물이 회오리 바람 속으로 빨려 올라갈 수 있다.

(서술형)

3 이 글의 밑줄 친 this strange rain이 생기는 과정을 나타낼 때, 빈칸에 들어갈 말을 본문에서 찾아 형태를 알맞게 바꾸어 쓰시오.

How Strange Rain Happens

When a tornado passes over water, frogs and tadpoles can be (A) _____ in it.

⬇

The tornado reduces its (B) _____ .

⬇

Frogs and tadpoles (C) _____ out of the sky.

(G)

4 다음 우리말과 일치하도록 주어진 단어를 배열하시오.

커피를 마시는 것은 너를 깨어 있게 할 수 있다.

Drinking coffee _____.

(can / you / keep / awake)

Words

report 보도; 보고
cf. **reporter** 기자, 리포터
unusual 특이한, 드문
frog 개구리
tadpole 올챙이
rain 비처럼 내리다, 퍼붓다; 비
noise (듣기 싫은) 소리, 소음; 잡음
parking lot 주차장
cf. **park** 주차하다
check 확인하다, 점검하다
due to ~ 때문에
tornado 토네이도, 회오리 바람
storm 폭풍, 폭풍우
catch 붙들다, 잡다 (-caught-caught)
weather forecast 일기 예보
be sure to 반드시 ~ 하다
문 1. **drop** 하락, 저하
　　population 개체수, 인구
　3. **reduce** 줄이다

27

Story

★☆☆ / 133 words

Once upon a time, there was a poor old man. He was very wise, and many people visited him for advice. One day, the king visited the village and gave the old man's son a ³ beautiful horse as a present.

(A) The next day, the son went to the field to ride the horse. Unfortunately, he fell and broke his leg. "Bad ⁶ luck!" the neighbors said. The old man said, "Maybe it is. Maybe it isn't."

(B) A few days later, soldiers came to the village and took all ⁹ the young men to war. The old man's son didn't go because he couldn't walk. "That's good luck!" the neighbors said.

(C) All the neighbors said, "That horse will bring good ¹² luck." The old man thought for a minute and said, "Maybe it will. Maybe it won't."

Grammar Link

7/14행 | 반복하는 말의 생략

I cannot <u>ride a bike</u>, but my little sister can (**ride a bike**).

A Won't you <u>try it again</u>?

B Yes, I **will** (try it again).

앞서 나온 어구가 뒤에서 반복되면, 반복되는 부분을 생략할 수 있어요.

1 이 글의 (A), (B), (C)를 글의 흐름에 맞게 순서대로 배열한 것은?

① (A) – (B) – (C)

② (A) – (C) – (B)

③ (B) – (C) – (A)

④ (C) – (A) – (B)

⑤ (C) – (B) – (A)

2 이 글에 나온 노인의 철학으로 가장 적절한 것은?

① 참고 기다리면 행운이 찾아온다.

② 말은 행운을 가져다 주는 귀한 동물이다.

③ 다가올 불행에 대비해 준비하는 자세가 필요하다.

④ 행운과 불행은 사람의 노력에 의하여 바뀔 수 있다.

⑤ 행운이 불행이 되기도 하고, 불행이 행운이 되기도 한다.

Ⓦ

3 다음 빈칸에 공통으로 들어갈 말을 본문에서 찾아 쓰시오.

> • What can I give him for a birthday _____?
> • Enjoy the _____ moment instead of worrying about the future.

Ⓖ

4 이 글에서 밑줄 친 Maybe it will.과 Maybe it won't. 두 문장들 뒤에 공통으로 생략된 세 단어를 본문에서 찾아 쓰시오.

장답과 해설 p.44

Did You Know?

새옹지마(塞翁之馬)

인생의 길흉화복은 변화가 많아서 예측하기 어렵다는 사자성어이다. 옛날에 중국 변방의 한 노인이 기르던 말이 오랑캐 땅으로 달아나서 노인이 낙심하였는데, 후에 달아났던 말이 준마를 한 필 끌고 와서 그 덕분에 훌륭한 말을 얻게 되었다. 하지만 아들이 그 준마를 타다가 떨어져서 다리가 부러져 사람들이 위로했지만, 그로 인해 아들이 전쟁에 끌려 나가지 않고 죽음을 면할 수 있었다는 이야기에서 유래했다.

Words

once upon a time 옛날 옛적에

for advice 조언을 구하려고

village 마을

present 선물; 현재의

field 들판, 밭

ride (말, 자전거 등을) 타다

unfortunately 불행하게도, 유감스럽게도

break one's leg 다리가 부러지다

neighbor 이웃

soldier 군인

take A to B A를 B로 데리고 가다

for a minute 잠시 동안

Review Test

정답과 해설 p.46

1 짝지어진 단어의 관계가 나머지와 <u>다른</u> 것은?

① accurate – correct
② cause – effect
③ add – subtract
④ unfortunately - fortunately

[2-3] 다음 빈칸에 알맞은 단어를 고르시오.

2

When you _____ up, you can drive your own car.

① stand   ② grow   ③ listen   ④ ride

3

It is a(n) _____ situation, and I don't know what to do.

① huge   ② valuable   ③ previous   ④ unusual

[4-5] 다음 영영 풀이에 해당하는 단어를 고르시오.

4

someone who lives near you

① neighbor   ② guest   ③ nurse   ④ astronaut

5

someone who works in the army and fights in a war

① reporter   ② sailor   ③ soldier   ④ police

[6-7] 다음 문장의 괄호 안에서 알맞은 것을 고르시오.

6 (Not every / Every) idea is valuable. Some ideas are not useful.

7 Doing yoga keeps you (health / healthy).

8 다음 문장에서 생략할 수 있는 부분에 밑줄을 그으시오.

I enjoy playing badminton, but Zoe doesn't enjoy playing badminton.

UNIT

9 10

28

Counseling

★★☆ / 106 words

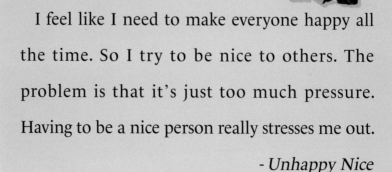

Hello, Ms. Wise,

I feel like I need to make everyone happy all the time. So I try to be nice to others. The problem is that it's just too much pressure. Having to be a nice person really stresses me out.

- Unhappy Nice

Dear Unhappy Nice,

It's good to be nice, but don't worry too much about pleasing other people. You cannot please EVERYONE. You don't like every person you meet, do you? _____, some people won't like you either. So don't try to make everyone like you. Instead, focus on the people who like you as you are.

- Ms. Wise

Grammar Link

9행 | 전치사 + 동명사

He is worried **about** getting a bad score.
그는 나쁜 점수를 받는 것에 대해 걱정한다.

John is afraid **of** swimming in the river.
John은 강에서 수영하는 것을 두려워한다.

> about, of, at 등 전치사 뒤에 동사가 오면 -ing를 붙여 동명사로 만들어요.

1 이 글에서 Unhappy Nice의 고민으로 가장 적절한 것은?

① 주위의 나쁜 친구들로 인한 스트레스
② 새로운 친구를 사귈 때 받는 스트레스
③ 모든 일을 잘해야 한다는 압박과 욕심
④ 단짝 친구에게 느낀 서운함
⑤ 모두를 항상 즐겁게 하려는 것의 부담감

2 이 글의 빈칸에 들어갈 말로 가장 적절한 것은?

① In fact
② However
③ Therefore
④ In addition
⑤ In the same way

3 이 글에서 Ms. Wise가 조언한 내용과 일치하면 T, 일치하지 <u>않으면</u> F를 쓰시오.

(1) _____ Do your best to make everyone happy.

(2) _____ Not everyone will like you.

(3) _____ Give your attention to people who already like you.

Ⓖ

4 다음 우리말과 일치하도록 주어진 단어를 알맞은 형태로 바꿔 문장을 완성하시오.

그는 중국어를 배우는 것에 관심이 있다.

He is interested in _____ Chinese. (learn)

Words

feel like ～한 느낌이 들다
all the time 항상, 언제나
try to ～하려고 애쓰다
nice 친절한
others 다른 사람들
pressure 부담, 압박; 압력
stress out 스트레스를 주다
please 남을 즐겁게 하다; 부디
either (부정문에서) ～도 또한
(아니다)
instead 대신에
focus on ～에 집중하다
문 2. **in the same way** 같은
　　방식으로
　3. **give attention to** ～에
　　집중하다

29

Animal

★★☆ / 118 words

When you meet a stranger, you probably meet their eyes directly and smile to show that you are friendly. (ⓐ) If you look directly into the eyes of a strange dog, or smile at the dog, it will think that you are going to fight with it. (ⓑ) That's because dogs show their teeth when they are about to attack. (ⓒ)

Then what is the right way to greet unfamiliar dogs? (ⓓ) First, don't move your hand toward dogs; let them come to you. (ⓔ) Second, do not touch their head or face; they don't like it. Instead, touch their shoulder or chest. Finally, always stay calm and move slowly in front of them.

Grammar Link

8행 | **let + 목적어 + 동사원형**: ~가 …하게 하다[하도록 해 주다]
I **let** him carry the box.
나는 그가 박스를 옮기게 했다.

He won't **let** his children watch TV.
그는 그의 아이들이 TV를 보게 하지 않을 것이다.

> let 외에도 make와 have가 같은 형태로 쓰여 '시키다'라는 의미를 나타내요

1 이 글의 흐름으로 보아, 다음 문장이 들어가기에 가장 적절한 곳은?

> That is okay with people, but not with dogs.

① ⓐ　　　② ⓑ　　　③ ⓒ　　　④ ⓓ　　　⑤ ⓔ

(서술형)

2 이 글의 내용으로 보아, 낯선 개에게 이를 보이며 웃으면 안 되는 이유를 쓰시오.

3 낯선 개를 대하는 방식에 관한 설명 중, 이 글의 내용과 일치하는 것은?

① 개의 어깨에 손을 대서는 안 된다.
② 개에게 손을 흔들며 다가간다.
③ 개에게 먼저 친근하게 다가가는 것이 좋다.
④ 개의 머리나 얼굴을 쓰다듬는 것이 안전하다.
⑤ 개 앞에서는 침착하게 행동하고 천천히 움직여야 한다.

Ⓖ

4 다음 우리말과 일치하도록 주어진 단어를 배열하시오.

그 동물원 사육사는 내가 코끼리에게 먹이를 줄 수 있도록 해 주었다.

The zookeeper ＿＿＿＿＿＿＿＿＿＿＿＿ the elephant.

(me / let / feed)

Did You Know?

개들의 몸짓 언어

(1) 사람의 얼굴 핥기: 최고의 호감 표시로, 관심과 애정을 더 달라는 의미이다.
(2) 몸 털기: 싫어하는 상황을 벗어나거나, 스트레스를 떨치려는 행동이다.
(3) 등 돌리고 앉기: 등을 돌리면 싫어한다고 생각할 수 있지만, 오히려 상대방을 믿고 있어서 안심이 된다는 뜻이다.
(4) 혼날 때 하품하기: 흥분해 있는 상대방을 진정시키려는 의미이다.
(5) 고개를 갸우뚱하기: 상대방의 말을 이해하기 위해 주목하고 있다는 의미이다.

Words

stranger 낯선 사람
cf. **strange** 낯선; 이상한
probably 아마도
directly 똑바로
friendly 친절한, 우호적인
look into ～을 들여다 보다
be about to 막 ～하려고 하다
attack 공격하다
greet 인사하다
unfamiliar 낯선, 익숙하지 않은
toward ～을 향해
instead 대신에
shoulder 어깨
chest 가슴
stay ～한 채로 있다
calm 침착한
in front of ～ 앞에서

How old is the Earth? According to research, the Earth is about 4.6 billion years old. So we can compare the Earth to _____. What happened during these 46 years? 3

Nothing is known about the first 7 years of this person's life. Only a little is known about the most recent years. At age 42, the Earth showed the first sign of life. Dinosaurs appeared a 6 year ago, when the Earth was 45 years old. Mammals arrived only 8 months ago. Human-like apes evolved into humans only last week. Modern humans have been around for just 4 hours. 9 During the last hour, we discovered farming. The Industrial Revolution began a minute ago. During those sixty seconds, humans changed paradise into garbage.

1 Which one best fits in the blank?

① a 46-year-old person   ② a baby who is 46 days old

③ a 4.6 billion-year-old person   ④ a person who evolved from apes

⑤ a person who disappeared 46 years ago

2 Which set of words makes the best summary of the passage?

> Though their history is ___(A)___ , humans have ___(B)___ the Earth a lot.

	(A)		(B)		(A)		(B)
①	short	·····	helped	②	short	·····	saved
③	long	·····	saved	④	long	·····	affected
⑤	short	·····	affected				

3 Write T if the statement is true, or F if it is false.

(1) _____ We don't know very much about the Earth's early years.

(2) _____ Mammals appeared earlier than dinosaurs.

(3) _____ Humans began to damage the Earth during the Industrial Revolution.

Words

billion	10억 / 1,000,000,000; one thousand million
compare A to B	A를 B에 비유하다 / consider that A is similar to B
recent	최근의, 최신의 / happening or beginning not long ago
mammal	포유류, 포유동물 / an animal that gives birth to babies, not eggs, and feeds its young on milk
ape	유인원, 영장류 / a large animal such as chimpanzees and gorillas
evolve	진화하다 / change gradually, and develop into different forms
farming	농사 / the activity of growing crops or keeping animals on a farm
Industrial Revolution	산업 혁명 / began in the 18th century, the changes in social and economic situation by using machines
paradise	천국, 파라다이스 / a perfect place or condition of great happiness
garbage	쓰레기장; 쓰레기 / a place where something unwanted is left
문 2. save	구하다 / help someone to avoid harm or to escape from danger
affect	영향을 끼치다 / influence or cause something to change in some way
3. damage	파괴하다 / break or harm something

Review Test

정답과 해설 p.51

[1-2] 다음 빈칸에 알맞은 단어를 고르시오.

1

It is too noisy, so I cannot _____ on my work.

① depend   ② focus   ③ decide   ④ save

2

Every child loves this park. It is children's _____.

① pressure   ② hospital   ③ paradise   ④ mystery

3 영영 풀이에 해당하는 단어는?

knowing nothing or very little about something

① huge   ② popular   ③ famous   ④ unfamiliar

4 우리말 풀이가 <u>틀린</u> 것은?

① cannot please everyone: 아무도 만족시키지 못하다

② like her as she is: 있는 그대로의 그녀를 좋아하다

③ in the same way: 같은 방식으로

④ be about to attack: 막 공격하려고 하다

[5-6] 다음 문장의 괄호 안에서 알맞은 것을 고르시오.

5 I'm really tired of (eat / eating) fast food.

6 She won't let me (go / going) into her room.

[7-8] 다음 밑줄 친 부분을 바르게 고치시오.

7 I'm worried about <u>dance</u> on the stage.

8 He didn't let me <u>doing</u> the dishes.

● 주어진 알파벳으로 단어를 완성하여 빈칸을 채우시오.

1 w r o n e d
I w_____ where she was yesterday.

2 a s e v
Firefighters s_____d four people from the burning house.

3 e h i n g b r o
We invited our next-door n_____s for dinner.

4 s x e e e i r c
The doctor said I should e_____ every day.

5 a r u a c t c e
The police are trying to get a_____ information about the accident.

6 t s r s e s
Laughter lowers s_____ levels and it is good for health.

7 l n e f r d i y
It is hard to build a f_____ relationship with enemy.

8 t e r g e
She g_____ed all the guests warmly when they arrived.

9 r e m o p c a
Sometimes experts c_____ sports to war.

10 d m o r n e
Smartphone addiction is a serious problem in m_____ society.

Answers 1 wonder 2 save 3 neighbor 4 exercise 5 accurate 6 stress 7 friendly 8 greet 9 compare 10 modern

That Looks Delicious

해석 **[그거 맛있어 보인다]** 돼지: "나는 먹을 게 신나." / 염소: "알아. 메뉴가 아주 좋아 보이네."
*염소는 소화력이 엄청나게 좋아서 아무 풀이나 잘 먹고, 나뭇잎이나 종이까지 먹을 수 있어요.

UNIT

31

People

★★☆ / 102 words

Leonardo da Vinci's career as an artist began in an unusual way. One day, his sick teacher asked da Vinci to complete his unfinished painting. Da Vinci replied that he wasn't ₃ experienced enough to take his teacher's place. "Do your best. I can't paint anymore," his teacher said.

Da Vinci stood before the unfinished painting on the first ₆ day and prayed, "Please give me the skill and power to complete this painting for my beloved teacher."

Many weeks later, when the painting was finished, the ₉ teacher looked it over carefully and said, "My son, this is amazingly beautiful. I'll paint no more."

Grammar Link

2행 | ask + 목적어 + to부정사: ~에게 …해달라고 부탁하다

Mary **asked** me **to help** her.
Mary는 나에게 그녀를 도와달라고 부탁했다.

Why don't you **ask** your friends **to come** to the party?
네 친구들에게 파티에 와달라고 부탁하는 게 어때?

1 이 글의 내용으로 보아, 다음 빈칸에 들어갈 말로 가장 적절한 것은?

> When da Vinci was asked to finish his teacher's work,
> he was _____.

① sad that his teacher was sick
② happy to help his teacher
③ pleased that his teacher picked him
④ excited about the great opportunity
⑤ worried that he wouldn't do a good job

2 이 글에서 선생님이 밑줄 친 I'll paint no more.와 같이 말한 이유는?

① 몸이 아파 더 이상 그림을 그릴 수 없어서
② 자신에게 그림 청탁이 더 들어오지 않아서
③ 제자에게 그림 그리는 것을 계속 부탁하고 싶어서
④ 제자의 솜씨가 자신보다 뛰어난 것을 알게 되어서
⑤ 제자의 그림에 실망하여 더 이상 부탁할 수 없어서

Ⓦ
3 다음 영영 풀이에 해당하는 단어를 본문에서 찾아 쓰시오.

> finish making or doing something

Ⓖ
4 다음 우리말과 일치하도록 주어진 단어를 배열하시오.

그는 나에게 컴퓨터를 고쳐달라고 부탁했다.
He _____ the computer.
(me / to / asked / fix)

Did You Know?

다빈치와 스승 베로키오

레오나르도 다빈치는 14살이 되었을 때, 피렌체에서 화가이자 건축가로 활발히 활동하던 안드리아 델 베로키오의 공방에 들어가 회화 수업을 받게 되었다. 당시에 화가가 되려면 4~5년간 도제 생활을 하고 마지막에 스승의 작업에 직접 참여하며 수련을 마쳐야 했다. 다빈치는 도제 생활 3년 차에 스승의 부탁으로 〈예수의 세례〉의 일부를 그리게 되었다. 그는 왼쪽 가장자리에 있는 천사를 그렸는데, 그의 솜씨가 너무나도 뛰어나 스승이 그린 천사의 얼굴과 비교가 되었다. 이 일이 계기가 되어 베로키오는 화가 일을 그만두고 조각과 건축에 전념하였다고 한다.

Words

career 경력; 직업
as ~로서
unusual 특이한, 독특한
way 방식; 길
complete 완성하다
unfinished 미완성의
reply 대답하다
experienced 경험 있는, 숙련된
take one's place ~을 대신하다
do one's best 최선을 다하다
anymore 더 이상, 이제
pray 기도하다
skill 능력, 실력
beloved 사랑하는
look over 살펴보다, 검토하다
carefully 신중히, 주의 깊게
son (나이 많은 남자가 젊은 남자를 부르는 말로) 청년[젊은이]; 아들
amazingly 대단히, 놀랍게
문 1. pleased 기쁜
　　 pick 고르다, 선택하다
　　 opportunity 기회
　　4. fix 고치다

32

Animal

★★☆ / 113 words

Sometimes strange things happen in the animal world. Even natural enemies can become _____.

In Thailand, there was a cat named Huan who did ₃ something that surprised everyone. One time, Huan caught a baby mouse in a closet. Surprisingly, Huan did not kill this baby mouse. Instead, she became friends with it. They played ₆ together. They even slept in the same bed.

According to reports, a similar thing happened in the Arizona Zoo. When the lions and wolves were put together ₉ in one place, they didn't fight. Why did this happen? No one knows for sure. Just as humans have various personalities, animals are different and don't always follow the laws of ₁₂ nature.

Grammar Link

11행 | **just as + 주어 + 동사** ~: (마치) ~가 …하는 것과 꼭 마찬가지로

<u>Just as</u> the English love soccer, the Americans love baseball. ▶ 접속사 as: ~처럼, ~같이
마치 영국인이 축구를 좋아하는 것과 꼭 마찬가지로 미국인은 야구를 좋아한다.

cf. She attended the meeting **as** the boss. ▶ 전치사 as: ~로서 (자격), ~로써 (수단)

정답과 해설 p.53

1 이 글의 빈칸에 들어갈 말을 본문에서 찾아 쓰시오.

2 이 글의 내용과 일치하면 T, 일치하지 <u>않으면</u> F를 쓰시오.

(1) _____ Huan, the cat, let the baby mouse go away.

(2) _____ Lions and wolves lived in the same cage peacefully.

(3) _____ Animals sometimes do unexpected things.

3 이 글의 밑줄 친 the laws of nature가 의미하는 바로 가장 적절한 것은?

① 같은 종끼리 모여 사는 것

② 끝까지 살아남는 동물이 강하다는 것

③ 동물들이 서로 도움을 주며 살아가는 것

④ 천적인 동물들이 서로 다투거나 잡아먹는 것

⑤ 동물들이 제각각 생존 전략을 가지고 있는 것

ⓖ

4 다음 밑줄 친 as의 뜻에 해당하는 것을 보기 에서 고르시오.

┌ 보기 ─────────────────────────┐
　　　ⓐ ~처럼, ~같이　　ⓑ ~로써
└──────────────────────────────┘

(1) We used the stone as a chair.

(2) Just as you treat me, I will treat you.

Words

natural enemy 천적
cf. natural 타고난; 자연의
　enemy 적; 적군
surprise 놀라게 하다
cf. surprisingly 놀랍게도
closet 벽장, 옷장
become friends with ~와
친구가 되다
similar 비슷한, 유사한
wolf 늑대
put together 모으다
for sure 확실히, 틀림없이
various 다양한, 여러 가지의
personality 성격, 개성
follow 따르다
law 법칙
문 2. **cage** (짐승을 가두는) 우
　리; 새장
　peacefully 평화롭게
　unexpected 예기치 않은
　4. **treat** 대우하다, 대하다

33

Science

★★☆ / 145 words

Did you know that color can change how your food tastes? For example, if tomato ketchup is blue instead of red, people say it is not tasty. If a dessert is served on a white plate, people say it tastes 10% sweeter than on a black plate.

Sound also affects the taste of food. _____, if people listen to sweet music while eating, they feel that the food is sweeter by about 10%. For this reason, some cafes play sweet music so they can use less sugar in their food and drinks.

Why are sound and color so important to taste? It is because your tongue does not determine taste alone. In fact, it is your brain that determines the taste. In order to identify taste, your brain combines all the signals from your other senses as well: sight, sound, smell and touch.

Grammar Link

12행 | **It ~ that ...** 강조구문: ···한 것은 바로 ~이다

It was Kelly that played the cello in the school concert. ▶ 주어 Kelly 강조
학교 콘서트에서 첼로를 연주한 사람은 바로 Kelly였다.

It was in the concert that Kelly played the cello. ▶ 부사구 in the concert 강조
Kelly가 첼로를 연주한 것은 바로 그 콘서트에서였다.

문장에서 강조하고
싶은 요소를 It과
that 사이에 넣어
표현해요.

1 이 글에 따르면, 다음 중 디저트를 가장 맛있게 먹을 수 있는 경우는?

2 이 글의 빈칸에 들어갈 말로 가장 적절한 것은?

① In other words
② Besides
③ However
④ As a result
⑤ For instance

3 맛을 결정하는 것과 관련하여 이 글의 내용과 일치하면 **T**, 일치하지 않으면 **F**를 쓰시오.

(1) _____ Your tongue alone judges the taste of food.

(2) _____ Your brain puts together different senses to determine the taste.

Ⓖ

4 다음 우리말과 일치하도록 주어진 말을 배열하시오.

어제 Andy가 깬 것은 바로 내 컵이었다.

_____ Andy broke yesterday.

(that / my cup / it was)

Words

taste 맛이 나다; 맛
cf. tasty 맛있는, 맛 좋은
be served on ～에 제공되다
cf. serve (음식을) 내놓다, 제공하다
plate 접시, 그릇
sweet (음식) 달콤한, 단; (목소리, 음악) 감미로운, 듣기 좋은
affect 영향을 끼치다
by ～한 차이로
about 대략
for this reason 이러한 이유 때문에
tongue 혀
determine 결정하다
alone 단독으로; 홀로
in fact 사실은, 실은
in order to ～하기 위해
identify 확인하다, 인식하다
combine 합치다
signal 신호; 징후
sense 감각
as well 또한, ～도
sight 시각, 시력
문 3. **judge** 판단하다

Review Test

정답과 해설 p.56

[1-3] 다음 빈칸에 알맞은 단어를 고르시오.

1

He is a(n) _____ engineer and he can fix anything.

① experienced   ② usual   ③ friendly   ④ similar

2

The soldiers are trained to attack the _____.

① winner   ② enemy   ③ neighbor   ④ mammal

3

Her _____ is kind and friendly.

① career   ② skill   ③ sign   ④ personality

[4-5] 다음 영영 풀이에 해당하는 단어를 고르시오.

4

a round flat dish that is used to hold food

① sight   ② closet   ③ plate   ④ pot

5

movement or sound that gives information to others

① scene   ② smoke   ③ signal   ④ sense

[6-7] 다음 문장의 괄호 안에서 알맞은 것을 고르시오.

6 I asked my aunt (to buy / buying) me new shoes.

7 It was during the last vacation (which / that) I visited Australia.

8 다음 우리말과 일치하도록 빈칸에 알맞은 말을 쓰시오.

네가 감정이 있는 것과 꼭 마찬가지로 동물들 역시 감정이 있다.

_____ _____ you have emotions, animals also have emotions.

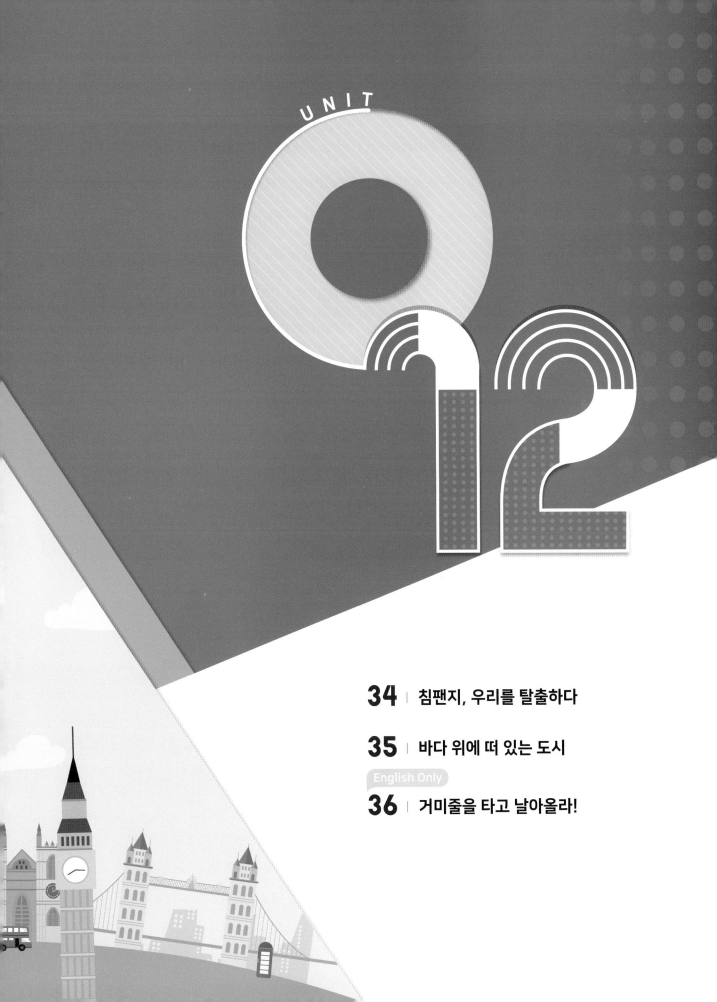

34

Story

★☆☆ / 98 words

In February 2019, chimpanzees escaped from the *Belfast Zoo in *Northern Ireland! How did they do that?

One day, some tree branches in the zoo broke because of the stormy weather. The chimpanzees used the branches to escape. They made a ladder by putting the broken trees next to a wall and then climbed out. Once they left the zoo, the chimpanzees (A) | wondered / wandered | around for a little while. They saw visitors, but didn't (B) | attack / defend | anyone.

Fortunately, the chimpanzees returned to the zoo on their own. They're intelligent animals, and they know they're not supposed to (C) | leave / reach | their home.

> * **Belfast** 영국 북아일랜드의 수도
> * **Northern Ireland** 영국 북아일랜드

Grammar Link

3행 | **because of + 명사: ~ 때문에**

We love Jane **because of** her kindness. ▶ because of + 명사(구)
우리는 그녀의 친절함 때문에 Jane을 좋아한다.

cf. We love Jake **because** he is kind. ▶ because + 주어 + 동사 ~
그가 친절하기 때문에 우리는 Jake를 좋아한다.

1 이 글의 내용으로 신문 기사를 쓰려고 할 때, 기사의 제목으로 적절한 것은?

① Danger at Belfast Zoo
② Chimpanzees Use Ladders!
③ Escaped Chimpanzees Return to Zoo
④ Storms Damage Homes of Chimpanzees
⑤ New Research on Chimpanzee Behavior

2 (A), (B), (C)의 각 네모 안에서 문맥에 맞는 낱말로 가장 적절한 것은?

	(A)		(B)		(C)
①	wondered	·····	attack	·····	leave
②	wondered	·····	defend	·····	reach
③	wandered	·····	attack	·····	leave
④	wandered	·····	defend	·····	leave
⑤	wandered	·····	attack	·····	reach

3 chimpanzees에 관한 이 글의 내용과 일치하면 T, 일치하지 <u>않으면</u> F를 쓰시오.

(1) _____ 동물원 우리 안의 나뭇가지들을 부러뜨렸다.
(2) _____ 동물원의 방문객들을 공격하지 않았다.
(3) _____ 사육사에게 이끌려 우리로 다시 돌아왔다.

Ⓖ

4 다음 문장의 괄호 안에서 알맞은 것을 고르시오.

(1) Sarah moved to New York (because / because of) her new job.
(2) I was late (because / because of) the traffic was very heavy.

Words

escape 탈출하다, 벗어나다
branch 나뭇가지
stormy 폭풍우의, 폭풍우가 몰아치는
ladder 사다리
broken 부러진
climb 오르다
once ~하자마자
wonder 궁금해하다
wander 돌아다니다
for a little while 잠깐 동안
attack 공격하다
defend 방어하다
fortunately 다행히, 운 좋게도
on one's own 스스로
intelligent 머리가 좋은, 똑똑한
be supposed to ~해야 한다
leave 떠나다
reach 도착하다
문 1. damage 손상을 주다, ~을 못 쓰게 만들다
    research 연구
    behavior 행동
  4. heavy (교통이) 혼잡한
    traffic 교통

35

Environment

★★★ / 145 words

The sea level is rapidly rising because of global warming. If the sea level continues to rise at this rate, many parts of the world will sink into the sea in the near future. ₃

A company named Oceanix came up with a good idea to solve this problem. (ⓐ) The company suggested building a floating city on the ocean. (ⓑ) This city would be made up ₆ of six man-made islands where about 10,000 people could live. (ⓒ) People wouldn't need to worry about food because they could grow crops there. (ⓓ) For example, in summer it ₉ could move to a cooler place, and in the winter to a warmer place. (ⓔ)

Will this city be our solution against rising sea levels? No ₁₂ one knows for sure yet, but we should take action right now before it is too late.

12행 | **부정 주어**: 어떤 ∼도 …하지 못 한다, …하지 않는다

No man can live without food. ▶ 전체 부정
어떤 사람도 음식 없이는 살 수 없다.

cf. **Not all girls** like pink. ▶ not + all + 명사 (부분 부정): 모두가 ∼인 것은 아니다
모든 여자아이들이 분홍색을 좋아하는 것은 아니다.

주어 앞에 부정어인 no가 있을 경우, 동사를 또 부정하면 안돼요.

1 이 글의 주제로 가장 적절한 것은?

① ways to slow down the rising sea level

② protecting sea life from global warming

③ problems of building a floating city

④ serious ocean problems caused by global warming

⑤ building a floating city to fight the rising sea level

2 이 글의 흐름으로 보아, 다음 문장이 들어가기에 가장 적절한 곳은?

> In addition, the city could move around depending on the season.

① ⓐ ② ⓑ ③ ⓒ ④ ⓓ ⑤ ⓔ

3 floating city에 관한 이 글의 내용과 일치하면 T, 일치하지 <u>않으면</u> F를 쓰시오.

(1) _____ 한 도시가 6개의 인공 섬으로 구성된다.

(2) _____ 대략 1만명의 인구를 수용할 수 있다.

(3) _____ 식량은 인접 도시로부터 공급 받는다.

Ⓖ

4 다음 우리말과 일치하도록 주어진 말을 배열하시오.

어떤 단어도 내가 얼마나 행복한지 표현할 수 없다.

_____ how happy I am.

(can / describe / no words)

Words

sea level 해수면
rapidly 빠르게, 급속히
rise 상승하다, 오르다
global warming 지구 온난화
continue to 계속 ~하다
at this rate 이 속도로
sink into ~속으로 가라앉다
come up with (아이디어를) 내다
solve 해결하다, 풀다
cf. solution 해결책
suggest 제안하다
floating (물 위·공중에) 떠 있는
cf. float 뜨다, 떠다니다
be made up of ~으로 구성되다
man-made 인공의
crop 농작물, 곡물
against ~에 대한, ~을 대비하여
for sure 확실히, 틀림없이
yet 아직
take action 조치를 취하다
문 1. slow down ~을 늦추다
　　fight 대처하다; 싸우다
　2. in addition 게다가
　　depending on ~에 따라
　4. describe 표현하다

Spiders mainly use their silk to catch prey. But did you know that spiders also use their silk _____?

Some spiders use their silk to cross streams. They do this by casting a silk thread across the stream. The thread can be as long as 25 meters. It acts like a bridge for the spiders. And then, like a circus performer, the spiders crawl along the thread to cross the stream.

Other spiders even use their web to fly somewhere far away. First, they crawl up a high tree. Then, they let out their silk until the wind lifts them up. Once they are in the air, they can travel like they are on a balloon. But spiders don't let their old homes go to waste. Before they move to a new place, they eat their webs. They become *protein that they can recycle for a new web.

* **protein**[próuti:n] 단백질

1 Which one best fits in the blank?

① to kill and wrap their prey ② to see which way the wind is blowing

③ to build safe and strong webs ④ to move from one place to another

⑤ to protect themselves from their enemies

2 Fill in the blanks with the words from the passage.

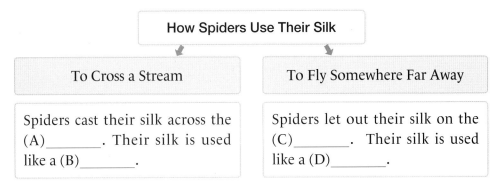

How Spiders Use Their Silk

To Cross a Stream

Spiders cast their silk across the (A)_____. Their silk is used like a (B)_____.

To Fly Somewhere Far Away

Spiders let out their silk on the (C)_____. Their silk is used like a (D)_____.

3 What do spiders do before they move to a new place?

① They eat their old webs to reuse them.

② They carry their old web on their back.

③ They make more silk to build a new home.

④ They eat a lot of food to create a new web.

⑤ They send messages to other spiders from a distance.

Words

mainly	거의, 주로 / for the most part
silk	거미줄; 비단 / a fine, strong thread made by silkworms or spiders
prey	먹이 / an animal that is hunted and killed by another animal for food
cross	건너다 / go to the other side of an area
stream	하천, 개울 / a small river
cast	던지다 / throw something
thread	실 / a long, thin piece of material such as cotton, silk, etc.
performer	공연가, 연기자 / a person who acts, sings or does other entertainment in front of people
crawl	기다, 기어가다 / move forward slowly along a surface
web	거미집; 인터넷 / a net used to catch insects, made by a spider
let out	흘려 보내다, 방출하다 / allow something to leave
lift	들어 올리다 / raise to a higher position or level
go to waste	낭비되다 / remain unused or thrown away
recycle	재활용하다 / make something new from something that has been used before

Review Test

정답과 해설 p.61

[1-3] 다음 빈칸에 알맞은 단어를 고르시오.

1

I was very lucky to _____ safely from the fire.

① climb   ② attack   ③ escape   ④ wander

2

The fisherman will _____ his fishing line into the water.

① eat   ② cast   ③ lift   ④ cross

3

Because of global _____, it's getting hotter and hotter.

① warming   ② war   ③ mystery   ④ experiment

4 우리말 풀이가 **틀린** 것은?

① be supposed to: ~ 해야 한다   ② come up with: ~이 딸려 있다
③ be made up of: ~로 구성되다   ④ go to waste: 낭비되다

[5-6] 다음 영영 풀이에 해당하는 단어를 고르시오.

5

a plant grown in large amount, especially for food

① peach   ② prey   ③ oyster   ④ crop

6

a part of a tree, with leaves, flowers or fruit on it

① branch   ② field   ③ piece   ④ bridge

[7-8] 다음 문장의 괄호 안에서 알맞은 것을 고르시오.

7 (Because / Because of) her sickness, she can't take a plane.

8 No one (could / couldn't) solve the riddle.

9 밑줄 친 부분에 유의하여 다음 문장을 해석하시오.

<u>No doctors</u> could treat the sick child.

_____

● 주어진 뜻에 맞게 단어를 완성한 후, 각 번호에 해당하는 알파벳으로 문장을 만드시오.

Words

1 o u v r a s i 다양한, 여러 가지의

▢▢▢▢▢▢▢
　　4　　　　18

2 l b e o e v d 존경하는, 가장 사랑하는

▢▢▢▢▢▢▢
　　　2

3 r e c a r e 직업, 경력

▢▢▢▢▢▢
　1　　17

4 a e r w n d 돌아다니다

▢▢▢▢▢▢
10　　3

5 t e w e s 달콤한

▢▢▢▢▢
　　　　15

6 d g b r e i 다리

▢▢▢▢▢▢
　　　11　　16

7 y d a r l p i 빠르게, 급속히

▢▢▢▢▢▢▢
　13　　　　5

8 s o c s r 건너다

▢▢▢▢▢
　　9　6

9 t a s e t 맛

▢▢▢▢▢
　　14　7

10 b e n m c i o 합치다

▢▢▢▢▢▢▢
　8　　12

Sentence

▢▢▢▢▢ ▢▢▢▢▢▢ ▢▢▢▢▢▢▢.
1　2　3　4　5　6　7　8　9　10　11　12　13　14　15　16　17　18

Love Your Neighbor

"That 'Love Your Neighbor' part,
does that include cats?"

해석   [이웃을 사랑하라] "그 '이웃을 사랑하라' 부분에 고양이도 들어가는 거예요?"

READER'S BANK

WORKBOOK

UNIT별 어휘 문제 및 주요 문장 해석하기

Level **4**

visang

ABOVE IMAGINATION

우리는 남다른 상상과 혁신으로
교육 문화의 새로운 전형을 만들어
모든 이의 행복한 경험과 성장에 기여한다

READER'S BANK

Level 4

WORKBOOK

UNIT별 어휘 문제 및 주요 문장 해석하기

A 다음 영어 단어나 표현의 우리말 뜻을 쓰시오.

1 advantage

2 interest

3 personal

4 bomb

5 land

6 information

7 permission

8 deliver

9 privacy

10 professional

11 prefer

12 weapon

13 object

14 rub

15 calm

16 against

17 compose

18 no longer

19 human

20 client

B 다음 우리말에 해당하는 영어 단어나 표현을 쓰시오.

1 군사의, 군대의

2 목숨, 생명

3 채널, 주파수

4 공격하다

5 화재, 불

6 구조하다

7 보통, 대개

8 특별한

9 증명하다

10 관측하다

11 A를 B로 바꾸다

12 원래, 처음에는

13 범위

14 최근에

15 잃다, 잃어버리다

16 ~와 달리

17 ~에 따르면

18 연구, 조사

19 ~에도 불구하고

20 ~을 신경 쓰다

○ 다음 각 문장의 밑줄 친 부분에 유의하여 해석하시오.

1 You <u>may think</u> drones are a new invention.

_____

2 But drones <u>were</u> originally <u>used as</u> military weapons.

_____

3 Drones carried bombs <u>during</u> World War I and II.

_____

4 <u>Since</u> drones don't need pilots, no lives were lost <u>even if</u> they were attacked.

_____

5 Drones observe weather <u>or take</u> shots from the sky for the news.

_____

6 Soon, drones <u>may even land</u> on your doorstep <u>to deliver pizza</u>.

_____

7 Drones can do many good things for us, but some people <u>are worried about</u> privacy.

_____

8 Since drones can fly anywhere, they <u>may be used as</u> spy cameras.

_____

02 동물도 음악을 좋아해

○ 다음 각 문장의 밑줄 친 부분에 유의하여 해석하시오.

1 Animals don't enjoy the same kinds of <u>music that we do</u>.

_____

2 <u>This is because</u> animals have a different hearing range from that of humans.

_____

3 <u>Unlike humans</u>, some animals prefer high-toned music.

_____

4 Recently, a musician <u>named David Teie</u> composed music for cats.

_____

5 David took the purring and suckling <u>sounds that cats make</u> and turned them into music.

_____

6 <u>When cats listened to Teie's music</u>, they became calm.

_____

7 So music is <u>no longer</u> just for humans.

_____

8 <u>Maybe in the future</u>, there will be music channels and concerts for animals.

_____

○ 다음 각 문장의 밑줄 친 부분에 유의하여 해석하시오.

1 Nowadays, people don't just care about how a cake tastes.

_____

2 People care about how a cake looks as well.

_____

3 So designing cakes has become one of the most popular jobs.

_____

4 Cake designers start by learning more about their clients, like their interests and hobbies.

_____

5 Cake designers use this personal information to create unique cakes.

_____

6 These cakes can be in the shape of people, places or objects.

_____

7 For example, if the client is a musician, the cake might look like a guitar.

_____

8 Watching some videos will give you an idea of what the job is like.

_____

A 다음 영어 단어나 표현의 우리말 뜻을 쓰시오.

1 hunger _____

2 emotional _____

3 stomachache _____

4 accept _____

5 unique _____

6 breathe _____

7 completely _____

8 overeat _____

9 stressed _____

10 period _____

11 even _____

12 produce _____

13 snack _____

14 brain _____

15 focus on _____

16 as it is _____

17 be likely to _____

18 as a result _____

B 다음 우리말에 해당하는 영어 단어나 표현을 쓰시오.

1 표면 _____

2 전체 _____

3 익사하다 _____

4 완벽한 _____

5 아마도 _____

6 해결하다 _____

7 일과 _____

8 실제로, 사실 _____

9 매일의 _____

10 아무도 (~하지 않다) _____

11 호르몬 _____

12 줄이다 _____

13 끄다, 정지시키다 _____

14 깨어있다 _____

15 교대하다 _____

16 ~을 명심하다 _____

17 ~을 가혹하게 대하다 _____

18 결국 ~하게 되다 _____

04 스트레스를 받으면 배가 고파!

○ 다음 각 문장의 밑줄 친 부분에 유의하여 해석하시오.

1 <u>During</u> exam periods, some students eat a lot of snacks <u>because they are stressed.</u>

_____

2 Why does stress <u>make people feel hungry</u>?

_____

3 According to scientists, our brain produces endorphins <u>when we get stressed.</u>

_____

4 <u>Endorphins, a kind of hormone,</u> reduce stress.

_____

5 But endorphins also <u>make us feel hungry</u> even when we are not actually hungry.

_____

6 This kind of hunger <u>is called</u> emotional hunger.

_____

7 If we eat <u>because of</u> emotional hunger, we may feel better for a short time.

_____

8 But we <u>are likely to</u> overeat and get a stomachache <u>as a result.</u>

_____

○ 다음 각 문장의 밑줄 친 부분에 유의하여 해석하시오.

1 For teens, <u>looking into a mirror</u> is a daily routine.

_____

2 <u>The more</u> you check, <u>the more</u> problems you find.

_____

3 Many people also <u>have a hard time accepting</u> their bodies.

_____

4 If you only focus on what <u>you don't like</u>, you may <u>end up hating yourself</u>.

_____

5 So, <u>stop being</u> so hard on yourself!

_____

6 First, accept your body <u>as it is</u>. Nobody is perfect.

_____

7 You <u>don't have to</u> be perfect, you just have to be YOU!

_____

8 Finally, remember <u>that</u> nobody is like you!

_____

○ 다음 각 문장의 밑줄 친 부분에 유의하여 해석하시오.

1 Dolphins have to go up to the water's surface <u>every few minutes</u> to breathe.

_____

2 A dolphin's brain has two parts, <u>just like</u> a human's.

_____

3 But <u>unlike</u> humans, dolphins can <u>never</u> completely fall asleep.

_____

4 Thankfully, nature has <u>a unique way of solving</u> this problem.

_____

5 <u>While</u> dolphins sleep, they shut down only one part of their brain.

_____

6 After <u>about two hours</u>, the two parts of the brain change their roles.

_____

7 Each part of the brain takes turns <u>staying awake</u> <u>until</u> they both get four hours of sleep.

_____

8 This way, dolphins can get <u>a total of</u> eight hours of sleep <u>a day</u>.

_____

A 다음 영어 단어나 표현의 우리말 뜻을 쓰시오.

1 upset _____

2 way _____

3 act _____

4 preserve _____

5 kindness _____

6 behavior _____

7 go first _____

8 surprisingly _____

9 blessing _____

10 useful _____

11 seat _____

12 take off _____

13 riddle _____

14 educated _____

15 share _____

16 satisfied _____

17 for this reason _____

18 single _____

19 give up _____

20 pay _____

B 다음 우리말에 해당하는 영어 단어나 표현을 쓰시오.

1 쓸모 없는 _____

2 제안하다 _____

3 답하다 _____

4 당황한 _____

5 교수 _____

6 급여 _____

7 군인, 병사 _____

8 탑승하다 _____

9 불행히도 _____

10 침착히 _____

11 ~의 가치가 있는 _____

12 벗겨지다 _____

13 ~에 싫증나다 _____

14 ~도 또한 아니다 _____

15 ~을 할 수 없다 _____

16 지도자 _____

17 대신에 _____

18 귀중한, 가치 있는 _____

19 대화 _____

20 그 당시에 _____

07 소금, 얕잡아 보면 안 돼

o 다음 각 문장의 밑줄 친 부분에 유의하여 해석하시오.

1 <u>Why</u> did Columbus travel to America?

_____

2 Surprisingly, <u>it was because</u> he wanted to find salt.

_____

3 At that time, salt was the only <u>way of preserving food</u>.

_____

4 But <u>it was hard to get</u> salt from sea water, so it was valuable.

_____

5 For this reason, in some parts of the world, salt <u>was even used as</u> money.

_____

6 In fact, the word "salary" <u>comes from</u> the word "salt."

_____

7 Roman soldiers sometimes received salt <u>instead of</u> money for their work.

_____

8 When someone is "<u>worth his salt</u>," it means that he is <u>worth his pay</u>.

_____

08 학생과 교수의 수수께끼 대결!

○ 다음 각 문장의 밑줄 친 부분에 유의하여 해석하시오.

1 A student and a professor were <u>sharing a seat</u> on a train.

_____

2 They <u>were tired of</u> conversation.

_____

3 So the professor suggested a riddle <u>to pass the time</u>.

_____

4 The person <u>who cannot solve the riddle</u> has to give the other person a dollar.

_____

5 But you are <u>better educated</u>. I'll only give you fifty cents.

_____

6 Well, what has <u>four legs swimming</u> and <u>two legs flying</u>?

_____

7 Oh, that's <u>the most difficult riddle I've ever heard</u>.

_____

8 I don't know, <u>either</u>. Here's your fifty cents.

_____

정답 p.63

○ 다음 각 문장의 밑줄 친 부분에 유의하여 해석하시오.

1 One day, a man was boarding a train with his friend.

_____

2 Unfortunately, one of his shoes slipped off and fell out of the train.

_____

3 Gandhi was unable to pick it up, but he didn't look upset.

_____

4 Instead, Gandhi calmly took off his other shoe and threw it close to the first shoe.

_____

5 Well, a single shoe is not useful to me.

_____

6 After our train leaves, someone can pick up both shoes and wear them.

_____

7 Even the smallest act of kindness can be a great blessing to someone else.

_____

8 How will you give someone a "pair of shoes" today?

_____

A 다음 영어 단어나 표현의 우리말 뜻을 쓰시오.

1 glow　　　＿＿＿＿＿＿＿

2 remain　　＿＿＿＿＿＿＿

3 serve　　　＿＿＿＿＿＿＿

4 sharp　　　＿＿＿＿＿＿＿

5 take a nap　＿＿＿＿＿＿＿

6 repeat　　　＿＿＿＿＿＿＿

7 in total　　＿＿＿＿＿＿＿

8 common　　＿＿＿＿＿＿＿

9 bright　　　＿＿＿＿＿＿＿

10 crisis　　　＿＿＿＿＿＿＿

11 less than　　＿＿＿＿＿＿＿

12 sea level　　＿＿＿＿＿＿＿

13 get around　＿＿＿＿＿＿＿

14 campaign　　＿＿＿＿＿＿＿

15 huge　　　＿＿＿＿＿＿＿

16 over　　　＿＿＿＿＿＿＿

17 hunting　　＿＿＿＿＿＿＿

B 다음 우리말에 해당하는 영어 단어나 표현을 쓰시오.

1 삼키다　　　＿＿＿＿＿＿＿

2 적　　　　　＿＿＿＿＿＿＿

3 일단 ～하면　＿＿＿＿＿＿＿

4 반복적으로　＿＿＿＿＿＿＿

5 수단　　　　＿＿＿＿＿＿＿

6 사실이 그러하다　＿＿＿＿＿＿＿

7 완벽한　　　＿＿＿＿＿＿＿

8 피곤한, 지친　＿＿＿＿＿＿＿

9 교통　　　　＿＿＿＿＿＿＿

10 평평한　　　＿＿＿＿＿＿＿

11 땅, 육지　　＿＿＿＿＿＿＿

12 아래 턱　　＿＿＿＿＿＿＿

13 도로　　　　＿＿＿＿＿＿＿

14 주차 공간　＿＿＿＿＿＿＿

15 방식, 방법　＿＿＿＿＿＿＿

16 빛, 빛을 내다　＿＿＿＿＿＿＿

17 닫다, 닫히다　＿＿＿＿＿＿＿

10 어둠 속에서 빛을 내는 물고기

○ 다음 각 문장의 밑줄 친 부분에 유의하여 해석하시오.

1 An interesting fish lives in the deep sea.

_____

2 It is called a viperfish.

_____

3 A viperfish has a very special way of hunting. It uses light.

_____

4 Many parts of its mouth can light up and glow in the dark.

_____

5 When a viperfish opens its mouth, it looks like a Christmas tree.

_____

6 When little fish see the beautiful, bright lights, they swim over to the viperfish's mouth.

_____

7 Once little fish are inside its mouth, the viperfish shuts its jaw and swallows them.

_____

8 For the little fish, the light show is over; for the viperfish, a delicious dinner is served!

_____

위인들은 잠을 적게 잔다?

정답 p.64

○ 다음 각 문장의 밑줄 친 부분에 유의하여 해석하시오.

1 Some famous people had <u>unusual ways of sleeping</u>.

_____

2 The famous painter, Leonardo da Vinci, <u>slept six times a day</u>.

_____

3 <u>In total</u>, Leonardo da Vinci slept only ninety minutes.

_____

4 You may think he felt very tired, but <u>he didn't</u>.

_____

5 Da Vinci <u>had no problem doing</u> his work.

_____

6 Churchill used <u>this way of sleeping</u>, too.

_____

7 Napoleon and Edison slept <u>even less</u>.

_____

8 Short sleepers took short naps many times a day, so they <u>never got too tired</u>.

_____

○ 다음 각 문장의 밑줄 친 부분에 유의하여 해석하시오.

1 Biking is a common means of transportation in the Netherlands.

_____

2 But this hasn't always been the case.

_____

3 After the oil crisis, there was a campaign to ride bikes instead of cars.

_____

4 The Netherlands is perfect for biking since its land is very flat.

_____

5 Fifty percent of the Netherlands is less than one meter above sea level.

_____

6 There are excellent bike parking spaces all over the Netherlands.

_____

7 So it is very easy to move around on a bicycle.

_____

8 This is why biking still remains amazingly popular in the Netherlands.

_____

A 다음 영어 단어나 표현의 우리말 뜻을 쓰시오.

1   once upon a time

2   task

3   emotion

4   peach

5   illness

6   affect

7   heaven

8   treat

9   patient

10 symptom

11 effect

12 fight off

13 inventor

14 peanut

15 experience

16 do well on

17 awake

18 cheer up

19 care for

B 다음 우리말에 해당하는 영어 단어나 표현을 쓰시오.

1   영양학자

2   위로, 위안

3   굴

4   심각한

5   먹이를 주다

6   징후, 신호

7   개발하다

8   식단

9   결과

10 생각해내다

11 확실히

12 죽은

13 암

14 ～에 주의를 기울이다

15 선택하다

16 목욕시키다

17 가져다 주다

18 ～을 겪다

19 ～처럼 행동하다

오늘은 시험, 뭘 먹어야 할까?

정답 p.64

○ 다음 각 문장의 밑줄 친 부분에 유의하여 해석하시오.

1 We all know that <u>it's important to get</u> enough sleep the night before a test.

_____

2 <u>According to</u> nutritionists, your diet can also affect your exam score.

_____

3 The best <u>foods to eat</u> before a test are fruits, peanuts, fish and oysters.

_____

4 Studies show these foods can <u>help you stay awake</u>.

_____

5 These food <u>fight off</u> the sleepy effects of carbohydrates in rice and bread.

_____

6 If you want to do well on your next exam, get a good night's sleep.

_____

7 Also, <u>it is important to pay attention to</u> what you eat.

_____

8 Then you <u>will certainly get</u> a good result!

_____

14 세상에서 가장 아름다운 것

◎ 다음 각 문장의 밑줄 친 부분에 유의하여 해석하시오.

1 God <u>gave the angel Gabriel an important task</u>.

_____

2 <u>It was to find</u> the most beautiful thing on the Earth.

_____

3 He finally chose the <u>three most beautiful things</u>.

_____

4 <u>It took Gabriel a long time to go back</u> to heaven.

_____

5 <u>When he returned</u>, the flower was already dead.

_____

6 The baby was <u>no longer</u> a baby <u>but</u> a young man.

_____

7 But the mother's love was the same—beautiful and true, <u>just like before</u>!

_____

8 A mother's true love is <u>always beautiful</u>. <u>Even time cannot change it</u>.

_____

정답 p.64

○ 다음 각 문장의 밑줄 친 부분에 유의하여 해석하시오.

1 An American inventor, Aaron, developed it to cheer up kids who have cancer.

_____

2 The robot, named Aflac Duck, can show emotions like happiness and sadness.

_____

3 The duck can also act like a cancer patient and show many symptoms of the sickness.

_____

4 So children can take care of their duck, bathing and feeding it as a nurse does.

_____

5 The children are caring for a friend who is going through the same experience.

_____

6 At age 12, he had a serious illness.

_____

7 He felt very lonely and afraid while he was being treated.

_____

8 He came up with the duck because he didn't want kids with cancer to feel the same way.

_____

A 다음 영어 단어나 표현의 우리말 뜻을 쓰시오.

1 president _____

2 flow _____

3 prevent _____

4 personality _____

5 one's own _____

6 make a noise _____

7 pass A on to B _____

8 birth order _____

9 attention _____

10 jail _____

11 have fun _____

12 bloom _____

13 creative _____

14 perfect _____

15 act as _____

16 take a bath _____

17 in first place _____

B 다음 우리말에 해당하는 영어 단어나 표현을 쓰시오.

1 심리학자 _____

2 다리 _____

3 모공 _____

4 질병 _____

5 몸을 씻다 _____

6 실험 _____

7 ~에 달려있다 _____

8 (동물의) 새끼 _____

9 ~에서 분리되다 _____

10 관심 _____

11 끌다 _____

12 적어도 _____

13 샤워하다 _____

14 존경, 존중 _____

15 ~에 의해 길러지다 _____

16 예술가, 화가 _____

17 (듣기 시끄러운) 소리 _____

16 새들의 노래 배우기

○ 다음 각 문장의 밑줄 친 부분에 유의하여 해석하시오.

1 Many songbirds learn to sing <u>by listening</u> to their fathers.

_____

2 So if they <u>are separated from</u> their fathers <u>and are never taught to sing</u> their own songs, they will only be able to make strange noises.

_____

3 <u>However</u>, if they are taught the songs of another kind of bird, they learn them easily.

_____

4 Songbirds even <u>pass</u> the songs of another kind of bird <u>on</u> to their young.

_____

5 In one experiment, a baby bullfinch <u>was raised by</u> a canary.

_____

6 <u>Surprisingly</u>, the baby bird learned the canary's song easily.

_____

7 When the songbird became an adult, it even <u>taught its children to sing</u> like canaries.

_____

정답 p.65

○ 다음 각 문장의 밑줄 친 부분에 유의하여 해석하시오.

1 Are you the oldest child or the youngest child in your family?

_____

2 Some psychologists say birth order can affect your personality.

_____

3 First-born children want respect from their brothers and sisters.

_____

4 That's why first-born children often become leaders.

_____

5 Many presidents were the oldest children in their families.

_____

6 Middle children act as a bridge between the first-born and the youngest children.

_____

7 That's why middle children have a lot of friends and often become diplomats.

_____

8 Youngest children always want to be the center of attention in their family.

_____

정답 p.65

○ 다음 각 문장의 밑줄 친 부분에 유의하여 해석하시오.

1 Maybe you shower <u>at least once or twice a day</u>.

_____

2 But if 18th-century kings and queens heard our answers, they <u>would be shocked</u>.

_____

3 At that time, kings and queens didn't like to <u>take showers or baths</u>.

_____

4 Queen Isabella <u>was proud that</u> she had only bathed twice in her whole life.

_____

5 Philip II of Spain <u>even put</u> people in jail for bathing.

_____

6 All of the kings <u>believed that</u> warm water opens <u>the pores or small holes</u> in the body.

_____

7 Disease could <u>flow into</u> the body through the pores.

_____

8 <u>That's why</u> the kings and queens were afraid of bathing.

_____

A 다음 영어 단어나 표현의 우리말 뜻을 쓰시오.

1 female _____

2 blessing _____

3 rescue _____

4 notice _____

5 avoid _____

6 object _____

7 lifestyle _____

8 post _____

9 scene _____

10 struck _____

11 expect a baby _____

12 throw a party _____

13 goal _____

14 get married _____

15 aware of _____

16 as a result _____

17 recycle _____

18 raise money _____

B 다음 우리말에 해당하는 영어 단어나 표현을 쓰시오.

1 몇몇의 _____

2 친척 _____

3 호흡하다 _____

4 유해한 _____

5 감시하다 _____

6 문장 _____

7 빨대 _____

8 행동하다 _____

9 가능한 _____

10 글자, 문자 _____

11 비밀번호 _____

12 사전 _____

13 ~이 없는 _____

14 깨닫다, 알다 _____

15 감명을 받은 _____

16 조직하다 _____

17 공격; 공격하다 _____

18 생각나다 _____

19 축복과 선물이 쏟아지는 날

정답 p.65

○ 다음 각 문장의 밑줄 친 부분에 유의하여 해석하시오.

1 When you hear the word "shower," what <u>comes to mind</u>?

_____

2 Maybe it is "<u>washing your body</u> with water."

_____

3 But a shower can also mean "a lot of gift giving and blessings" <u>on a special day</u>.

_____

4 When a woman <u>is expecting</u> a baby, her family <u>will have</u> a baby shower several weeks before the baby is born.

_____

5 At the baby shower, invited family and friends <u>will bring</u> a lot of presents for the baby.

_____

6 Another <u>kind</u> of "shower" is a bridal shower.

_____

7 When a woman <u>gets married</u>, all of her female friends and relatives <u>throw her a party</u> and wish her well.

_____

20 내 비밀번호는 안전할까?

○ 다음 각 문장의 밑줄 친 부분에 유의하여 해석하시오.

1 People often use words in the dictionary <u>as their password.</u>

_____

2 Hackers can easily find out your password <u>if you use words in the dictionary.</u>

_____

3 Hackers use a program <u>called</u> a "dictionary attack."

_____

4 They try every word in the dictionary <u>as a possible password.</u>

_____

5 One way is <u>to add numbers and special characters(!@#$%^)</u> to your password.

_____

6 Also, <u>avoid using passwords</u> with only letters or numbers.

_____

7 An even better way <u>is to use a sentence.</u>

_____

8 This password is <u>not in any dictionary!</u>

_____

○ 다음 각 문장의 밑줄 친 부분에 유의하여 해석하시오.

1 Scientists <u>noticed a turtle behaving strangely</u>.

_____

2 The turtle <u>had something stuck</u> in its nose and <u>seemed to have difficulty breathing</u> as a result.

_____

3 When the scientists <u>pulled it out</u>, they realized it was a plastic straw.

_____

4 <u>Once the straw was gone</u>, the turtle swam back into the water.

_____

5 The same day, the scientists <u>posted a video of the rescue scene</u> on the Internet.

_____

6 The organization's goal <u>is to make people aware of the harmful effects</u> of plastic straws.

_____

7 <u>Saying no to a plastic straw</u> may be a small change in your lifestyle, but it could be a turning point for the environment.

_____

A 다음 영어 단어나 표현의 우리말 뜻을 쓰시오.

1 triangle _____

2 genius _____

3 work _____

4 lyrics _____

5 mysterious _____

6 swallow _____

7 contain _____

8 repeatedly _____

9 cause _____

10 point _____

11 lose _____

12 monster _____

13 attend _____

14 nearby _____

15 disappear _____

16 host _____

17 so far _____

B 다음 우리말에 해당하는 영어 단어나 표현을 쓰시오.

1 축하하다 _____

2 연결하다 _____

3 선원 _____

4 상품 _____

5 광장 _____

6 풍선 _____

7 인기 있는 _____

8 ~의 가치가 있는 _____

9 이전의 _____

10 실종되다 _____

11 사랑하는, 소중한 _____

12 나침반 _____

13 참가비 _____

14 거대한, 엄청난 _____

15 ~한 상태로 남아있다 _____

16 우승자 _____

17 선율, 가락 _____

정답 p.66

○ 다음 각 문장의 밑줄 친 부분에 유의하여 해석하시오.

1 There's a scary place in the Atlantic Ocean. Many strange things happen there.

_____

2 So far, seventy-five airplanes have gone missing and hundreds of ships have disappeared.

_____

3 If you connect the points between Bermuda, Florida and Puerto Rico, it makes a triangle.

_____

4 Inside this triangle, scary things happen to sailors.

_____

5 Compasses don't work, so the sailors lose their way.

_____

6 Sometimes the sailors find a huge swirl of water.

_____

7 Like a monster, the swirl swallows everything nearby.

_____

8 Scientists cannot find the cause, so the Bermuda Triangle remains a mystery.

_____

정답 p.66

○ 다음 각 문장의 밑줄 친 부분에 유의하여 해석하시오.

1 Einstein was born <u>on March 14 — 3.14 (Pi)</u>!

_____

2 Every year we celebrate Pi Day <u>by hosting an Einstein look-alike contest</u> in Palmer Square in Princeton.

_____

3 Join us if you think you <u>look just like</u> our most beloved genius!

_____

4 <u>Children who arrive by 10 a.m.</u> can attend the birthday party.

_____

5 Children can meet and sing "Happy Birthday" to the previous year's winner and <u>enjoy a piece of birthday cake</u>.

_____

6 Winners will also get a <u>year of free apple pie</u>!

_____

7 <u>For more information</u>, contact einstein314@princeton.org or call 677-314-2020.

_____

○ 다음 각 문장의 밑줄 친 부분에 유의하여 해석하시오.

1 Do you know what makes a song popular?

_____

2 People love songs with repeating melodies and lyrics.

_____

3 The researchers looked at the top ten songs each year from 1960 to 2015.

_____

4 The top ten songs contained more repetition than other songs.

_____

5 It was one of the most famous children's songs in 2018.

_____

6 Then why do people love songs with repetition?

_____

7 Songs with repetition are easy to understand and remember.

_____

8 So people can enjoy the music without trying to remember the melodies and lyrics.

_____

정답 p.66

A 다음 영어 단어나 표현의 우리말 뜻을 쓰시오.

1	accurate
2	result
3	population
4	be sure to
5	unusual
6	noise
7	tadpole
8	report
9	for a minute
10	storm
11	catch
12	wonder
13	guess
14	present
15	field
16	frog
17	subtract

B 다음 우리말에 해당하는 영어 단어나 표현을 쓰시오.

1	성인
2	군인
3	토네이도
4	～ 때문에
5	일기 예보
6	확인하다, 점검하다
7	주차장
8	이웃
9	어른이 되다
10	더하다
11	운동하다
12	줄이다
13	옛날 옛적에
14	마을
15	불행하게도
16	가정하다
17	A를 B로 나누다

25 내 키는 몇 cm까지 클까?

○ 다음 각 문장의 밑줄 친 부분에 유의하여 해석하시오.

1 Have you ever wondered how tall you would be when you grow up?

_____

2 Although it's not always accurate, you can guess by doing simple math.

_____

3 First, add your parents' heights together. If you are a boy, add 13 centimeters; if you are a girl, subtract 13 centimeters.

_____

4 For example, suppose your father's height is 179 centimeters.

_____

5 Then your height would be 167 centimeters.

_____

6 Even if you don't like the result, don't be sad.

_____

7 Depending on what you eat and how much you exercise, you can become taller or shorter by up to 20%.

_____

● 정답 p.67

○ 다음 각 문장의 밑줄 친 부분에 유의하여 해석하시오.

1 In June 2009, there were <u>reports of unusual rain</u> on Honshu Island in Japan.

_____

2 A 55-year-old man <u>told reporters that</u> he first heard strange noises in the parking lot.

_____

3 When the man went outside <u>to check</u>, he saw hundreds of frogs and tadpoles on the cars!

_____

4 Some scientists believe that this strange rain is <u>due to tornadoes</u>.

_____

5 During a big storm, animals in the water <u>can be caught in the tornado</u>.

_____

6 When the tornado loses its speed, the animals <u>start falling down</u> from the sky like rain.

_____

7 So if the weather forecast says there will be a tornado, <u>be sure to keep your eyes open</u> for something interesting.

_____

정답 p.67

○ 다음 각 문장의 밑줄 친 부분에 유의하여 해석하시오.

1 <u>Once upon a time</u>, there was a poor old man.

_____

2 He was very wise, and many people visited him <u>for advice</u>.

_____

3 The king visited the village and <u>gave the old man's son a beautiful horse as a present</u>.

_____

4 The next day, the son went to the field <u>to ride the horse</u>.

_____

5 A few days later, soldiers came to the village and <u>took all the young men to war</u>.

_____

6 The old man's son didn't go <u>because he couldn't walk</u>.

_____

7 All the neighbors said, "That horse will <u>bring good luck</u>."

_____

8 The old man thought for a minute and said, "<u>Maybe it will. Maybe it won't.</u>"

_____

정답 p.67

A 다음 영어 단어나 표현의 우리말 뜻을 쓰시오.

1 nice

2 pressure

3 instead

4 stress out

5 in the same way

6 focus on

7 stranger

8 look into

9 directly

10 toward

11 shoulder

12 greet

13 attack

14 paradise

15 garbage

16 save

17 affect

B 다음 우리말에 해당하는 영어 단어나 표현을 쓰시오.

1 ~하려고 애쓰다

2 항상, 언제나

3 남을 즐겁게 하다

4 ~한 느낌이 들다

5 침착한

6 낯선, 익숙하지 않은

7 막 ~하려고 하다

8 ~한 채로 있다

9 아마도

10 10억

11 최근의, 최신의

12 포유류

13 유인원

14 A를 B에 비유하다

15 진화하다

16 농사

17 파괴하다

28 모두와 친하기는 어려워

○ 다음 각 문장의 밑줄 친 부분에 유의하여 해석하시오.

1 I feel like I need to make everyone happy all the time.

_____

2 The problem is that it's just too much pressure.

_____

3 Having to be a nice person really stresses me out.

_____

4 It's good to be nice but don't worry too much about pleasing other people.

_____

5 You don't like every person you meet, do you?

_____

6 In the same way, some people won't like you either.

_____

7 So don't try to make everyone like you.

_____

8 Instead, focus on the people who like you as you are.

_____

○ 다음 각 문장의 밑줄 친 부분에 유의하여 해석하시오.

1 When you meet a stranger, you probably meet their eyes directly <u>and smile to show that you are friendly.</u>

_____

2 That is okay with people, <u>but not with dogs.</u>

_____

3 If you look directly into the eyes of a strange dog, or smile at the dog, it will think that <u>you are going to fight with it.</u>

_____

4 That's because dogs show their teeth <u>when they are about to attack.</u>

_____

5 Then what is <u>the right way to greet unfamiliar dogs?</u>

_____

6 First, don't move your hand toward dogs; <u>let them come to you.</u>

_____

7 Finally, always <u>stay calm and move slowly</u> in front of them.

_____

30 지구에게 생긴 일

정답 p.67

○ 다음 각 문장의 밑줄 친 부분에 유의하여 해석하시오.

1 According to research, the Earth is about 4.6 billion years old.

_____

2 So we can compare the Earth to a 46-year-old person.

_____

3 Nothing is known about the first 7 years of this person's life.

_____

4 Only a little is known about the most recent years.

_____

5 Dinosaurs appeared a year ago, when the Earth was 45 years old.

_____

6 Modern humans have been around for just 4 hours.

_____

7 During the last hour, we discovered farming.

_____

8 During those sixty seconds, humans changed paradise into garbage.

_____

A 다음 영어 단어나 표현의 우리말 뜻을 쓰시오.

1 carefully _____

2 unfinished _____

3 cage _____

4 law _____

5 sense _____

6 personality _____

7 closet _____

8 enemy _____

9 determine _____

10 complete _____

11 surprise _____

12 tongue _____

13 in fact _____

14 taste _____

15 beloved _____

16 put together _____

17 natural _____

B 다음 우리말에 해당하는 영어 단어나 표현을 쓰시오.

1 경력 _____

2 기도하다 _____

3 비범한 _____

4 기회 _____

5 접시, 그릇 _____

6 따르다 _____

7 대답하다 _____

8 유사한 _____

9 평화롭게 _____

10 대우하다 _____

11 신호; 징후 _____

12 시각, 시력 _____

13 판단하다 _____

14 능력 _____

15 젊은이, 청년 _____

16 방식, 길 _____

17 ~을 대신하다 _____

○ 다음 각 문장의 밑줄 친 부분에 유의하여 해석하시오.

1 Leonardo da Vinci's career as an artist began in an unusual way.

_____

2 One day, his sick teacher asked da Vinci to complete his unfinished painting.

_____

3 Da Vinci replied that he wasn't experienced enough to take his teacher's place.

_____

4 Da Vinci stood before the unfinished painting on the first day and prayed.

_____

5 The teacher said, "Do your best, I can't paint anymore."

_____

6 Please give me the skill and power to complete this painting for my beloved teacher.

_____

7 Many weeks later, when the painting was finished, the teacher looked it over carefully.

_____

8 The teacher said, "My son, this is amazingly beautiful. I'll paint no more."

_____

32 친구가 된 고양이와 쥐

○ 다음 각 문장의 밑줄 친 부분에 유의하여 해석하시오.

1 Sometimes <u>strange things happen</u> in the animal world. <u>Even natural enemies</u> can become friends.

_____

2 In Thailand, there was a cat named <u>Huan who did something that surprised everyone.</u>

_____

3 The cat <u>became friends with the mouse.</u> They played together.

_____

4 The cat and the mouse <u>even slept</u> in the same bed.

_____

5 <u>According to reports,</u> a similar thing happened in the Arizona Zoo.

_____

6 When the lions and wolves <u>were put together</u> in one place, they didn't fight.

_____

7 <u>Just as humans have various personalities,</u> animals are different and don't always follow the laws of nature.

_____

○ **다음 각 문장의 밑줄 친 부분에 유의하여 해석하시오.**

1 Did you know that color can change how your food tastes?

_____

2 If tomato ketchup is blue instead of red, people say it is not tasty.

_____

3 If people listen to sweet music while eating, they feel that the food is sweeter by about 10%.

_____

4 Some cafes play sweet music so they can use less sugar in their food and drinks.

_____

5 It is because your tongue does not determine taste alone.

_____

6 In fact, it is your brain that determines the taste.

_____

7 In order to identify taste, your brain combines all the signals from your other senses as well: sight, sound, smell and touch.

_____

A 다음 영어 단어나 표현의 우리말 뜻을 쓰시오.

1 wander _____

2 crop _____

3 crawl _____

4 cast _____

5 research _____

6 performer _____

7 lift _____

8 mainly _____

9 rise _____

10 let out _____

11 reach _____

12 be supposed to _____

13 damage _____

14 prey _____

15 intelligent _____

16 traffic _____

17 climb _____

B 다음 우리말에 해당하는 영어 단어나 표현을 쓰시오.

1 제안하다 _____

2 운 좋게도 _____

3 해결하다 _____

4 급격히 _____

5 떠 있는 _____

6 실 _____

7 나뭇가지 _____

8 행동 _____

9 방어하다 _____

10 대처하다 _____

11 조치를 취하다 _____

12 ~으로 구성되다 _____

13 계속 ~하다 _____

14 해수면 _____

15 아직 _____

16 게다가 _____

17 탈출하다 _____

○ 다음 각 문장의 밑줄 친 부분에 유의하여 해석하시오.

1 In February 2019, chimpanzees <u>escaped from the Belfast Zoo</u> in Northern Ireland!

_____

2 One day, some tree branches in the zoo broke <u>because of the stormy weather.</u>

_____

3 The chimpanzees used the branches <u>to escape.</u>

_____

4 They made a ladder <u>by putting the broken trees</u> next to a wall and then climbed out.

_____

5 <u>Once they left the zoo,</u> the chimpanzees wandered around <u>for a little while.</u>

_____

6 They saw visitors, but <u>didn't attack anyone.</u>

_____

7 Fortunately, the chimpanzees returned to the zoo <u>on their own.</u>

_____

8 They're intelligent animals, and they know they're <u>not supposed to leave</u> their home.

_____

35 바다 위에 떠 있는 도시

○ 다음 각 문장의 밑줄 친 부분에 유의하여 해석하시오.

1 The sea level is rapidly rising <u>because of global warming</u>.

_____

2 If the sea level continues to rise <u>at this rate</u>, many parts of the world will <u>sink into the sea</u> in the near future.

_____

3 A company named Oceanix <u>came up with a good idea</u> to solve this problem.

_____

4 The company <u>suggested building</u> a floating city on the ocean.

_____

5 This city would be made up of 6 <u>man-made islands where about 10,000 people could live</u>.

_____

6 People wouldn't need to worry about food <u>because they could grow crops there</u>.

_____

7 Will this city be our solution <u>against rising sea level</u>?

_____

8 <u>No one knows</u> for sure yet, but we <u>should take action right now</u> before it is too late.

_____

36 거미줄을 타고 날아올라!

○ 다음 각 문장의 밑줄 친 부분에 유의하여 해석하시오.

1 Did you know that spiders use their silk <u>to move from one place to another</u>?

_____

2 Spiders move to another place <u>by casting a silk thread</u> across the stream.

_____

3 The thread can be <u>as long as 25 meters</u>. It <u>acts like</u> a bridge for the spiders.

_____

4 And then, <u>like a circus performer</u>, the spiders crawl along the thread <u>to cross the stream</u>.

_____

5 Other spiders even use their web <u>to fly somewhere far away</u>.

_____

6 Then, the spiders let out their silk <u>until the wind lifts them up</u>.

_____

7 <u>Once the spiders are in the air</u>, they can travel <u>like they are on a balloon</u>.

_____

8 They become <u>protein that they can recycle</u> for a new web.

_____

MEMO

MEMO

비상 중학영어 **필수** Play List

visang

영역별	▶	**TAPA**	영어 고민을 한 방에 타파! 영역별 · 수준별 학습 시리즈, **TAPA!** `Reading` `Grammar` `Listening` `Word`	중학 1~3학년
독해	▶	**READER'S BANK**	초등부터 고등까지, 영어 독해서의 표준! 10단계 맞춤 영어 전문 독해서, **리더스뱅크** `Level 1~10`	(예비) 중학~고등 2학년
독해	▶	중등 **수능 독해**	수능 영어를 중학교 때부터! 단계별로 단련하는 수능 학습서, **중등 수능독해** `Level 1~3`	중학 1~3학년
문법·구문	▶	**마법같은 블록구문**	컬러와 블록으로 독해력을 완성하는 마법의 구문 학습서, **마법같은 블록구문** `기본편` `필수편` `실전편`	중학 3학년~고등 2학년
문법	▶	**Grammar in**	3단계 반복 학습으로 완성하는 중학 문법 연습서, **그래머 인** `Level 1A/B ~ 3A/B`	중학 1~3학년
듣기	▶	중학영어 **듣기모의고사** 22회	영어듣기능력평가 완벽 대비 듣기 실전서, **중학영어 듣기모의고사** `중1~3`	중학 1~3학년
어휘	▶	**VOCA PICK**	기출에 나오는 핵심 영단어만 Pick! 중학 내신 및 수능 대비, **완자 VOCA PICK** `기본` `실력` `고난도`	(예비)중학~(예비)고등

리·더·스·뱅·크 흥미롭고 유익한 지문으로 독해의 자신감을 키워줍니다.

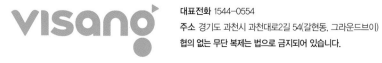

대표전화 1544-0554
주소 경기도 과천시 과천대로2길 54(갈현동, 그라운드브이)
협의 없는 무단 복제는 법으로 금지되어 있습니다.

시드니(호주)

남반구에 위치한 오스트레일리아는 국토 면적이 넓어 열대부터 온대까지 다양한 기후가 나타난다. 대부분 온화한 온대지역인 해안지역에 주거지가 형성되는데, 이 지역 여름은 덥지 않고 겨울에 영하로 내려가는 일이 거의 없어 살기 좋은 도시로 자주 거론된다. 북반구와 달리 여름이 12~2월, 겨울이 6~8월이다.

비상 누리집에서 더 많은 정보를 확인해 보세요.
http://book.visang.com/

READER'S BANK

Level 4

정답과 해설

pionada

visang

피어나다를 하면서 아이가 공부의
필요를 인식하고 플랜도 바꿔가며
실천하는 모습을 보게 되어 만족합니다.
제가 직장 맘이라 정보가 부족했는데,
코치님을 통해 아이에 맞춘 피드백과
정보를 듣고 있어서 큰 도움이 됩니다.

– 조○관 회원 학부모님

공부 습관에도
진단과 처방이
필수입니다

초4부터 중등까지는 공부 습관이 피어날 최적의 시기입니다.

공부 마음을 망치는 공부를 하고 있나요?
성공 습관을 무시한 공부를 하고 있나요?
더 이상 이제 그만!

지금은 피어나다와 함께 사춘기 공부 그릇을 키워야 할 때입니다.

강점코칭 무료체험

바로 지금,
마음 성장 기반 학습 코칭 서비스, **피어나다®**로
공부 생명력을 피어나게 해보세요.

상담
문의 **1833-3124**

READER'S BANK

Level 4

정답과 해설

---

01 드론의 시대가 온다   pp. 12~13

문제 정답   **1** ⑤   **2** ②   **3** 사람의 목숨이 희생되지 않는 것   **4** Since I have a test

문제 해설   **1** ⑥의 앞 문장까지는 드론을 다양하게 활용할 수 있다는 내용이고 뒤에 오는 문장은 사생활에 관해 우려를 나타내고 있으므로, 주어진 문장 '드론은 우리를 위해 여러 좋은 일을 할 수 있지만, 몇몇 사람들은 사생활에 대해 걱정한다.'는 ⑥에 들어가는 것이 자연스럽다.

     2 ① 7~8행 참조 (배달 드론)   ② 농사를 돕는 드론에 관해서는 언급되지 않았다.   ③ 7행 참조 (화재 구조 드론)

     3 4~5행 'since they don't need ~.'에서 사람의 목숨이 희생되지 않는다는 장점이 언급되었다.

     4 since(접속사) + 주어 + 동사~: ~하기 때문에

본문 해석   당신은 드론이 새로운 발명품이라고 생각할 수도 있지만, 그것들은 원래 군사 무기로 사용되었다. 그것들은 1차 세계대전과 2차 세계대전 동안 폭탄을 운반했다. 드론은 훌륭한 이점을 지녔다: 그것들은 조종사가 필요하지 않기 때문에, 그들이 공격받더라도, 어떠한 목숨도 잃지 않았다. 오늘날 드론은 도처에서 쓰인다. 그들은 날씨를 관측하거나 뉴스를 위해 하늘에서 사진을 찍기도 한다. 그들은 화재에서 사람들을 구한다. 곧 드론은 심지어 피자를 배달하러 당신의 현관 계단에 착륙할지도 모른다. <u>드론은 우리를 위해 여러 좋은 일을 할 수 있지만, 몇몇 사람들은 사생활에 대해 걱정한다.</u> 드론이 어디든지 날아다닐 수 있기 때문에, 그것들은 사람들의 허가 없이 그들의 사진을 찍는 스파이 카메라로 사용될지도 모른다.

지문 풀이

You may think / drones are a new invention, / but they were originally used / ❶ **as** military
당신은 생각할 수도 있다 / 드론이 새로운 발명품이라고 /   하지만 그것들은 원래 사용되었다 /   군사 무기로써 /

weapons. / They carried bombs / ❷ **during** World War I and II. / Drones had a great
    그것들은 폭탄을 운반했다 /   1차 세계대전과 2차 세계대전 동안에 /   드론은 훌륭한 이점을 지녔다 /

advantage: / since they don't need pilots, / no lives were lost / even if they were attacked. / Today,
    그것들은 조종사가 필요하지 않기 때문에 /   어떠한 목숨도 잃지 않았다 /   그들이 공격받더라도 /   오늘날

drones are used everywhere. / They observe weather / or take shots / from the sky / for the
드론은 도처에서 쓰인다 /   그들은 날씨를 관측한다 /   또는 사진을 찍는다 /   하늘에서 /   뉴스를 위해 /

news. / They rescue people / from fires. / Soon, drones may even land / on your doorstep / ❸ **to**
    그들은 사람들을 구한다 /   화재에서 /   곧, 드론은 심지어 착륙할지도 모른다 /   당신의 현관 계단에 /

deliver pizza. / Drones can do many good things for us, / but some people are worried about
피자를 배달하러 /   드론은 우리를 위해 여러 좋은 일을 할 수 있다 /   하지만 몇몇 사람들은 사생활에 대해 걱정한다 /

privacy. / Since drones can fly anywhere, / they may be used / ❹ **as** spy cameras / to take pictures of
    드론이 어디든지 날아다닐 수 있기 때문에 /   그들은 사용될지도 모른다 /   스파이 카메라로써 /   사람들의 사진을 찍기 위해 /

people / without their permission. /
사람들 /   그들의 허가 없이 /

① , ④   전치사 as: ~로써 (수단)

ex. This box will be used **as** a table.   이 상자는 탁자로 쓰일 것이다.

② 　전치사 during: ~ 동안

ex. I will travel to Jeju **during** my summer vacation.   나는 여름 방학 동안에 제주로 여행갈 것이다.

③ 　to deliver는 '~하기 위하여'의 의미로 목적을 나타내는 to부정사의 부사적 용법으로 쓰였다.

02　**동물도 음악을 좋아해**　　　　　　　　　　　　　　　　　　　　　　　　pp. 14~15

문제 정답　**1** ①　　**2** ②　　**3** (1) T　(2) F　　**4** all the books that she had

문제 해설　**1** 고양이들을 위한 음악을 작곡한 것을 예로 들어 동물들도 인간처럼 음악을 즐긴다고 했으므로, 글의 요지로 ①이 가장 적절하다.

　　① 동물들은 인간처럼 음악을 즐긴다.　　　　　　② 대부분의 동물들은 고음의 음악을 좋아한다.

　　③ 동물들을 위한 음악을 작곡하는 것은 어렵다.　④ 몇몇 동물들은 인간처럼 음악을 작곡할 수 있다.

　　⑤ 몇몇 사람들은 동물들과 음악을 즐기고 싶어 한다.

　2 (B)에서 David Teie의 음악을 소개하고, (A)에서 그 음악이 미치는 결과를 보여준 후에, 동물도 인간처럼 음악을 좋아한다는 결론인 (C)로 이어지는 것이 가장 자연스럽다.

　3 (1) 4~5행 참조　(2) 6~7행 참조

　4 목적격 관계대명사 that은 「명사 + that + 주어 + 동사 ~」의 형태로 앞의 명사를 꾸며준다.

본문 해석　동물들은 음악을 즐길까? 연구에 따르면, 대답은 그렇다. 그러나 동물들은 우리가 즐기는 음악과 같은 종류의 음악을 좋아하지 않는다. 이것은 동물이 인간의 것과 다른 청력 범위를 가지고 있기 때문이다. 예를 들어, 인간과 달리, 몇몇 동물은 고음의 음악을 더 좋아한다.

　(B) 최근에, David Teie(데이비드 타이)라고 불리는 음악가가 고양이를 위한 음악을 작곡했다. 그는 고양이가 내는 가르랑거리는 소리와 젖을 빨고 있는 소리를 골라서 그것들을 음악으로 바꿨다.

　(A) 고양이들이 Teie의 음악을 들었을 때, 그들은 침착해졌고 스피커에 대고 그들의 머리를 문질렀다. 이것은 그들이 그 음악을 좋아했다는 것을 의미한다.

　(C) 그래서 음악은 더 이상 사람만을 위한 것이 아니다. 그것은 동물들도 위한 것이다. 아마 미래에는 동물을 위한 음악 채널과 연주회가 있을 것이다.

지문 풀이

Do animals enjoy music? / According to a study, / the answer is yes. / However, animals don't enjoy
동물들은 음악을 즐길까? /　　　　연구에 따르면 /　　　　그 대답은 그렇다 /　　　그러나 동물들은 같은 종류의 음악을 즐기지

the same kinds of music / that we ① do. / This is because animals have a different hearing range /
않는다 /　　　　　　　　우리가 즐기는 /　　이것은 동물이 다른 청력 범위를 가지고 있기 때문이다 /

from that of humans. / For example, / unlike humans, / some animals prefer high-toned music. /
인간들의 것과 /　　　　예를 들어 /　　　인간과 달리 /　　　몇몇 동물들은 고음의 음악을 더 좋아한다 /

(B) Recently, / ❷ a musician / named David Teie / composed music / for cats. / He took the purring
최근에 한 음악가가 /   David Teie라고 불리는 /   음악을 작곡했다 /   고양이를 위한 /   그는 가르랑거리는 소리와 젖을

and suckling ❸ sounds / that cats make / and turned them into music. /
빠는 소리를 골랐다 /   고양이들이 내는 /   그리고 그것들을 음악으로 바꿨다 /

(A) When cats listened to Teie's music, / they became calm / and rubbed their heads / against the
고양이들이 Teie의 음악을 들었을 때 /   그들은 침착해졌다 /   그리고 그들의 머리를 문질렀다 /   스피커에 대고 /

speakers. / This means / that they liked the music. /
                이것은 의미한다 /   그들이 그 음악을 좋아했다는 것을 /

(C) So music is no longer just for humans. / It is for animals too. / Maybe in the future, / there will
그래서 음악은 더 이상 사람만을 위한 것은 아니다 /   그것은 동물들도 위한 것이다 /   아마 미래에는 /

be music channels and concerts / for animals. /
음악 채널과 연주회가 있을 것이다 /   동물들을 위한 /

❶ do는 앞에 나온 enjoy를 대신하는 대동사이다.
   ex. He wants to go there more than I do. (do는 앞에 나온 want를 대신하는 대동사)
❷ 명사 + named + 이름 / 별명: ~라고 불리는(이름 지어진) …
❸ sounds that cats make: that은 목적격 관계대명사로 쓰여 생략할 수 있다.

---

03 **특별한 케이크는 디자이너에게!**   pp. 16~17

문제 정답 **1** ②   **2** ⑤   **3** (1) T (2) T   **4** who he is

문제 해설 **1** 고객의 관심사와 취미를 반영하여 특별한 케이크를 제작하는 직업인 케이크 디자이너(cake designers)를
      소개하는 글이다.

2 빈칸 앞에서 케이크의 형태는 다양할 수 있다고 했으며, 빈칸 뒤에서는 고객이 음악가이면, 케이크가 기타처럼
      보일 수 있다는 구체적인 예를 들고 있으므로 빈칸에는 For example(예를 들어)이 적절하다.
      ① 요컨대   ② 그러나   ③ 그러므로   ④ 다른 말로 하면

3 (1) 4~5행 참조   (2) 7~9행 참조

4 간접 의문문의 어순은 「의문사 + 주어 + 동사 ~」로 쓴다.
   너는 그가 누구인지 아니?

본문 해석 오늘날에는 사람들은 케이크가 어떤 맛이 나는지에만 신경 쓰지 않는다. 그들은 그것이 어떻게 보이는지
      또한 신경 쓴다. 그래서 케이크를 디자인하는 것은 가장 인기 있는 직업들 중 하나가 되었다.
      케이크 디자이너들은 고객의 관심사나 취미처럼 고객에 관해 더 파악함으로써 시작한다. 그리고 나서
      그들은 이 개인 정보를 대개 생일이나 결혼식을 위한 특별한 케이크를 창조하기 위해 사용한다. 이러한
      케이크들은 사람, 장소, 또는 물건의 형태일 수 있다. 예를 들어, 고객이 음악가이면 그 케이크는 기타처럼
      보일지도 모른다.
      당신은 케이크 디자이너가 되는 것에 관심이 있는가? 그렇다면 케이크를 디자인하는 것에 관한 몇몇 영상을
      YouTube나 TV에서 보아라. 그것은 당신에게 그 직업이 어떤지 알려줄 것이다. 만약 당신이 전문 케이크
      디자이너가 되기로 정한다면, 요리 학교에 가거나 베이킹 프로그램을 찾아보아라.

Nowadays, / people don't just care about / how a cake tastes. / They care about how it looks / as
오늘날에는 / 사람들은 단지 ~에만 신경 쓰지 않는다 / 케이크가 어떤 맛이 나는지 / 그들은 그것이 어떻게 보이는지 신경 쓴다 / 또한

well. / So designing cakes / ❶ has become one of the most popular jobs.
그래서 케이크를 디자인하는 것은 / 가장 인기 있는 직업들 중 하나가 되었다 /

Cake designers start / ❷ by learning more about their clients, / like their interests and hobbies.
케이크 디자이너들은 시작한다 / 고객에 관해 더 파악함으로써 / 그들의 관심사나 취미와 같은 /

Then they use this personal information / to create unique cakes, / usually for birthdays or
그러고나서 그들은 이 개인정보를 사용한다 / 특별한 케이크를 창조하기 위해 / 대개 생일이나 결혼식을 위한 /

weddings. / These cakes can be in the shape of people, places or objects. / For example, / if the
그 케이크들은 사람, 장소, 또는 물건의 형태일 수 있다 / 예를 들어 / 만약 고객이

client is a musician, / the cake might look like a guitar. /
만약 고객이 음악가라면 / 그 케이크는 기타처럼 보일지도 모른다 /

Are you interested in / becoming a cake designer? / Then watch some videos / about cake designing /
당신이 관심이 있는가 / 케이크 디자이너가 되는 것에? / 그렇다면 몇몇 영상을 보아라 / 케이크를 디자인하는 것에 관한 /

on YouTube or TV. / That will give you an idea of / ❸ what the job is like. / If you decide to
YouTube나 TV에서 / 그것은 당신에게 알려줄 것이다 / 그 직업이 어떤지를 / 만약 당신이 전문

become a professional cake designer, / go to a cooking school / or find a baking program. /
케이크 디자이너가 되기로 정한다면 / 요리 학교에 가라 / 혹은 베이킹 프로그램을 찾아보아라 /

❶ 현재완료(have/has + p.p.)의 결과적 용법으로 '…해서 현재 ~하게 되다'의 의미이다.
    ex. I **have left** my phone on the bus. 나는 버스에 휴대 전화를 놓고 내렸다. (그래서 지금 가지고 있지 않다)

❷ by + -ing: ~함으로써

❸ what + 주어 + be동사 + like: ~이 어떠한지 (주어의 모습이나 상태)

REVIEW TEST

p. 18

문제 정답 **1** ④   **2** ①   **3** ②   **4** ③   **5** ④   **6** since I was late   **7** the ball that the boy threw

문제 해설   **1** ①, ②, ③은 형용사 – 부사 관계인 반면, ④는 동사 – 명사 관계이다.
   ① 원래의 – 원래   ② 최근의 – 최근에
   ③ 평소의 – 평소, 늘   ④ 배달하다 – 배달

2 lose: 잃다
   나는 많은 사람들이 그들의 목숨을 이 전쟁에서 잃을 것이기 때문에 걱정된다.
   ② 공격하다   ③ 지키다   ④ 구하다

3 prefer: 선호하다
   그는 나와 헐리우드 영화를 보기를 원하지만, 나는 한국 영화를 선호한다.
   ① 작곡하다   ③ 싫어하다   ④ 문지르다

4 kind는 '종류, 유형'이라는 뜻이므로 type과 바꾸어 쓸 수 있다.

그 무대에서, 그는 우리에게 새로운 종류의 춤을 보여주었다.

① 형태　　② 목록　　④ 범위

5 rescue는 '구하다'라는 뜻이므로 save와 바꾸어 쓸 수 있다.

그 소방관은 화재가 난 집에서 사람들을 구하려고 애썼다.

① 회복하다　　② 신경 쓰다　　③ 찾다

6 접속사 since는 '~하기 때문에'라는 뜻으로, 이유, 원인을 나타낼 때 쓰이며, since 뒤에 주어와 동사 순으로 배열한다.

7 목적격 관계대명사 that을 사용하여 '그 소년이 던진 공'에 해당하는 말을 「명사 + that + 주어 + 동사 ~」로 완성한다.

04 스트레스를 받으면 배가 고파! pp. 20~21

문제 정답 1 ④ 2 ⑤ 3 (A) brain (B) reduce (C) hungry 4 (1) ⓐ (2) ⓑ

문제 해설

1 스트레스를 받을 때 호르몬의 작용으로 생기는 '감정적 배고픔'에 관해 설명하는 글이다.

2 8~9행에서 감정적 배고픔을 느끼고 무언가를 먹으면 기분이 나아진다는 내용이 나왔으므로, 주어진 문장 '하지만 우리는 과식을 하고, 그 결과 복통을 얻을 수도 있다.'는 ⓔ에 들어가는 것이 자연스럽다.

3 (A) 4~5행 참조 (B) 5~6행 참조 (C) 6~7행 참조
우리는 스트레스를 받는다.
우리의 (A)뇌는 엔돌핀을 만든다.
엔돌핀은 우리의 스트레스를 (B)줄여준다.
우리는 (C)배가 고프다고 느끼고 많은 간식을 먹는다.

4 get 뒤에 형용사가 오면 '~하게 되다, ~해지다'라는 의미이고, 뒤에 명사가 오면 '~을 얻다, 받다'의 의미이다.
(1) 어두워지기 전에 집으로 가세요.
(2) 그는 음악 축제의 무료 표를 얻었다.

본문 해석

시험 기간 동안에 몇몇 학생들은 스트레스를 받는다는 이유로 많은 양의 간식을 먹는다. 스트레스는 왜 사람들을 배고프게 만들까?
과학자들에 따르면 우리가 스트레스를 받을 때 뇌가 엔도르핀을 생산해 낸다고 한다. 호르몬의 일종인 엔도르핀은 스트레스를 줄여준다. 하지만 그들은 또한 우리가 실제로 배고프지 않을 때조차 배고프다고 느끼게 한다. 이러한 종류의 배고픔은 감정적 배고픔이라고 불린다. 만약 우리가 감정적인 배고픔 때문에 먹는다면, 우리는 잠시 동안 기분이 더 낫다고 느낄지도 모른다. <u>하지만 우리는 과식을 하고, 그 결과 복통을 얻을 수도 있다.</u> 그러니 다음번에 간식을 먹기 전에, 당신 스스로에게 물어보아라. "내가 정말 배가 고픈가? 아니면 이것은 단지 감정적 배고픔인가?"

지문 풀이

During exam periods, / some students eat a lot of snacks / because they are stressed. / Why does
시험 기간 동안에 / 몇몇 학생들은 많은 양의 간식을 먹는다 / 그들이 스트레스를 받기 때문에 / 왜 스트레스는

stress ❶ **make people feel** hungry? /
사람들을 배고프게 만들까? /

According to scientists, / our brain produces endorphins / when we get stressed. / ❷ **Endorphins, a**
과학자들에 따르면 / 우리의 뇌는 엔도르핀을 생산해 낸다 / 우리가 스트레스를 받을 때 / 호르몬의 일종인

kind of hormone, / reduce stress. / But they also make us feel hungry / even when we are not
엔도르핀은 / 스트레스를 줄여 준다 / 하지만 그들은 또한 우리가 배고프다고 느끼게 한다 / 우리가 실제로 배고프지 않을 때조차 /

actually hungry. / ❸ **This kind of hunger** / is called emotional hunger. / If we eat / because of
이러한 종류의 배고픔은 / 감정적 배고픔이라고 불린다 / 만약 우리가 먹는다면 /

emotional hunger, / we may feel better / for a short time. / But we are likely to overeat / and get a
감정적 배고픔 때문에 / 우리는 아마 더 낫다고 느낄지도 모른다 / 잠시 동안 / 하지만 우리는 과식할 가능성이 있다 / 그리고 복통을

stomachache / as a result. / So next time, / before having a snack, / ask yourself, / "Am I really
얻을 수 있다 / 그 결과로 / 그러니 다음번에 / 간식을 먹기 전에 / 당신 스스로에게 물어 보아라 / 내가 정말

hungry? / Or is this just emotional hunger?" /
배고픈가? / 아니면 이것은 단지 감정적 배고픔인가? /

❶ make(사역동사) + 목적어 + 동사원형: ~가 …하도록 만들다
❷ Endorphins, a kind of hormone: 콤마(,)가 동격 관계임을 나타낸다.
　　　　└── 동격 ──┘
❸ This kind of hunger **is called** emotional hunger. 〈수동태〉　　A be called B: A는 B라고 불려진다
　→ People **call** this kind of hunger emotional hunger. 〈능동태〉　　call A B: A를 B라고 부르다

05　나만의 매력을 알아 볼 시간　　　　　　　　　　pp. 22~23

pp. 22~23

문제 정답　**1** ⑤　　**2** (1) should → don't have to　(2) don't like → like　(3) everybody → nobody　　**3** hard
4 The more, the more

문제 해설　**1** 6~7행에서 자신의 외모에서 싫어하는 것에 집중하면 결국 스스로가 싫어질 것이며, 스스로를 가혹하게 대하는
　　　　것을 멈추라고 했으므로 글쓴이가 주장하는 바로는 ⑤가 적절하다.

2 (1) 8~9행 참조　　(2) 10~11행 참조　　(3) 11~12행 참조
　　당신이 할 수 있는 세 가지
　　(1) 당신은 완벽해야 한다. (→ 당신은 완벽할 필요가 없다.)
　　(2) 당신은 스스로에 대해 좋아하지 않는 것을 찾을 수 있다. (→ 당신은 스스로에 대해 좋아하는 것을
　　　　찾을 수 있다.)
　　(3) 모두가 당신과 같다는 것을 명심해라. (→ 아무도 당신과 같지 않다는 것을 명심해라.)

3 • 부디, Jane에게 너무 가혹하게 하지 마세요. 그녀는 그저 어린 여자 아이일 뿐이에요.
　　　be hard on: ~을 가혹하게 대하다
　　• 때때로 우리는 아침에 일찍 일어나는 것에 어려움을 겪는다.
　　　have a hard time -ing: ~하는 데 어려움을 겪다

4 the + 비교급 ~, the + 비교급 …: ~하면 할수록 더욱 …하다

본문 해석　십 대들에게 거울을 보는 것은 매일의 일과이다. 당신은 아마도 "나는 너무 키가 작아!" 라거나 "난 너무
뚱뚱해!"라고 생각할지도 모른다. 당신이 더 많이 확인할수록 당신은 더 많은 문제를 찾을 것이다. 하지만
당신은 혼자가 아니다. 많은 사람들이 또한 그들의 신체를 받아들이는 데 어려움을 겪는다.
하지만 당신이 오직 당신이 좋아하지 않는 것에 집중한다면, 당신은 결국 당신 스스로를 싫어하게 될지도
모른다. 그러니 스스로를 가혹하게 대하는 것을 멈춰라! 여기 당신이 할 수 있는 몇 가지가 있다. 먼저
당신의 몸을 있는 그대로 받아들여라. 아무도 완벽하지 않다. 당신이 완벽할 필요는 없다. 당신은 그저
당신이어야 한다! 또한, 당신 스스로에 대해 좋아할 것들을 찾아라. 그것들은 당신의 머리카락, 다리 또는
손일 수도 있다. 또는 당신의 미소이거나! 마지막으로 아무도 당신과 같지 않다는 것을 기억해라!

For teens, / ❶ **looking into a mirror** is a daily routine. / You probably think / "I am too short!" / or "I
십 대들에게 / 거울을 보는 것은 매일의 일과이다 / 당신은 아마도 생각할지도 모른다 / 나는 너무 키가 작아! / 또는

am too fat!" / The more you check, / the more problems you find. / But you're not alone. / Many
난 너무 뚱뚱해! / 당신이 더 많이 확인할수록 / 당신은 더 많은 문제를 찾을 것이다 / 하지만 당신은 혼자가 아니다 / 많은

people also have a hard time / accepting their bodies. /
사람들이 또한 어려움을 겪는다 / 그들의 신체를 받아들이는 데 /

But if you only focus on / ❷ **what you don't like**, / you may end up hating yourself. / So, ❸ **stop**
하지만 당신이 오직 집중한다면 / 당신이 좋아하지 않는 것에 / 당신은 결국 당신 스스로를 싫어하게 될지도 모른다 / 그러니 스스로를

being so hard on yourself! / Here are some ❹ **things** / **you can do**. / First, accept your body / as it
가혹하게 대하는 것을 멈춰라 / 여기 몇 가지가 있다 / 당신이 할 수 있는 / 먼저 당신의 몸을 받아들여라 / 있는

is. / Nobody is perfect. / You don't have to be perfect, / you just have to be YOU! / Also, find
그대로 / 아무도 완벽하지 않다 / 당신은 완벽할 필요는 없다 / 당신은 그저 당신이어야 한다! / 또한, / 당신

things to like about yourself. / They can be your hair, legs or hands. / Or your smile! / Finally,
스스로에 대해 좋아할 것들을 찾아라 / 그것들은 당신의 머리카락, 다리, 또는 손일 수 있다 / 또는 당신의 미소이거나! / 마지막으로

remember ❺ **that** nobody is like you! /
기억해라! / 아무도 당신과 같지 않다는 것을 /

❶ 주어 역할을 하는 동명사(-ing): ~하는 것

❷ what은 선행사를 포함하는 관계대명사로, '~한 것'으로 해석하며 the thing that[which]으로 바꿔 쓸 수 있다.

❸ stop + -ing: ~하던 것을 멈추다

❹ things (that) you can do: 목적격 관계대명사 that[which]이 생략되었다.

❺ that은 remember의 목적어 역할을 하는 명사절을 이끄는 접속사로 쓰였다.

---

06 돌고래의 독특한 수면법 pp. 24~25

문제 정답 1 ④ 2 ⑤ 3 ④

문제 해설 1 돌고래가 자는 동안 호흡할 수 있는 방법을 소개하는 글이다.
① 무엇이 돌고래를 그렇게 영리하게 만드는가 ② 돌고래는 바다 속 어디에서 자는가
③ 왜 돌고래는 물고기와 다른가　　　　　 ④ 어떻게 돌고래는 그들이 자는 동안 호흡하는가
⑤ 얼마나 오래 돌고래는 숨을 참을 수 있는가

2 10~11행 'Each part of the brain takes turns staying awake until they both get about four hours of sleep.(뇌의 각 부분은 양측이 약 4시간의 수면을 취할 때까지 교대로 깨어 있는다.)'이 직접적인 단서이다.
① 돌고래는 물속에서 호흡할 수 있다.
② 돌고래의 뇌는 인간의 뇌보다 더 많은 부분을 가지고 있다.
③ 돌고래 뇌의 각 부분은 하루에 대략 2시간의 수면을 취한다.
④ 돌고래들은 자는 동안 수면 위로 올라가지 않는다.
⑤ 돌고래 뇌의 두 부분은 동시에 잠들지 않는다.

3 빈칸 앞 8~9행에 돌고래가 뇌의 반구만을 정지시키고, 다른 쪽 반구는 깨어 있다는 내용이 있으며, 빈칸 뒤에 서로 교대하면서 4시간씩 잔다는 내용이 있으므로, 빈칸에는 change(바꾸다)가 들어가, '역할을 바꾸다'의 뜻을 나타내는 것이 적절하다.

① 멈추다　　② 일하다; 작동하다　　③ 자다　　⑤ 의사소통하다

돌고래는 바다에서 그들의 평생을 보낸다. 그들은 몇 분마다 호흡하기 위해 수면 위로 올라가야 한다. 그래서 만약 그들이 잠든다면 그들은 익사할 것이다. 그렇다면, 어떻게 그들은 잠을 자고 익사하지 않을 수 있을까? 고맙게도, 자연은 이 문제를 해결하는 독특한 방법을 가지고 있다.

돌고래의 뇌는 인간의 것처럼 두 개의 부분을 가지고 있다. 하지만 인간과 달리 돌고래들은 결코 완전히 잠들 수 없다. 그들이 자는 동안, 그들은 뇌의 한 부분만 정지시킨다. 다른 한 부분은 깨어 있다. 약 2시간 후에, 뇌의 두 부분은 그들의 역할을 바꾼다. 뇌의 각 부분은 양측이 약 4시간의 수면을 취할 때까지 교대로 깨어 있는다. 이러한 방식으로, 돌고래는 하루에 총 8시간의 수면을 취할 수 있다.

지문 풀이

Dolphins spend all their lives / at sea. / They have to go up to the water's surface / every few
돌고래는 그들의 모든 일생을 보낸다 /　　바다에서 /　　그들은 물의 표면 위로 올라가야 한다 /　　　　　　　　몇 분마다 /

minutes / to breathe. / So, if they fall asleep, / they will drown. / Then, how can they sleep / and
호흡하기 위해 /　　그래서 만약 그들이 잠든다면 /　　그들은 익사할 것이다 /　　그렇다면 그들은 어떻게 잠을 잘 수 있을까 /　그리고

not drown? / Thankfully, / nature has a unique way / of solving this problem. /
익사하지 않을 수 있을까? / 고맙게도 /　자연은 독특한 방법을 가지고 있다　　이 문제를 해결하는 /

A dolphin's brain has two parts, / just like ❶ a human's. / But unlike humans, / dolphins can never
돌고래의 뇌는 두 부분을 가지고 있다 /　　인간의 것처럼 /　　하지만 인간들과 달리 /　　돌고래는 결코 완전히 잠들

completely fall asleep. / While they sleep, / they shut down / only ❷ one part of their brain. / **The**
수 없다 /　　그들이 자는 동안 /　　그들은 정지시킨다 /　　그들의 뇌의 한 부분만을 /　　그 다른

other part stays awake. / After about two hours, / the two parts of the brain change their
한 부분은 깨어 있다 /　　대략 2시간 후에 /　　뇌의 두 부분은 그들의 역할을 바꾼다 /

roles. / ❸ **Each part** of the brain **takes** turns / ❹ **staying awake** / until they both get about four
뇌의 각 부분은 교대한다 /　　깨어 있기를 /　　그들 양측이 대략 4시간의 수면을 취할 때까지 /

hours of sleep. / This way, / dolphins can get a total of eight hours of sleep / a day. /
이러한 방식으로 / 돌고래는 총 8시간의 수면을 취할 수 있다 /　　하루에 /

---

❶ a human's는 '(어퍼스트로피)를 사용하여 '소유'의 의미를 나타내며 a human's 뒤에는 brain이 생략되어 있다.

❷ one과 the other는 두 가지 대상을 지칭할 때 쓰는 것으로, '하나는 …이고, 나머지 하나는 ~이다.'라는 의미를 나타낸다. 본문에서 뇌의 두 반구에 관해 설명하고 있어서, 각각을 지칭하는 one~the other가 쓰였다.

❸ each는 단수 취급을 하므로 단수명사인 part가 왔고, 동사도 단수형(takes)이 쓰였다.

❹ staying은 동시에 이루어지는 동작을 나타내는 분사구문으로 쓰였으며, 해석은 '~하면서'로 한다.

REVIEW TEST

p. 26

1 ①　　**2** ②　　**3** ③　　**4** ④　　**5** happy　　**6** more　　**7** When I get sad, I watch a movie.
〔I watch a movie when I get sad.〕　　**8** the better I feel

1 overeat: 과식하다

<u>과식하지</u> 마, 그렇지 않으면 너는 배탈이 날 거야.

② 받아들이다   ③ 줄이다   ④ 맛을 보다

2 routine: 일과

저녁 식사 후에, 나는 나의 개와 매일의 <u>일과</u>로 산책을 한다.

① 일   ③ 일기   ④ 기간

3 hunger: 배고픔

먹을 필요가 있다는 느낌

① 호르몬   ② 습관   ④ 스트레스

4 surface: 표면

무언가의 바깥

① 형태   ② 물건   ③ 거울

5 get + 형용사: ~하게 되다

나는 그 꽃들 때문에 행복해졌다.

6 the + 비교급 ~, the + 비교급 … : ~하면 할수록 더욱 …하다

내가 그 음악을 들을수록, 나는 그것에 더욱 관심이 생긴다.

7 시간 부사절의 접속사 when이 쓰여 주어와 동사를 이끌고, 동사 get 뒤에는 형용사 보어를 쓴다.

8 「the + 비교급 + 주어 + 동사 ~, the + 비교급 + 주어 + 동사 ~」의 어순으로 쓴다.

| 07 | 소금, 얕잡아 보면 안 돼 | pp. 30~31 |

문제 정답 **1** ⑤ **2** ⑤ **3** 자신의 급여[월급]에 맞게 일을 한다[제 몫을 한다] **4** this box as a table

문제 해설

1 ① 1~2행 참조 ② 3~4행 참조 ③ 2~3행 참조 ④ 6~7행 참조
⑤ 일의 대가로 소금을 받은 것이지 상으로 받았다는 언급은 없다.

2 빈칸 앞에서 소금이 매우 귀중했다는 내용이 오고, 빈칸 뒤에는 소금이 돈으로도 사용되었다는 내용이 나온다. 소금을 구하기 어려워 가치가 있었다는 것은 '원인'이며 돈으로까지 쓰인 것은 '결과'이므로 빈칸에는 For this reason(이러한 이유로)이 가장 적절하다.

3 salt가 salary라는 뜻으로 사용되어서 '자신이 받은 급여만큼의 일을 하다, 제 몫을 하다'라는 의미이다.

4 as가 전치사로 사용되면 '~로써 (수단), ~로서 (자격)'라는 의미이다. 여기서는 수단의 의미로 쓰였다.

본문 해석 왜 Columbus(콜럼버스)가 아메리카 대륙으로 여행을 갔을까? 놀랍게도, 그것은 그가 소금을 구하기를 원했기 때문이었다. 당시에 소금은 음식을 저장하는 유일한 방법이었다. 하지만 바닷물에서 소금을 얻기가 어려워서 그것이 매우 귀중했다. 이러한 이유로 세계의 어떤 지역에서는 소금이 심지어 돈으로 사용되기도 했다. 실제로, '급여'라는 단어는 '소금'이라는 단어에서 유래되었다. 로마의 군인들은 때때로 그들의 일의 대가로 돈 대신에 소금을 받기도 했다. 어떤 사람이 '자신의 밥값을 한다'라고 할 때, 그것은 그에게 급여를 지불할 만한 가치가 있다는 의미이다.

지문 풀이

Why did Columbus travel to America? / Surprisingly, / it was because / he wanted ❶ to find salt. /
콜럼버스는 왜 아메리카 대륙으로 여행을 떠났을까? /   놀랍게도 /   그것은 ~이기 때문이었다 / 그가 소금을 구하기를 원했기 /

At that time, / salt was the only way / of preserving food. / But ❷ it was hard / to get salt from sea
그 당시에 /   소금은 유일한 방법이었다 /   음식을 저장하는 /   하지만 어려웠다 /   바닷물에서 소금을 얻는 것은 /

water, / so it was valuable. / For this reason, / in some parts of the world, / salt was even used / as
그래서 그것은 매우 귀중했다 /   이러한 이유로 /   세계의 어떤 지역에서는 /   소금은 심지어 사용되었다 /

money. / In fact, / the word "salary" comes from the word "salt." / Roman soldiers sometimes
돈으로 /   실제로 /   'salary'라는 단어는 'salt'라는 단어에서 유래되었다 /   로마 군인들은 때때로 소금을 받았다 /

received salt / instead of money / ❸ for their work. / When someone is "worth his salt," / it means /
돈 대신에 /   그들의 일의 대가로 /   누군가 '자신의 밥값을 한다'라고 할 때 /   그것은 의미한다 /

that he is worth his pay. /
그에게 급여를 지불할 만한 가치가 있다는 것을 /

❶ to find는 동사 want의 목적어로 '~하는 것, ~하기'의 뜻인 to부정사의 명사적 용법으로 쓰였다.

❷ it was hard <u>to get salt from sea water</u> (= to get salt from sea water was hard)
가주어   진주어 (주어가 너무 길어 뒤로 길어 뒤로 보낸 경우)

❸ for: (교환의 대상을 나타내어) ~에 대해, ~의 대가로

문제 정답 **1** 수수께끼를 못 맞히면 상대에게 1달러를 준다. **2** ③ **3** (1) didn't know (2) lost **4** ②

문제 해설 **1** 4~5행에서 수수께끼를 못 푸는 사람은 상대방에게 1달러를 줘야 한다는 규칙이 나온다.

2 교수는 학생이 꾀를 부린 것을 알았을 때 '당황한(embarrassed)' 심정이었을 것이다.
① 기쁜 ② 희망에 찬 ④ 외로운 ⑤ 만족하는

3 (1) 교수가 답을 물었을 때 학생 본인도 모른다고 했다.
학생은 그 수수께끼에 대한 답을 알지 못했다.

(2) 교수는 학생이 낸 수수께끼를 풀지 못해서 1달러를 학생에게 주었는데, 학생도 못 풀어서 교수에게 50센트를
돌려주었다. 그 결과 교수는 50센트를 잃게 되었다.
교수는 50센트를 잃었다.

4 목적격 관계대명사는 생략할 수 있다.
① 나는 프랑스에서 만들어진 도넛을 먹었다. (주격 관계대명사)
② 내가 크리스마스에 원하는 전부는 눈이다. (목적격 관계대명사)
③ 나는 설탕이 들어가지 않은 빵을 만들었다. (주격 관계대명사)

본문 해석 학생과 교수가 기차에서 함께 앉아 있었다. 그들은 대화하기가 지겨워졌다. 그래서 교수가 시간을 보내려고
수수께끼를 제안했다.
"수수께끼를 못 푸는 사람은 상대방에게 1달러를 줘야 해."
"알았어요." 학생이 동의했다. "하지만 당신은 더 많이 교육을 받았어요. 저는 당신에게 50센트만 드릴
거예요."
"알았다," 교수가 동의했다. "네가 먼저 하렴."
"음, 수영할 때는 다리가 네 개가 되고, 날아다닐 때는 다리가 두 개가 되는 게 무엇일까요?"
"아, 그것은 내가 들어본 수수께끼 중 가장 어렵구나. 여기 1달러야. 정답이 무엇이니?"
"저도 몰라요. 여기 교수님 50센트예요," 학생이 대답했다.

지문 풀이

A student and a professor were sharing a seat / on a train. / They were tired of conversation. / So
학생과 교수가 함께 앉아 있었다 / 기차에서 / 그들은 대화하기가 지겨워졌다 / 그래서

the professor suggested a riddle / ❶ **to pass** the time. /
교수는 수수께끼를 제안했다 / 시간을 보내기 위해 /

"❷ **The person who cannot solve the riddle** / has to give the other person a dollar." /
수수께끼를 못 푸는 사람은 / 상대방에게 1달러를 줘야 해 /

"O.K.," / agreed the student. / "But you are better educated. / I'll only give you fifty cents." /
알았어요 / 학생이 동의했다 / 하지만 당신은 더 많이 교육을 받았어요 / 저는 당신에게 50센트만 드릴 거예요 /

"All right," / agreed the professor. / "You go first." /
알았다 / 교수가 동의했다 / 네가 먼저 하렴 /

"Well, / what has / ❸ **four legs swimming** / and **two legs flying**?" /
음 / 어떤 것이 가지고 있을까요 / 수영하는 네 개의 다리 / 그리고 날아다니는 두 개의 다리를? /

"Oh, that's ❹ **the most difficult riddle** / **I've ever heard.** / Here is a dollar. / What's the answer?"
아, 그것은 가장 어려운 수수께끼야 /　　　　　　　　　　　　　내가 지금까지 들어본 / 여기 1달러가 있어 / 정답이 무엇이니? /

"I don't know, either. / Here's your fifty cents," / responded the student. /
저도 몰라요 /　　　　　　여기 당신의 50센트가 있어요 / 학생이 대답했다 /

❶ to pass는 '~하기 위해서'의 뜻인 to부정사의 부사적 용법으로 쓰였다.
❷ The person who cannot solve the riddle: who는 주격 관계대명사로 쓰여서 who 이하가 The person을 수식한다.
❸ four legs swimming and two legs flying: swimming과 flying은 각각 뒤에서 명사를 수식하는 현재분사이다.
❹ the + 최상급 + 명사 + (that) + 주어 + have + ever + p.p.: 주어가 이제까지 ~한 것 중에 가장 …한 (명사)
　　ex. It is **the most beautiful place I've ever been** to. 그것은 내가 가본 곳 중에 가장 아름다운 곳이다.

09　간디는 왜 신발을 던졌을까?
pp. 34~35

문제 정답　**1** ②　　**2** ④　　**3** 누군가에게 선행을 베푼다〔친절한 행동을 한다〕　　**4** ④

문제 해설　**1** (A) happy: 행복한 / upset: 속상한
그는 그것을 집을 수 없었지만, 속상해 보이지 않았다.
(B) useful: 유용한 / useless: 쓸모없는
글쎄, 신발 한 짝은 나에게 유용하지 않아.
(C) kindness: 친절 / happiness: 행복
그는 아주 작은 친절의 행위조차도 누군가에게는 큰 축복일 수 있다고 믿었다.

2 6~8행 '~ someone can pick up both shoes and wear them.'이 직접적인 단서이다.
간디는 신발이 필요한 누군가를 돕고 싶어서 기차 밖으로 그의 다른 쪽 신발을 던졌다.
① 그의 신발이 너무 낡아서
② 그는 더 이상 그의 낡은 신발이 마음에 들지 않아서
③ 그는 화가 났고 명확하게 생각할 수 없어서
⑤ 그는 그것을 친구에게 선물로 주고 싶어서

3 간디가 타인에게 선행을 베풀고자 신발을 던진 것에 비유하여, 누군가에게 친절을 베푼다는 의미로 쓰였다.

4 목적어가 일반 명사일 때는 동사와 부사 사이나 뒤에 자유롭게 쓸 수 있지만, 대명사(it)인 경우에는 항상 동사와 부사 사이에 있어야 한다.
① 그는 그의 꿈을 포기하지 않았다.　　　　　② 그는 그의 꿈을 포기하지 않았다.
③ 그는 그것을 포기하지 않았다.

본문 해석　어느 날, 한 남자가 그의 친구와 기차에 타고 있었다. 불행하게도, 그의 신발 중 하나가 벗겨져서 기차 밖으로 떨어졌다. 그는 그것을 집을 수가 없었지만 그는 속상해 보이지 않았다. 대신에, 그는 침착하게 그의 다른 쪽 신발을 벗어서 먼저 떨어진 신발 가까이로 던졌다. 그의 친구가 물었다. "왜 그랬던 것이니?" 그 남자가 미소 지었다. "글쎄, 신발 한 짝은 나에게 유용하지 않아. 우리 기차가 떠나고 난 후에, 누군가가 신발 두 짝을 집어서 신을 수 있을 거야."

그 남자는 위대한 인도의 지도자, Mahatma Gandhi(마하트마 간디)였다. 그는 아주 작은 <u>친절의 행위조차도</u> 다른 누군가에게는 큰 축복일 수 있다고 믿었다. 당신은 오늘 하루 누군가에게 어떻게 친절을 베풀 것인가?

지문 풀이

One day, / a man was boarding a train / with his friend. / Unfortunately, / ❶ **one of his shoes**
어느 날 / 한 남자가 기차에 타고 있었다 / 그의 친구와 함께 / 불행하게도 / 그의 신발 중 한 짝이

slipped off / and fell out of the train. / He ❷ **was unable to pick it up**, / but he didn't look upset. /
벗겨졌다 / 그리고 기차 밖으로 떨어졌다 / 그는 그것을 주울 수가 없었다 / 하지만 그는 속상해 보이지 않았다 /

Instead, / he calmly took off his other shoe / and threw it / close to the first shoe. / His friend
대신 / 그는 침착하게 그의 다른 쪽 신발을 벗었다 / 그리고 그것을 던졌다 / 첫 번째 신발 가까이에 / 그의 친구가

asked, / "Why did you do that?" / The man smiled. / "Well, a single shoe is not useful / to me. /
물었다 / 자네 왜 그렇게 했는가? / 그 남자가 미소지었다 / 음, 신발 한짝은 유용하지 않아 / 나에게 /

After our train leaves, / someone can pick up both shoes / and wear them." /
우리가 탄 기차가 떠난 후에 / 누군가가 신발 두 짝을 주울 수 있네 / 그리고 그것들을 신을 수 있네 /

The man was ❸ **Mahatma Gandhi, / the great Indian leader**. / He believed / that even the smallest
그 남자는 마하트마 간디였다 / 위대한 인도의 지도자인 / 그는 믿었다 / 가장 작은 친절한 행위조차도 /

act of kindness / can be a great blessing / to someone else. / How will you give / someone a "pair of
큰 축복이 될 수 있다고 / 다른 누군가에게 / 당신은 어떻게 줄 것인가 / 오늘 하루 누군가에게 '신발 한

shoes" today? /
켤레'를? /

❶ one of + 복수명사: ~ 중 하나

❷ be unable to + 동사원형: ~할 수 없다 (= cannot + 동사원형)

❸ <u>Mahatma Gandhi, the great Indian leader</u>
  └────── 동격 ──────┘

REVIEW TEST

p. 36

문제 정답 **1** ① **2** ③ **3** ② **4** ④ **5** ① **6** ① **7** take it off

문제 해설 **1** preserve: 보관하다, 보존하다
사람들은 소금을 사용하거나, 음식을 건조함으로써 음식을 <u>보관한다</u>.
② 지불하다 ③ 받다 ④ 반응하다

2 salary: 급여, 월급
만약 네가 더 열심히 일을 한다면, 나는 너의 급여를 올려줄 것이다.
① 가격 ② 스트레스 ④ 할인, 세일

3 riddle: 수수께끼
영리하거나 재밌는 답을 가진 문제
① 문제 ③ 일과 ④ 대화

4 blessing: 축복

당신이 가지게 되어서 운이 좋다고 느끼는 어떤 좋은 것

① 급여　　② 무기　　③ 관심사

5 share: (무엇을 다른 사람과) 함께 쓰다

• 나는 다른 학생과 방을 <u>함께 쓴다</u>.

• 컴퓨터를 안전하게 사용하기 위해, 당신의 컴퓨터를 다른 이들과 <u>함께 쓰지</u> 마세요.

② 청소하다　　③ 벗겨지다　　④ 제안하다

6 ①은 주격 관계대명사이고, ②, ③, ④는 목적격 관계대명사로 쓰였다.

① 나를 가르쳐 준 선생님은 캐나다에서 오셨다.

② 나는 Tom이 어제 산 티셔츠가 마음에 든다.

③ 그는 내가 가장 좋아하는 배우이다.

④ 내가 자주 방문하는 도서관은 월요일마다 개방하지 않는다.

7 동사와 부사 사이에 대명사 목적어가 와야 한다.

너는 그 코트를 입고 좀 더워 보인다. 그것을 벗는 게 어떠니?

10 어둠 속에서 빛을 내는 물고기 pp. 38~39

문제 정답 1 ③　2 ②　3 ①　4 (1) ⓑ (2) ⓐ

문제 해설

1 심해어가 입속의 불빛으로 물고기를 유인해 사냥하는 방법을 소개하는 글이다.
① 심해어의 무서운 얼굴
② 심해어의 날카로운 이빨
③ 심해어의 불빛 사냥
④ 심해어의 화려한 피부
⑤ 심해어의 엄청난 적

2 (B)에서 심해어가 입을 벌리면, 그 입속이 크리스마스트리 같다는 내용이 오고, (A)에서 그 불빛을 보고 물고기들이 입속으로 들어가고, (C)에서 심해어가 입을 다물어 물고기들을 삼키는 내용으로 이어지는 것이 자연스럽다.

3 4~5행 'When little fish see the beautiful, bright lights, they swim over to the viperfish's mouth.' 참조

4 once는 접속사로 사용되면 '일단 ~하면'이라는 의미이고, 부사로 사용되면 '한 번, 한때'의 의미이다.
(1) 우리는 일주일에 한 번 외식을 한다.
(2) 일단 네가 그것을 시작하면, 너는 반드시 그것을 끝내야 한다.

본문 해석 흥미로운 물고기 한 마리가 깊은 바다에 산다. 그것은 심해어라고 불린다. 그것은 매우 특별한 사냥 방법을 가지고 있다. 그것은 빛을 사용한다. 그것의 입의 많은 부분이 불이 켜질 수 있고, 어둠 속에서 빛난다.
(B) 그것이 입을 벌리면, 그것은 크리스마스트리처럼 보인다.
(A) 작은 물고기들이 그 아름답고 밝은 빛을 볼 때, 그들은 심해어의 입으로 헤엄쳐 간다.
(C) 일단 그것들이 그 입안으로 들어오기만 하면 심해어는 그것의 턱을 닫고 그것들을 삼켜버린다.
작은 물고기들에게 그 불빛 쇼는 끝난다. 심해어에게는 맛있는 저녁 식사가 제공된다!

지문 풀이

An interesting fish lives / in the deep sea. / ❶ It is called a viperfish. / It has a very special way / of
흥미로운 물고기 한 마리가 산다 / 깊은 바다에 / 그것은 심해어라고 불린다 / 그것은 매우 특별한 방법이 있다 /

hunting: / it uses light. / ❷ Many parts of its mouth / can light up / and glow / in the dark. /
사냥하는 / 그것은 빛을 사용한다 / 그것의 입의 많은 부분은 / 불이 켜질 수 있다 / 그리고 빛난다 / 어둠 속에서 /

(B) When it opens its mouth, / it ❸ looks like a Christmas tree. /
그것이 입을 열 때 / 그것은 크리스마스트리처럼 보인다 /

(A) When little ❹ fish see / the beautiful, bright lights, / they swim over / to the viperfish's mouth. /
작은 물고기들이 볼 때 / 그 아름답고 밝은 빛을 / 그들은 헤엄쳐 간다 / 심해어의 입을 향해 /

(C) Once they are inside its mouth, / the viperfish shuts its jaw / and swallows them. /
일단 그들이 그것의 입 안으로 들어오면 /   심해어는 그것의 턱을 닫는다 /   그리고 그것들을 삼켜버린다 /

For the little fish, / the light show is over; / for the viperfish, / a delicious dinner is served! /
작은 물고기들에게는 /   그 불빛 쇼는 끝난다 /   심해어에게는 /   맛있는 저녁 식사가 제공된다! /

❶ A be called B: A는 B라고 불리다

❷ Many parts of its mouth can <u>light up and glow</u>
                               and로 연결된 병렬 구조

❸ look like + 명사: ~처럼 보이다, 생기다 (cf. look + 형용사: ~하게 보이다)

❹ fish는 단수와 복수의 형태가 같다.
   cf. 단수·복수 형태가 같은 단어들: deer(사슴), sheep(양), salmon(연어)

---

11 위인들은 잠을 적게 잔다?

pp. 40~41

문제 정답   **1** ③   **2** ②   **3** (A) tired   (B) naps   **4** (1) ⓐ   (2) ⓑ

문제 해설

1 ⓒ(대다수의 사람들이 낮에는 일하고 밤에는 잠을 잔다)는 레오나르도 다빈치의 수면 습관을 설명하는 앞 뒤 내용의 흐름과 맞지 않다.

2 다빈치는 자다 깨다를 반복하면서 하루에 총 90분 잤다는 내용이 언급되어 있다. (4~6행 참조)
    ① 2~4행 참조   ③ 7행 참조   ④ 9~10행 참조   ⑤ 11~12행 참조

3 위인들은 잠을 조금 잤더라도, 잠깐씩 낮잠을 자는 방법으로 피곤을 느끼지 않았다고 언급되어 있다.
몇몇 유명한 사람들은 매우 조금 수면을 취했지만, 그들은 <u>피곤해하지</u> 않았다. 그 비결은 그들이 반복적으로 낮 동안 낮잠을 잤기 때문이다.

4 even은 비교급 강조 부사로 쓰이면 '훨씬, 더욱'의 의미이며, 부사로 쓰이면 '~조차도, ~까지도'의 의미로 쓰인다.
(1) 그는 그의 아버지보다 <u>훨씬</u> 더 유명해졌다.
(2) 아이<u>조차도</u> 그것을 이해할 수 있다.

본문 해석   몇몇의 유명한 사람들은 특이한 수면 방법을 가지고 있었다. 유명한 화가인 Leonardo da Vinci(레오나르도 다빈치)는 하루에 6번을 잤다. 그는 15분을 잔 다음 4시간을 일했다. 그 후에 그는 다시 15분을 자고 4시간을 일했다. 그는 이것을 하루에 6번 반복했다. 다 합쳐서 그는 단지 90분을 잔 것이다. 당신은 그가 매우 피곤함을 느꼈을 것이라고 생각할 수 있지만 그는 그렇지 않았다. 그는 그의 일을 하는 데에 어떤 문제도 없었다. Churchill(처칠)도 역시 수면을 취할 때 이런 방법을 썼다. 그는 4시간 미만을 잤다. Napoleon (나폴레옹)과 Edison(에디슨)은 훨씬 더 적게 수면을 취했다. 그러나 이 유명한 사람들은 피곤해하지 않았다. 왜일까? 그들은 하루에도 여러 번씩 짧은 낮잠을 잤고, 그래서 그들은 결코 매우 피곤해하지 않았던 것이다.

Some famous people had / unusual ways of sleeping. / ❶ **The famous painter, Leonardo da**
몇몇 유명한 사람들은 가지고 있었다 /   특이한 수면 방법을 /   유명한 화가인 레오나르도 다빈치는 /

Vinci, / slept six times a day. / He slept fifteen minutes / and then worked four hours. / After
    하루에 6번을 잤다 /   그는 15분을 잤다 /   그러고 나서 4시간을 일했다 /   그 후에

that, / he slept fifteen minutes again / and worked four hours. / He repeated this / six times a
    그는 다시 15분을 잤다 /   그리고 4시간 일했다 /   그는 이것을 반복했다 /   하루에 6번 /

day. / In total, / he slept only ninety minutes. / ❷ **You may think** / **he felt very tired**, / but he
   다 합쳐서 /   그는 90분만 잤다 /   당신은 생각할지도 모른다 / 그가 매우 피곤함을 느꼈을 거라고 / 하지만 그는

❸ **didn't**. / He had no problem / doing his work. / Churchill used this way of sleeping, too. / He
그렇지 않았다 / 그는 어떤 문제도 없었다 /   그의 일을 하는 데 /   처칠도 역시 이러한 수면 방법을 썼다 /   그는

slept less than four hours. / Napoleon and Edison slept even less. / But these famous men didn't
4시간 미만을 잤다 /   나폴레옹과 에디슨은 훨씬 더 적은 수면을 취했다 /   그러나 이러한 유명한 사람들은 피곤해하지 않았다 /

❹ **get tired**. / Why? / They took short naps / many times a day, / so they ❺ **never got too tired**. /
왜일까? /   그들은 짧은 낮잠을 잤다 /   하루에 여러 번씩 /   그래서 그들은 결코 매우 피곤하지 않았다 /

❶ The famous painter, Leonardo da Vinci
                    └─── 동격 ───┘

❷ You may think (that) he felt very tired ~
   주어   동사   목적어 (명사절: 접속사 that이 생략된 형태)

❸ didn't 뒤에 feel very tired가 생략되었다.

❹ get + 형용사: ∼하게 되다

❺ never는 빈도부사로 일반동사 앞에 오며, too는 '매우, 그렇게'의 의미로 tired를 강조하는 부사로 쓰였다.

---

12   자전거 천국, 네덜란드   pp. 42~43

문제 정답   **1** ②   **2** ②   **3** ①, ④

문제 해설   **1** 네덜란드에서 자전거 사용자가 많은 이유를 여러 요인을 들어 설명하는 글이다.
     ① 네덜란드에서 얼마나 많은 사람들이 자전거를 사용하는가
     ② 네덜란드에서 자전거가 인기 있는 이유
     ③ 네덜란드에서 무엇이 사람들을 행복하게 하는가
     ④ 어떻게 사람들이 자전거를 타자는 캠페인을 시작했는가
     ⑤ 네덜란드에서 자전거를 타기에 가장 좋은 장소들

  2 앞에서 네덜란드에서 항상 자전거를 많이 탔던 것은 아니고, 보통 자동차를 많이 탔다는 내용이 나오며, 빈칸을
포함하는 문장 안에 however가 있으므로 내용이 전환된다. 이어지는 단락에서는 '네덜란드가 자전거를 타기에
좋고, 자전거 타기가 여전히 인기 있다'는 내용이 나오므로 문맥상 '<u>자동차</u> 대신에 <u>자전거</u>를 타자는 캠페인'이
문맥상 자연스럽다.

3 7~10행에서 네덜란드가 자전거를 타기에 좋은 이유를 구체적으로 설명하고 있다.

네덜란드는 ① 그것의 땅이 매우 평평하기 때문에 / ④ 자전거를 위한 도로가 많기 때문에 자전거를 타기에 좋다.

② 자전거 대여 가게가 많기 때문에

③ 도로에 차가 별로 없기 때문에

⑤ 자전거를 빌리기가 매우 쉽기 때문에

본문 해석 자전거는 네덜란드에서 흔한 교통 수단이다. 36퍼센트가 넘는 사람들이 자전거를 타고 회사로 출근하거나 학교에 등교한다. 하지만 이것은 항상 그랬던 것은 아니다. 60년대와 70년대에 대부분의 네덜란드 사람들은 돌아다니기 위해 자동차를 이용했다. 그러나 70년대에 석유 위기 이후 자동차 대신 자전거를 타자는 캠페인이 있었다.

그 나라는 땅이 매우 평평하기 때문에 자전거를 타기에 완벽하다. 네덜란드의 50퍼센트는 해발고도 1미터 미만이다. 게다가 엄청나게 큰 자전거 도로망이 있고, 그 나라 전역에 훌륭한 자전거 주차 공간들이 있다. 그래서 자전거를 타고 돌아다니기가 매우 쉽다. 이것이 네덜란드에서 자전거를 타는 것이 여전히 놀랄 만하게 인기 있는 이유이다.

지문 풀이

Biking is a common means / of transportation / in ❶ **the Netherlands.** / ❷ **More than 36 percent of**
자전거는 흔한 수단이다 / 교통의 / 네덜란드에서 / 36퍼센트가 넘는 사람들이 자전거를

people bike to work or school. / But this hasn't always been the case. / In the 60s and 70s, / most
타고 회사로 출근하거나 학교에 등교한다 / 하지만 이것은 항상 그랬던 것은 아니다 / 60년대와 70년대에 /

Dutch people used their cars / to get around. / After the oil crisis / in the 70s, / however, / there
대부분의 네덜란드 사람들은 자동차를 사용했다 / 돌아다니기 위해 / 석유 위기 이후 / 70년대에 / 그러나 /

was a campaign / to ride bikes / instead of cars. /
캠페인이 있었다 / 자전거를 타자는 / 자동차 대신에 /

The country is perfect / for biking / ❸ **since** its land is very flat. / ❹ **Fifty percent of the Netherlands**
그 나라는 완벽하다 / 자전거를 타기에 / 그것의 땅이 매우 평평하기 때문에 / 네덜란드의 50퍼센트는 /

is / less than one meter above sea level. / In addition, / there are huge networks of bike routes / and
해발고도 1미터 미만이다 / 게다가 / 엄청나게 큰 자전거 도로망이 있다 /

excellent bike parking spaces / all over the country. / So ❺ **it is very easy** / **to move around on a**
그리고 훌륭한 자전거 주차 공간이 있다 / 그 나라 전역에 / 그래서 그것은 매우 쉽다 / 자전거를 타고 돌아다니는 것이 /

bicycle. / This is why / biking still remains amazingly popular / in the Netherlands. /
이것이 ~한 이유이다 / 자전거를 타는 것이 여전히 놀랄 만하게 인기가 있는 / 네덜란드에서 /

---

❶ 일반적으로 나라 이름 앞에는 정관사 'the'가 붙지 않지만 네덜란드(the Netherlands), 필리핀(the Philippines), 바하마(the Bahamas) 같은 경우는 복수형으로 쓰이며 정관사 the가 붙음에 유의한다. 또한 복수로 사용되지만 한 나라를 뜻하므로 단수 취급한다.

❷. ❹ 전체나 부분을 가리키는 표현(all/most/any/some/half/percent)이 주어로 쓰이면 of 뒤의 명사에 수를 일치시킨다.
ex. Some of **the ideas were** very creative. 그 아이디어들 중 몇 개는 매우 창의적이었다.

❸ since (접속사) + 주어 + 동사 ~: ~하기 때문에

❺ it is very easy to move around on a bicycle (= to move around on a bicycle is very easy)
　 가주어　　　　　　　　　진주어 (주어가 너무 길어 뒤로 보낸 경우)

REVIEW TEST

p. 44

문제 정답　**1** ②　**2** ④　**3** ③　**4** take　**5** means　**6** serve　**7** ②　**8** (O)nce

문제 해설

1 ①, ③, ④는 모두 교통 수단(transportation)의 종류이다.

① 지하철　　③ 비행기　　④ 배

2 repeat: 반복하다

같은 실수를 <u>반복하지</u> 않도록 주의하여라.

① 제공하다　　② 닫다, 끄다　　③ 제안하다

3 remain: ～한 채로 남아있다

패스트 푸드는 건강에 좋지 않지만, 그들은 여전히 인기 있는 음식으로 <u>남아있다</u>.

① 맛보다　　② 과식하다　　④ (돈을) 지불하다

4 take a nap: 낮잠을 자다

5 means: 수단, 방법

6 serve: 제공하다, 차려 주다

7 ②는 일반 부사로 쓰였으며, ①, ③, ④는 비교급 강조 부사로 쓰였다.

① 그녀는 나보다 훨씬 더 빨리 달렸다.

② 그는 심지어 파티에 오지도 않았다.

③ 나는 그보다 훨씬 더 부유해지고 싶다.

④ 이 신발은 그 원피스보다 훨씬 더 비싸다.

8 once + 주어 + 동사～: 일단 ～하면

13 오늘은 시험, 뭘 먹어야 할까? pp. 48~49

문제 정답 1 (A) well (B) awake 2 ① 3 ⑤ 4 It is very hard to change a habit.

문제 해설 1 시험 전 먹기 좋은 음식으로 과일과 생선 등을 소개하며, 이것들이 지닌 효과를 설명하는 글이다.
네가 과일과 생선을 먹으면, 너는 시험을 (A)잘 볼 수 있는데, 그것들이 너를 (B)깨어 있게 해 줄 수 있기 때문이다.

2 앞에서 설명한 내용을 정리하는 부분으로, 시험을 잘 보고 싶다면, 숙면을 취하고 식단(네가 먹는 것)에 신경을 쓰라고 하는 것이 적절하다.
① 네가 먹는 것
② 네가 먹는 때
③ 네가 먹는 곳
④ 네가 공부하는 것
⑤ 네가 공부하는 장소

3 4~5행 'The best foods to eat before a test are fruits (like apples, grapes and peaches), peanuts, fish and oysters.'에서 ① 굴, ② 사과·포도, ③ 땅콩, ④ 생선은 언급되었으나 ⑤ 스테이크는 언급되지 않았다.

4 It(가주어) ~ to부정사(진주어) 구문: 주어인 to부정사를 뒤로 보내고, to부정사가 있던 자리에 가주어 It을 쓴다.

본문 해석 우리는 시험 전날 밤에 충분한 수면을 취하는 것이 중요하다는 것을 모두 알고 있다. 영양학자들에 따르면, 너의 식단 또한 너의 시험 점수에 영향을 끼칠 수 있다.
시험 전에 먹기에 가장 좋은 음식들은 과일(사과, 포도 그리고 복숭아와 같은), 땅콩, 생선 그리고 굴이다. 이러한 음식들은 너를 더욱 똑똑하게 만들어 주진 않지만, 연구 결과는 그것들이 네가 깨어있도록 도와줄 수 있다는 것을 보여 준다. 그것들은 밥과 빵에 있는 탄수화물의 졸리게 하는 효과를 싸워 물리친다.
그래서 만약 네가 너의 다음 시험을 잘 보고 싶으면, 숙면을 취하고 <u>네가 먹는 것</u>에 주의를 기울여라. 그러면 너는 확실히 좋은 결과를 얻을 것이다!

지문 풀이

We all know / that it's important / to get enough sleep / the night before a test. / According to
우리는 모두 알고 있다 / 그것이 중요하다는 것을 / 충분한 수면을 취하는 것이 / 시험 전날 밤에 / 영양학자들에 따르면 /

nutritionists, / your diet can also affect your exam score. /
너의 식단 또한 너의 시험 점수에 영향을 끼칠 수 있다 /

❶ **The best foods** / **to eat** before a test / are fruits (like apples, grapes and peaches), peanuts, fish
가장 좋은 음식들은 / 시험 전에 먹을 / 과일 (사과, 포도, 그리고 복숭아와 같은), 땅콩, 생선, 그리고 굴이다 /

and oysters. / These foods won't ❷ **make you smarter**, / but studies show / they can ❸ **help you stay**
이러한 음식들은 너를 더욱 똑똑하게 만들어 주진 않을 것이다 / 하지만 연구 결과는 보여 준다 / 그들이 네가 깨어있도록 도와줄 수

awake. / They fight off the sleepy effects / of carbohydrates / in rice and bread. /
있다는 것을 / 그들은 졸리게 하는 효과를 싸워 물리친다 /　　　　탄수화물의 /　　　　밥과 빵에 있는 /

So, / if you want to do well on your next exam, / get a good night's sleep / and pay attention / to
그래서 / 만약 네가 너의 다음 시험을 잘 보고 싶으면 /　　　　숙면을 취해라 /　　　그리고 주의를 기울여라 /

❹ **what you eat.** / Then you will certainly get a good result! /
네가 먹는 것에 /　　　　그러면 너는 확실히 좋은 결과를 얻을 것이다! /

❶　The best foods to eat
　　　　　　　　↑ to 부정사의 형용사적 용법 (먹을 가장 좋은 음식)

❷　make(사역동사) + 목적어 + 목적격 보어: ~을 …하게 만들다

❸　help + 목적어 + (to)동사원형: ~이 …하는 것을 돕다

❹　관계대명사 what(= the thing which)은 '~하는 것'으로 해석하며, 선행사를 포함하고 있다.
　　ex. This is **what** I want for my birthday present. 이것은 내가 생일 선물로 원하는 것이다.

14　세상에서 가장 아름다운 것　　　　　　　　　　　　　　　　　　　　　pp. 50~51

문제 정답　　**1** ⑤　　**2** ④　　**3** 장미, 아기의 미소, 어머니의 사랑　　**4** took us two years to build

문제 해설　**1** 지상에서 가장 아름다운 세 가지(장미꽃, 아기의 미소, 어머니의 사랑) 중, 어머니의 사랑이 변함없는 아름다움을
　　　　　　지니고 있다는 내용의 글이다.
　　　　　　① 아기들을 향한 하나님의 사랑
　　　　　　② 사랑에 관한 옛 유대인 이야기
　　　　　　③ 장미의 변하지 않는 아름다움
　　　　　　④ Gabriel 천사의 중요한 임무
　　　　　　⑤ 가장 아름다운 것: 어머니의 사랑

　　　　2 7~11행에서 장미는 시들어 죽었고 아기는 청년이 되었지만, 어머니의 사랑은 예전과 변함없이 아름다웠다는
　　　　　　내용으로 보아 ④번이 정답임을 알 수 있다.

　　　　3 5~6행 참조

　　　　4 It takes + 사람 + 시간 + to부정사: ~이 …하는 데 시간이 … 걸리다

본문 해석　이것은 오래된 유대인 이야기이다. 옛날에 하나님이 천사 Gabriel(가브리엘)을 지상으로 보냈다. 하나님은
그에게 중요한 임무를 주셨다. 그것은 지상에서 가장 아름다운 것을 찾는 것이었다. Gabriel은 지상 곳곳을
살펴보았다. 그는 마침내 가장 아름다운 것 세 가지를 선택했다. 첫 번째는 장미였고, 두 번째는 아기의
미소였으며, 세 번째는 어머니의 사랑이었다.
Gabriel이 하늘로 돌아오는 데는 오랜 시간이 걸렸다. 그가 돌아왔을 때 그 꽃은 이미 죽어 있었다. 아기는
더 이상 아기가 아닌 청년이었다. 하지만 어머니의 사랑은 예전과 똑같이 아름답고 진실했다! 어머니의 참된
사랑은 항상 아름답다. 시간조차도 그것을 변화시킬 수 없다.

This is an old Jewish story. / Once upon a time, / God sent the angel Gabriel to the Earth. / God
이것은 오래된 유대인 이야기이다 / 옛날에 / 하나님은 천사 가브리엘을 지상으로 보냈다 /

gave him an important task. / It ❶ was to find the most beautiful thing / on the Earth. / Gabriel
하나님은 그에게 중요한 임무를 주셨다 / 그것은 가장 아름다운 것을 찾는 것이었다 / 지상에서 / 가브리엘은

looked all over the Earth. / He finally chose the three most beautiful things. / The first was a
지상 곳곳을 살펴 보았다 / 그는 마침내 가장 아름다운 것 세 가지를 골랐다 / 첫 번째는 장미였다 /

rose; / the second was a baby's smile; / and the third was a mother's love. /
두 번째는 아기의 미소였다 / 세 번째는 어머니의 사랑이었다 /

It took Gabriel a long time / to go back to heaven. / When he returned, / the flower was already
가브리엘은 오랜 시간이 걸렸다 / 하늘로 돌아가는 데 / 그가 돌아왔을 때 / 꽃은 이미 죽어 있었다 /

dead. / The baby was ❷ no longer a baby but a young man. / But the mother's love was the
아기는 더 이상 아기가 아니고 청년이었다 / 하지만 어머니의 사랑은 똑같았다 /

same / —beautiful and true, / just like before! / A mother's true love / ❸ is always beautiful. / Even
아름답고 진실했다 / 예전과 똑같이! / 어머니의 참된 사랑은 / 항상 아름답다 /

time cannot change it. /
시간조차도 그것을 바꿀 수 없다 /

❶ to부정사의 명사적 용법으로 be동사 뒤에 to부정사가 쓰여 주어를 보충 설명하는 주격 보어 역할을 한다.
ex. My job **is to look after** the children. 나의 일은 아이들을 돌보는 것이다.

❷ not A but B(A가 아니라 B) 구문의 변형으로, not 대신에 no longer가 쓰였다.

❸ 어떤 일이 일어나는 횟수나 정도를 나타내는 always, usually, often, sometimes, seldom, never 등의
빈도부사는 일반동사 앞이나, be동사나 조동사 뒤에 위치한다.
ex. I **usually stay** home on Sundays. 나는 일요일에는 대개 집에 계속 있는다.
ex. My dad **is always** complaining about his car. 나의 아빠는 항상 그의 차에 대해 불평하신다.

---

15 소아암 어린이에게 오리 로봇을! pp. 52~53

문제 정답   **1** ③   **2** (A) emotions (B) nurse   **3** ⑤   **4** is being painted

---

문제 해설   **1** 오리 로봇을 개발하는 데 걸린 시간은 나와 있지 않다.
① 누가 오리 로봇을 발명했는가? (1~3행 참조)
② 오리 로봇은 무엇을 할 수 있는가? (4~6행 참조)
③ 오리 로봇을 개발하는 데 얼마나 오래 걸렸는가?
④ 오리 로봇의 이름은 무엇인가? (4행 참조)
⑤ Aaron은 왜 오리 로봇을 발명했는가? (10~13행 참조)

  2 4행에서 오리 로봇이 감정을 보여줄 수 있다고 했으므로 (A)는 emotions가 적절하며, 7~8행에서 간호사가
하듯이 아이들이 오리 로봇을 돌볼 수 있다고 했으므로 (B)는 nurse가 적절하다.
오리 로봇은 행복과 슬픔과 같은 (A)감정들을 보여줄 수 있다. 또한, 그들은 암의 여러 징후를 보인다.
그래서 아이는 (B)간호사처럼 그들의 오리를 돌볼 수 있다.

3 come up with는 '(해답 등을) 생각해내다, 찾아내다'라는 뜻이므로, came up with는 find(찾아내다)의 과거형인 found로 바꾸어 쓸 수 있다.

Nick은 그 문제를 해결할 아이디어를 <u>찾아냈다</u>.

① 선택했다 ② 가졌다 ③ 필요했다 ④ 시도했다

4 진행형 수동태는 「be동사 + being + 과거분사(p.p.)」의 형태로 쓴다.

본문 해석 오리 로봇이 아픈 아이들에게 기쁨과 위안을 가져다준다. 미국인 개발자 Aaron(애런)이 암에 걸린 아이들을 격려하고자 그것을 개발했다.

Aflac Duck(애플랙 덕)이라고 이름 지어진 그 로봇은 행복과 슬픔 같은 감정들을 보여줄 수 있다. 그 오리는 또한 암 환자처럼 행동할 수 있고, 그 질병의 많은 증상을 나타낼 수 있다. 그래서 아이들은 간호사가 하듯이 그것을 목욕시키거나, 먹이를 주면서 그들의 오리를 돌볼 수 있다. 아이들은 같은 경험을 겪고 있는 친구를 돌보고 있기 때문에 더 행복해진다.

왜 Aaron은 이 오리 로봇을 개발했을까? 12세에 그는 심각한 병을 앓았다. 그는 치료를 받는 동안 정말 외롭고 무서웠다. 그는 암을 앓는 아이들이 똑같이 느끼는 것을 원치 않았기 때문에 Aflac Duck을 생각해냈다.

지문 풀이

A robot duck brings joy and comfort / to sick kids. / ❶ **An American inventor, Aaron**, developed
오리 로봇이 기쁨과 위안을 가져다 준다 / 아픈 아이들에게 / 미국인 개발자 Aaron은 그것을 개발했다 /

it / to cheer up ❷ **kids who have cancer**. /
 암에 걸린 아이들을 격려하기 위해 /

The robot, named Aflac Duck, / can show emotions / like happiness and sadness. / The duck can
Alfac Duck이라고 이름 지어진 그 로봇은 / 감정을 보여줄 수 있다 / 행복과 슬픔 같은 / 오리는 또한 암 환자처럼

also act like a cancer patient / and show many symptoms / of the sickness. / So children can take
행동할 수 있다 / 그리고 많은 증상을 보여줄 수 있다 / 그 질병의 / 그래서 아이들은 그들의 오리를

care of their duck, / ❸ **bathing and feeding** it / as a nurse does. / The kids become happier / because
돌볼 수 있다 / 그것을 목욕시키고 먹이를 주면서 / 간호사가 하듯이 / 아이들은 더욱 행복해진다 /

they are caring for ❹ **a friend** / **who is going through the same experience**. /
그들이 친구를 돌보고 있기 때문에 / 같은 경험을 겪고 있는 /

Why did Aaron invent this robot duck? / At age 12, / he had a serious illness. / He felt very lonely
왜 Aaron은 이 오리 로봇을 개발했을까? / 12세에 / 그는 심각한 병을 앓았다 / 그는 정말 외롭고 무서웠다 /

and afraid / while he was being treated. / He came up with Aflac Duck / because he didn't want
그가 치료를 받는 동안 / 그는 Aflack Duck을 생각해냈다 / 그는 암을 앓는 아이들이 똑같이

kids with cancer to feel the same way. /
느끼기를 원치 않았기 때문에 /

❶ An American inventor, Aaron
        └─동격─┘

❷, ❹ who는 주격 관계대명사로 쓰여 who 이하 절이 각각 앞에 있는 명사 kids와 a friend를 수식하고 있다.

kids **who** have cancer / a friend **who** is going through the same experience

❸ bathing and feeding은 문장의 동사구인 take care of와 동시에 이루어지는 동작을 나타내는 분사구문으로 해석은 '~하면서'로 한다. bathing은 동사 bathe의 -ing형이다.

문제 정답 **1** ③   **2** ①   **3** ①   **4** ②   **5** ③   **6** to have   **7** to clean   **8** 그의 새로운 노래가 지금 연주되고 있는 중이다.

문제 해설 **1** ①, ②, ④는 모두 감정(emotion)의 종류이다.

① 화, 분노   ② 행복   ④ 슬픔

2 affect: 영향을 끼치다

나쁜 날씨는 내 계획에 <u>영향을 끼치지</u> 않는다.

② 먹이를 주다   ③ 치료하다   ④ 가져다 주다

3 care for: ~을 보살피다, 돌보다

나의 부모님은 내가 아플 때 나를 항상 <u>돌봐 주신다.</u>

② 받아들이다   ③ 구조하다   ④ 관찰하다

4 comfort: 위안, 위로

당신이 걱정하거나, 불행할 때 당신이 좀 더 나은 기분을 느끼게 하는 무언가

① 위기   ③ 무기   ④ 관심

5 symptom: (질병의) 증상

기침이나 콧물과 같은 질병의 징후

① 식단   ② 일, 과업   ④ 경험

6 가주어 it은 진주어 to부정사를 대신하여 쓰이므로 to have가 와야 한다.

요즘에 영어 이름을 가지는 것은 무척 흔하다.

7 「It takes + 사람 + 시간 + to부정사」: ~이 …하는 데 시간이 … 걸리다

내가 내 방을 청소하는 데 20분이 걸린다.

8 진행형 수동태 「be동사 + -being + p.p.」는 '~되고 있는 중이다'로 해석한다.

Unit 6

pp. 56~57

16 새들의 노래 배우기

문제 정답   **1** ②   **2** ⑤   **3** (1) T (2) T   **4** (1) Therefore (2) However (3) Besides

문제 해설   **1** (B)에서 일반적인 경우를 제시하고 그 반대되는 경우를 (A)에서 제시한 후, 그 예를 (C)에서 보여 주고 있다.

2 8~10행 참조

새의 노래 방식은 누가 그 새를 기르는지에 달려있다.

       (A)   (B)
① 소리   –   그 새가 얼마나 오래 배우는지
② 소리   –   그 새가 무엇을 먹는지
③ 음량(성량) –   그 새가 어디서 태어나는지
④ 방식   –   그 새가 언제 노래를 배우기 시작하는지
⑤ 방식   –   누가 그 새를 기르는지

3 (1) 1행 참조   (2) 2~4행 참조

4 Therefore는 '그러므로'라는 뜻으로, 인과관계로 연결되는 문장 사이에 위치한다.

However는 '그러나'라는 뜻으로, 역접으로 연결되는 문장 사이에 위치한다.

Besides는 '게다가'라는 뜻으로, 앞 문장의 내용을 추가로 보충할 때 사용한다.

(1) Ted는 열심히 공부했다. 그러므로 그는 좋은 점수를 받았다.

(2) 그 영화는 짧았다. 하지만 그것은 매우 훌륭했다.

(3) 그 공연은 환상적이었다. 게다가 표도 무료였다.

본문 해석   많은 노래하는 새들은 아빠새의 노래를 들음으로써 노래하는 법을 배운다.

(B) 그래서 만약 그들이 아빠에게서 떨어져서 그들만의 노래 부르는 법을 배우지 못하면, 그들은 이상한 소리만 낼 수도 있을 것이다.

(A) 그러나 그들이 다른 종류의 새의 노래들을 배우면, 그들은 그것들을 쉽게 배우고 심지어 자신의 새끼들에게 그것들을 전수한다.

(C) 한 실험에서 새끼 멋쟁이 새가 카나리아에게 길러졌다. 놀랍게도 그 새끼 새는 카나리아의 노래를 쉽게 배웠다. 그 새가 성체가 되었을 때, 그것은 심지어 자신의 새끼들을 카나리아처럼 노래하도록 가르치기까지 했다.

지문 풀이

Many songbirds learn to sing / ❶ **by listening** to their fathers. /
많은 노래하는 새들은 노래하는 법을 배운다 /   자신의 아빠의 노래를 들음으로써 /

(B) So if ❷ **they are separated** / **from their fathers** / **and are never taught** to sing their own
그래서 만약 그들이 떨어지면 /   그들의 아빠로부터 /   그리고 그들만의 노래하는 법에 대해 가르침을 받지 못하면 /

songs, / they will only be able to make strange noises. /
         그들은 이상한 소리만 낼 수도 있을 것이다 /

(A) However, / if they are taught / the songs of another kind of bird, / they learn them easily / and
그러나 / 만약 그들이 배우면 / 다른 종류의 새의 노래를 / 그들은 그것을 쉽게 배운다

even pass them on to their young. /
그리고 심지어 자신의 새끼들에게 전수한다 /

(C) In one experiment, / a baby bullfinch was raised by a canary. / Surprisingly, / the baby bird
한 실험에서 / 새끼 멋쟁이 새가 카나리아에 의해 길러졌다 / 놀랍게도 / 그 새끼 새는

learned the canary's song easily. / When ❸ it became an adult, / it even taught its children / to
카나리아의 노래를 쉽게 배웠다 / 그것이 성체(어른)가 되었을 때 / 그것은 그것의 새끼들을 가르치기까지 했다 /

sing like canaries. /
카나리아처럼 노래하도록 /

❶ by -ing: ~함으로써
   ex. You learn to speak **by speaking.** 너는 말을 함으로써 말하는 법을 배운다.

❷ <u>they</u> <u>are separated</u> from their fathers **and** <u>are never taught</u> to sing their own songs: 동사1과 동사2가
   주어   동사1   등위 접속사   동사2
   and로 연결된 병렬 구조이다.

❸ it = the baby bird

---

17 출생 순서에 따라 성격이 달라진다?   pp. 58~59

문제 정답 **1** ④   **2** (1) ①, ⓒ (2) ③, ⓑ (3) ②, ⓐ   **3** personality   **4** ②

문제 해설 **1** 첫 단락의 마지막 문장에서 'birth order can affect your personality'로 주제를 소개한 후 첫째, 중간, 막내
자녀의 성격을 설명하는 글이다.

2 (1) 4행 참조 / 6~7행 참조
   (2) 9~10행 참조 / 11행 참조
   (3) 12~13행 참조 / 14행 참조
   ① 실수하는 것을 싫어하다   ⓐ 음악가, 화가
   ② 사람들의 관심을 끌고 싶어한다   ⓑ 외교관
   ③ 싸움을 방지하려고 한다   ⓒ 대통령, CEO

3 personality: 성격
   (1) 나는 그가 친근한 성격을 지니고 있어서, 그를 좋아한다.
   (2) 사람들의 옷은 흔히 그들의 성격의 표현이다.

4 ①, ③은 목적절을 이끄는 명사절 접속사로 쓰여 생략할 수 있지만, ②는 주격 관계대명사로 쓰여 생략할 수 없다.
   ① 그들은 그녀가 천재라고 말한다.
   ② 겨울에 피는 어느 꽃이라도 알고 있니?
   ③ 내가 1등으로 끝낸 것을 너는 믿을 수 있니?

당신은 가족 중에 첫째인가? 아니면 막내인가? 몇몇 심리학자들은 출생 순서는 당신의 성격에 영향을 미칠 수 있다고 말한다.

맏이들은 흔히 완벽해지기를 원한다. 그들은 그들의 형제와 자매들로부터 존경을 원한다. 그것이 그들이 흔히 지도자가 되는 이유이다. 많은 대통령들이 가족 중에 맏이였다.

중간 아이들은 보통 평화를 조성한다. 그들은 맏이와 막내 사이에서 가교 역할을 한다. 그들은 싸움을 싫어하며 늘 그것을 멈추게 하려고 노력한다. 그것이 중간 아이들이 친구가 많고, 흔히 외교관이 되는 이유이다.

막내들은 언제나 가족 내에서 관심의 중심이 되기를 원한다. 그들은 또한 창의적이며 재미있게 노는 것을 좋아한다. 많은 막내들이 예술가가 된다.

지문 풀이

Are you the oldest child / or the youngest child / in your family? / Some psychologists say / birth
당신은 첫째인가 / 아니면 막내인가 / 당신의 가족 중에? / 몇몇 심리학자들은 말한다 /

order can affect your personality. /
출생 순서가 당신의 성격에 영향을 미칠 수 있다고 /

First-born children / ❶ **often want** to be perfect. / They want respect / from their brothers and
첫 번째로 태어난 아이들은 (맏이들은) / 흔히 완벽해지기를 원한다 / 그들은 존경을 원한다 / 그들의 형제와 자매들로부터 /

sisters. / That's why / they often become leaders. / Many presidents were the oldest children / in
/ 그것이 ~한 이유다 / 그들이 흔히 지도자가 되는 / 많은 대통령들은 맏이였다 /

their families. /
그들의 가족 중에 /

Middle children usually make peace. / ❷ **They act as a bridge** between the first-born and the
중간 아이들은 보통 평화를 조성한다 / 그들은 가교 역할을 한다 / 맏이와 막내 사이에서 /

youngest children. / They hate fights / and always try to stop ❸ **them.** / That's why / middle children
/ 그들은 싸움을 싫어한다 / 그리고 늘 그것들을 멈추려고 한다 / 그것이 ~한 이유이다 /

have a lot of friends / and often become diplomats. /
중간 아이들이 친구가 많다 / 그리고 흔히 외교관이 된다 /

Youngest children always want / to be the center of attention / in their family. / They are also
막내들은 항상 원한다 / 관심의 중심이 되기를 / 그들의 가족 안에서 / 그들은 또한 창의적이다 /

creative / and like to have fun. / Many youngest children become artists. /
그리고 그들은 재미있게 노는 것을 좋아한다 / 많은 막내들이 예술가가 된다 /

❶ 빈도부사는 일반동사 앞이나, be동사와 조동사 뒤에 위치한다.
  ex. He **often gets** up late on weekends. 그는 주말에 흔히 늦게 일어난다.
  ex. I thought I **was always** right. 나는 내가 항상 옳다고 생각했다.

❷ They act as a bridge between the first-born and the youngest children.
  ~의 역할을 하다   between A and B: A와 B 사이에

❸ them = fights

18 목욕을 하면 죽는다? pp. 60~61

문제 정답 1 ④ 2 ④ 3 (1) F (2) T 4 목욕을 하면 따뜻한 물이 모공을 열고, 질병이 모공을 통해 들어올 것이라 믿은 것

1 중세 시대에 있었던 목욕에 관한 잘못된 편견으로 인해, 왕과 여왕이 목욕을 하기 꺼려했다는 내용을 소개하는 글이다.

① 목욕의 역사
② 뜨거운 목욕의 문제점들
③ 세상에서 가장 깨끗한 나라
④ 목욕을 싫어한 왕과 여왕들
⑤ 인류 역사 속 건강과 질병

2 주어진 문장은 '그러나 이것은 아무 것도 아니다.'라는 뜻으로, But으로 시작하며, 뒤에 이어질 내용이 더욱 과한 것임을 암시하고 있다. 해당 문단에서는 목욕을 자주 하지 않은 왕과 여왕들의 사례가 이어지다가, 목욕을 하는 사람들을 감옥에 보내기까지 했다는 필립 2세의 일화가 가장 과한 사례로 제시되므로, 그 앞인 ⓓ에 위치하는 것이 가장 적절하다.

3 (1) 이사벨라 여왕은 그녀가 목욕을 많이 하지 않은 것을 부끄러워했다. (5~6행 참조)
(2) 왕과 여왕들은 그들의 건강에 목욕이 유해하다고 생각했다. (10~13행 참조)

4 문제의 질문은 왕과 여왕들이 목욕을 하지 않은 이유가 무엇인지 묻고 있고, 10행부터 그 이유가 설명되고 있다. 왕과 여왕들은 따뜻한 물로 목욕을 하면 모공이 열리고, 그 열린 모공으로 병균이 들어와 질병에 전염될 것이라고 믿었기 때문이다.

당신은 하루에 몇 번 샤워를 하는가? 아마도 당신은 적어도 하루에 한 번이나 두 번 샤워를 할 것이다. 하지만 만약 18세기 왕들과 여왕들이 우리의 대답을 듣는다면, 그들은 충격을 받을 것이다.

그 당시에 왕들과 여왕들은 샤워나 목욕을 하는 것을 좋아하지 않았다. 스페인의 이사벨라 여왕을 예시로 들어 보자. 그녀는 그녀가 평생 동안 목욕을 단 두 번 했다는 것에 자부심을 가졌다. 프랑스의 루이 14세도 목욕을 많이 하지 않았다. 그는 그의 평생 동안 딱 세 번 목욕을 했다. <u>하지만 이것은 아무것도 아니다.</u> 스페인의 필립 2세는 심지어 목욕을 했다는 이유로 사람들을 감옥에 넣기까지 했다.

그래서 목욕에 대한 그들의 문제는 무엇이었을까? 그들 모두는 따뜻한 물이 몸의 작은 구멍인 모공을 열고, 질병이 그 모공을 통해 몸속으로 흘러 들어올 수 있다고 믿었다. 그것이 그들이 목욕을 두려워했던 이유이다.

How many times do you shower a day? / Maybe you shower / at least once or twice a day. / But ❶ if
당신은 하루에 몇 번 샤워를 하는가? / 아마도 당신은 샤워를 할 것이다 / 적어도 하루 한 번이나 두 번 / 하지만 만약

18th-century kings and queens heard our answers, / they would be shocked. /
18세기 왕들과 여왕들이 우리의 대답을 듣는다면 / 그들은 충격을 받을 것이다 /

At that time, / kings and queens didn't like / to take showers or baths. / ❷ Take Queen Isabella of
그 당시에 / 왕들과 여왕들은 좋아하지 않았다 / 샤워나 목욕을 하는 것을 / 스페인의 이사벨라 여왕을 예시로

Spain for example. / ❸ She was proud / that she had only bathed twice / in her whole life. / Louis
들어보자 / 그녀는 자랑스러워했다 / 그녀가 목욕을 단 두 번 했다는 것을 / 그녀의 평생 동안 / 프랑스의

XIV of France didn't bathe much, either. / He bathed only three times / in his life. / But this is
루이 14세도 목욕을 많이 하지는 않았다 / 그는 딱 세 번 목욕을 했다 / 그의 평생 동안 / 하지만 이것은

nothing. / Philip II of Spain even put people in jail / for bathing. /
아무것도 아니다 / 스페인의 필립 2세는 사람들을 감옥에 넣기까지 했다 / 목욕했다는 이유로 /

So what was their problem with bathing? / ❹ All of them believed / that warm water opens the
그래서 목욕에 대한 그들의 문제는 무엇이었을까? / 그들 모두는 믿었다 / 따뜻한 물이 모공을 연다고 /

pores / or small holes / in the body, / and disease could flow / into the body / through the
즉 작은 구멍 /   몸 안의 /   그리고 질병이 흘러 들어갈 수 있다고 /   몸 속으로 /   모공을 통해 /

pores. / That's why / they were afraid of bathing. /
그것이 ~한 이유다 / 그들이 목욕을 무서워했던 /

❶ 가정법 과거(현재 사실을 반대로 가정): if + 주어 + 과거 시제 동사 ~, 주어 + 조동사의 과거형 + 동사원형 …

❷ take ~ for example: ~을 예시로 들다

❸ She was proud that she had only bathed twice in her whole life.
                     감정의 원인, 판단의 근거 등을 나타낼 때 쓰이는 부사절

❹ • All of them believed that warm water opens the pores or small holes in the body, ~ through the
       주어   동사   believed의 목적어 (명사절)

pores.: that 이하에서 warm water ~ the body와 disease ~ through the pores가 and로 연결되어 있고
둘다 동사 believed의 목적절이다.

• 전치사 or로 pore와 small holes가 동격으로 연결되어 있다.

REVIEW TEST

p. 62

문제 정답   **1** ②   **2** ①   **3** ④   **4** ③   **5** ①   **6** However   **7** Therefore

문제 해설   **1** ①, ③, ④는 모두 질병(disease)의 종류이다.
       ① 암   ③ 두통   ④ 복통

     2 noise: 소음
       나는 어젯밤에 아래층의 소음 때문에 잠을 잘 잘 수 없었다.
       ② 식단   ③ 평화   ④ 월급

     3 perfect: 완벽한
       Susan은 똑똑한 학생이다. 그녀는 항상 완벽한 점수를 얻는다.
       ① 창의적인   ② 가치 있는   ③ 독특한

     4 personality: 개성
       한 사람이 생각하거나 행동하는 방식
       ① 방법   ② 형식   ④ 감각

     5 ①은 주격 관계대명사로 쓰였으며, ②, ③, ④는 명사절 접속사로 쓰였다.
       ① 그녀에게 그 꽃을 준 남성은 누구인가?
       ② 나는 그때 그가 울거라는 것을 예상치 못했다.
       ③ 나는 네가 이것을 좋아하길 바란다.
       ④ 나는 네가 옳다고 생각한다.

     6 However: 그러나
       그는 아팠다. 그러나 그는 계속 일했다.

     7 Therefore: 그러므로
       너는 그저 어린 아이이다. 그러므로 너는 내 차를 운전할 수 없다.

Unit 07

19 축복과 선물이 쏟아지는 날   pp. 66~67

문제 정답   **1** ④   **2** (1) bridal shower (2) baby shower   **3** come

문제 해설

1 baby shower와 bridal shower를 예로 들어, 일반적인 의미와는 다른 '샤워'의 의미를 소개하는 글이다. 2~4행의 'But a shower can also mean "a lot of gift giving and blessings" on a special day.'에서 의미를 유추할 수 있다.

2 (1) 신부 측의 결혼 축하 파티(bridal shower)를 표현한 그림이다.

   (2) 임신 축하 파티(baby shower)를 표현한 그림이다.

3 시간·조건의 부사절에서는 현재 시제가 미래를 대신하므로 will come이 아닌 come이 와야 한다.

본문 해석   'shower(샤워)'라는 말을 들을 때 당신은 무엇이 떠오르는가? 아마도 그것은 '당신의 몸을 물로 씻는 것'일 것이다. 그러나 샤워는 특별한 날에 '많은 선물을 주는 것과 축복'을 의미할 수도 있다. 예를 들어, 한 여성이 출산 예정일 때, 그녀의 가족들은 아기가 태어나기 몇 주 전에 베이비 샤워를 열 것이다. 그 파티에서 초대된 가족과 친구들은 아기를 위한 많은 선물을 가져올 것이다. 또 다른 종류의 '샤워'는 브라이덜 샤워이다. 여성이 결혼을 하게 될 때, 그녀의 모든 여성 친구들과 친척들이 그녀를 위해 파티를 열고 그녀의 행복을 기원한다.

지문 풀이

When you hear the word "shower," / what comes to mind? / Maybe it is "washing your body with
당신이 '샤워'라는 말을 들을 때 /   무엇이 떠오르는가? /   아마도 그것은 '당신의 몸을 물로 씻는 것'일 것이다 /

water." / But a shower can also mean / "a lot of gift giving and blessings" / ❶ on a special day. / For
그러나 샤워는 의미할 수도 있다 /   많은 선물을 주는 것과 축복 /   특별한 날에 /

example, / when a woman is expecting a baby, / her family will have a baby shower / several weeks
예를 들어 /   한 여성이 출산 예정일 때 /   그녀의 가족들은 베이비 샤워를 열 것이다 /   아기가 태어나기

❷ before the baby is born. / At the party, / invited family and friends / will bring a lot of
몇 주 전에 /   그 파티에서 /   초대된 가족과 친구들은 /   많은 선물을 가져올 것이다 /

presents / for the baby. / Another kind of "shower" is a bridal shower. / When a woman gets
아기를 위해 /   또 다른 종류의 '샤워'는 브라이덜 샤워이다 /   여성이 결혼을 하게 될 때 /

married, / ❸ all of her female friends and relatives throw her a party / and wish her well. /
    모든 그녀의 여성 친구들과 친척들이 그녀를 위해 파티를 연다 /   그리고 그녀의 행복을 기원한다 /

❶ 특정한 날 앞에는 전치사 on을 쓴다.

❷ 시간이나 조건의 부사절에서는 미래를 나타낼 때에도 현재 시제를 사용한다. before the baby will be born (×)

❸ all of her female friends and relatives throw her a party and wish her well
                                    └──── and로 연결된 병렬 구조 ────┘

1 ② **2** ①, ④ **3** 사전에 있는 단어들을 비밀번호로 사용하다 **4** is to visit Disneyland

---

1 안전한 비밀번호를 만드는 여러 가지 방법을 소개하는 글이다.

① 해킹을 당하지 않는 방법
② 안전한 비밀번호를 만드는 방법
③ 쉬운 비밀번호를 만드는 방법
④ 잊어버린 비밀번호를 찾는 방법
⑤ 비밀번호를 만들기 위해 사전을 사용하는 방법

2 7~9행에서 특수 문자와 숫자를 비밀번호에 추가하라고 했으며, 10행에서 문장을 사용하라고 언급되어 있다.

3 앞에서 사전에 있는 단어를 비밀번호로 사용하는 것에 대해 언급하였다.

4 '디즈니랜드에 가는 것'은 '~하는 것, ~하기'로 해석되는 to부정사의 명사적 용법(보어)으로 쓴다.

사람들은 종종 그들의 비밀번호로 사전에 있는 단어들을 사용한다. 하지만 이것은 좋은 생각이 아니다. 당신이 그렇게 하면 해커들은 당신의 비밀번호를 쉽게 알아낼 수 있다. 어떻게 가능한가? 해커들은 '사전 공격'이라 불리는 프로그램을 사용한다. 그들은 가능성이 있는 비밀번호로 사전에 있는 모든 단어들을 시도한다. 몇 분 후에, 그들은 당신의 비밀번호를 알아낼 수 있다.
그렇다면 당신은 어떻게 강력한 비밀번호를 만들 수 있을까? 한 가지 방법은 당신의 비밀번호에 숫자나 특수 문자들(!@#$%^)을 추가하는 것이다. 또한 문자와 숫자만 가진 비밀번호를 사용하는 것을 삼가라. 훨씬 더 좋은 방법은 문장을 사용하는 것이다. 예를 들어, '나의 여자친구와 나는 함께 춤을 추는 것을 좋아한다'는 'mygf&Il2d2g'가 될 수 있다. 이 비밀번호는 어떤 사전에도 없다!

People often use words / in the dictionary / as their password. / But this isn't a good idea. / Hackers
사람들은 종종 단어들을 사용한다 / 사전에 있는 / 그들의 비밀번호로 / 하지만 이것은 좋은 생각이 아니다 /

can easily find out your password / if you do so. / How? / Hackers use ❶ a program / called a
해커들은 당신의 비밀번호를 쉽게 알아낼 수 있다 / 당신이 그렇게 하면 / 어떻게 (가능한가)? / 해커들은 프로그램을 사용한다 / '사전 공격'

"dictionary attack." / They try ❷ every word / in the dictionary / as a possible password. / ❸ In a
이라고 불리는 / 그들은 모든 단어들을 시도한다 / 사전에 있는 / 가능성이 있는 비밀번호로 /

few minutes, / they can find out your password. /
몇 분 후에 / 그들은 당신의 비밀번호를 알아낼 수 있다 /

Then how can you make / a strong password? / One way is / to add numbers and special characters
그렇다면 당신은 어떻게 만들 수 있을까 / 강력한 비밀번호를? / 한 가지 방법은 / 숫자들과 특수 문자들을 추가하는 것이다 /

(!@#$%^) / to your password. / Also, / avoid using passwords / with only letters or numbers. / ❹ An
/ 당신의 비밀번호에 / 또한 / 비밀번호를 사용하는 것을 삼가라 / 문자와 숫자만 가진 /

even better way is / to use a sentence. / For example, / "my girlfriend and I love to dance together."
훨씬 더 좋은 방법은 / 문장 하나를 사용하는 것이다 / 예를 들어 / '나의 여자친구와 나는 함께 춤을 추는 것을 좋아한다'는

can become "mygf&Il2d2g." / This password is not in any dictionary! /
'mygf&Il2d2g'가 될 수 있다 / 이 비밀번호는 어떤 사전에도 없다! /

① 「명사 + called ~」: ~라고 불리는 …
   ex. She is **a princess called Jasmin**. 그녀는 자스민이라고 불리는 공주이다.

② every + 단수 명사: every는 '모든'이라는 뜻이지만 뒤에 단수 명사가 온다.
   ex. **Every student** wears school uniforms. 모든 학생들이 교복을 입는다.

③ in + 시간: ~ 후에, ~ 쯤 뒤에
   ex. Let's meet in the library **in 30 minutes**. 도서관에서 30분 쯤 뒤에 만나자.
   cf. within + 시간: ~이내, ~ 안에
      He should leave the city **within 48 hours**. 그는 48시간 이내에 그 도시를 떠나야 한다.

④ even이 비교급 앞에 오면 '훨씬'이라는 뜻이 되어 비교급의 의미를 더욱 강조해 준다.
   ex. She is **even** smarter than he. 그녀는 그보다 훨씬 더 똑똑하다.

---

21 바다거북아, 미안해

pp. 70~71

문제 정답 **1** ⑤   **2** ②   **3** ④   **4** seemed to play

문제 해설

1 주어진 문장의 the video가 8행 '~ the scientists posted a video of the rescue scene ~'에서 언급되었으므로, ⓔ에 위치하는 것이 적절하다.

2 3~4행에서 바다거북이 구조되었을 때 코에 빨대가 꽂혀 있었다고 언급되어 있다.

3 9~10행에서 플라스틱 빨대의 위험성을 알리는 것이 목표라고 했으며, 이어지는 내용에서 생활 방식에 있어서는 작은 변화이지만, 환경에는 전환점이 될 수 있다고 했으므로 '플라스틱 빨대를 거부하는 것(saying no to a plastic straw)', 즉 플라스틱 빨대를 더 이상 쓰지 않는다는 내용이 들어가는 것이 적절하다.
   ① 바다를 감시하는 것
   ② 플라스틱 병을 재활용하는 것
   ③ 바다에서 수영하는 것
   ④ 플라스틱 빨대를 거부하는 것
   ⑤ 바다거북을 위해 모금하는 것

4 '~인 것 같다, ~인 것처럼 보이다'는 seem + to부정사이며, '~인 것처럼 보였다'라고 과거의 일을 나타내므로 seem에 -ed를 붙인 seemed to play가 적절하다.

본문 해석 과학자들은 중앙아메리카의 코스타리카에서 바다거북을 연구하고 있었다. 갑자기, 그들은 한 거북이 이상하게 행동하는 것을 알아차렸다. 그 거북은 그것의 코에 무엇인가가 박혀 있었고, 그 결과 숨을 쉬는 데 어려움을 겪고 있는 것 같았다. 처음에 그 과학자들은 그 물체가 벌레라고 생각했다. 하지만 그들이 그것을 뽑았을 때, 그들은 그것이 플라스틱 빨대였다는 것을 깨달았다. 빨대가 사라지자마자, 거북은 바다 속으로 다시 헤엄쳐 갔다. 같은 날에, 과학자들은 인터넷에 구조 장면 영상을 게시했다. 한 여성이 그 영상을 보고 감명 받았고, StrawFree.org를 조직함으로써 빨대 쓰지 않기 캠페인을 시작했다. 그것의 목표는 사람들이 플라스틱 빨대의 해로운 영향을 알도록 하는 것이다. 그녀는 "플라스틱 빨대를 거부하는 것은 당신의 생활 방식에 작은 변화일지 모르지만, 그것은 환경에게는 전환점이 될 수 있습니다."라고 말한다.

Scientists were studying sea turtles / in Costa Rica / in Central America. / Suddenly, / they
과학자들은 바다거북을 연구하고 있었다 /　　　코스타리카에서 /　　중앙 아메리카의 /　　갑자기 /

❶ **noticed a turtle behaving strangely.** / The turtle had ❷ **something stuck** / **in its nose** / and seemed
그들은 한 거북이 이상하게 행동하는 것을 알아차렸다 /　　그 거북은 박힌 무언가가 있었다 /　　콧속에 /　　　그리고 숨을

to have difficulty breathing / as a result. / At first, / the scientists thought / the object was a
쉬는 데 어려움을 겪고 있는 것 같았다 /　그 결과 /　처음에 /　과학자들은 생각했다 /　　그 물체가 벌레라고 /

worm. / But when they ❸ **pulled it out**, / they realized / it was a plastic straw. / Once the straw was
하지만 그들이 그것을 뽑았을 때 /　　그들은 깨달았다 /　그것이 플라스틱 빨대라는 것을 /　빨대가 사라지자마자 /

gone, / the turtle swam back into the water. / The same day, / the scientists posted / a video of the
거북은 바다 속으로 다시 헤엄쳐 갔다 /　　같은 날에 /　과학자들은 게시했다 /　구조 장면 영상을 /

rescue scene / on the Internet. / A woman was impressed / to see the video, / and started ❹ **a straw-**
인터넷에 /　　한 여성이 감명을 받았다 /　　그 영상을 보고 /　그리고 빨대 쓰지 않기 캠페인을

free campaign / by organizing StrawFree.org. / Its goal ❺ **is** / **to make people aware of the harmful**
시작했다 /　　StrawFree.org를 설립함으로써 /　그것의 목표는 /　사람들이 플라스틱 빨대의 해로운 영향을 알게 하는 것이다 /

effects of plastic straws. / She says, / "Saying no to a plastic straw / may be a small change / in your
그녀는 말한다 / 플라스틱 빨대를 거부하는 것은 /　작은 변화일지도 모른다 /　　당신의

lifestyle, / but it could be a turning point / for the environment." /
생활 방식에 /　하지만 그것은 전환점이 될 수 있다 /　　환경에게는 /

❶ notice(지각동사) + 목적어 + 목적격 보어(동사원형/현재분사): ~이 …하는 것을 알아차리다 (지각동사의 목적격 보어로 현재분사를 쓰는 경우는 진행의 의미를 강조하기 위해서이다.)
　　ex. I noticed him come[coming] in. 나는 그가 오는[오고 있는] 것을 알아차렸다.

❷ The turtle had <u>something</u> stuck in its nose
　　　　　　　　　　　└─ 명사를 뒤에서 수식하는 과거분사구

❸ 이어동사의 목적어가 대명사일 경우는 대명사가 동사와 부사 사이에 위치해야 한다. pulled out it (×)

❹ free는 명사 뒤에 붙어 '~이 없는'의 뜻으로 쓰인다.
　　ex. car-free 자동차 없는, 자동차 통행 금지의 / duty-free 면세의
　　cf. free의 다른 뜻: 자유로운; 무료의; 한가한; 사용중이 아닌

❺ to부정사가 명사적 용법으로 쓰여 '~하는 것, ~하기'의 뜻으로, be동사 is의 보어 역할을 하고 있다. 또한, make people aware는 '~이 …하게 하다'의 의미인 「make(사역동사) + 목적어 + 목적격 보어」로 쓰였다.

REVIEW TEST
p. 72

문제 정답　**1** ①　**2** ②　**3** ③　**4** ④　**5** ①　**6** to feel　**7** snows　**8** to become

문제 해설　**1** aware of: ~을 아는, ~을 인지하는
그의 모든 친구들은 그가 잘못된 것을 알지만, 그는 그것을 <u>알지</u> 못하고 있다.
② 지겨워하는　　③ 지친　　④ ~에 관심이 있는

2 post: 게시하다

나는 내 사진들을 인터넷 블로그에 <u>게시하는</u> 것을 좋아한다.

① 표현하다   ③ 배달하다   ④ 개발하다

3 shower: 파티; 샤워, 샤워하다

• 나의 아기는 곧 태어날 것이고, 나는 베이비 <u>샤워</u>를 내일 열 것이다.

• 만약 네가 <u>샤워</u>를 자주 하지 않으면, 너의 몸에서 나쁜 냄새가 날 것이다.

① 빛; 불을 붙이다   ② 얼굴; 직면하다   ④ 위안; 위안하다

4 find out about: ~을 알게 되다

만약 네가 그 사실에 대해 <u>알게 되면</u>, 너는 무척 화가 날 것이다.

① 받아들이다   ② 영향을 끼치다   ③ 관찰하다   ④ 알다, 깨닫다

5 harmful: 해로운, 유해한

더욱 많은 사람들이 플라스틱 빨대의 <u>해로운</u> 영향들을 알게 되었다.

① 위험한   ② 가능한   ③ 특별한   ④ ~가 없는

6 seem + to부정사: ~인 것 같다

그녀는 학교에서 따분한 것 같다.

7 조건, 시간의 부사절에서는 미래를 나타낼 때에도 현재 시제를 사용한다.

만약 내일 눈이 오면, 나는 내 차를 운전하지 않을 것이다.

8 to부정사가 be동사 뒤에서 주격 보어의 역할을 하는 것은 to부정사의 명사적 용법이다. win 앞에는 to가 생략되어 있는 상태로, and가 become과 win을 병렬 구조로 연결하고 있다.

나의 꿈은 축구 선수가 되는 것이며, 월드컵에서 우승하는 것이다.

Unit 08

22 버뮤다 삼각지대의 미스터리

문제 정답 **1** ③ **2** cause **3** ①, ④ **4** has lost

문제 해설 **1** 버뮤다 삼각지대에서 일어난 불가사의한 일들에 관해 소개하는 글이다.
① 버뮤다 삼각지대는 어디에 있는가?
② 세계의 엄청난 미스터리들
③ 버뮤다 삼각지대의 미스터리
④ 버뮤다 삼각지대 속 바다 괴물
⑤ 버뮤다 삼각지대로 가는 간단한 여행 가이드

2 9~11행에서 과학자들은 원인을 찾을 수 없어 여전히 미스터리로 남아있다고 언급했다.
버뮤다 삼각지대 안에서 많은 무서운 사고가 있었다. 하지만 여전히 과학자들은 <u>원인을</u> 알지 못한다.

3 밑줄 친 scary things 뒤에 나오는 문장들에서 직접적인 단서를 찾을 수 있다. 7~8행에서 나침반이 작동하지
않아 선원들이 길을 잃는다고 했으며, 8~9행에서 때때로 선원들이 거대한 물의 소용돌이를 본다고 했다.

4 현재완료(have p.p.)의 결과: '~ 해 버렸다'라는 뜻으로, 과거에 발생한 일의 결과가 현재까지 영향을 미치고
있음을 나타낸다.

본문 해석 대서양에 무서운 곳이 있다. 많은 이상한 일들이 거기서 발생한다. 지금까지 75대의 비행기가 실종되었고,
수백여 척의 배가 사라졌다. 이 불가사의한 장소는 어디인가? 그곳은 버뮤다 삼각지대라고 불린다. 당신이
버뮤다, 플로리다, 그리고 푸에르토리코 사이의 점들을 이으면, 그것은 삼각형을 만든다. 이 삼각형 안에서,
무서운 일들이 선원들에게 일어난다. 나침반들이 작동하지 않아서 그들은 길을 잃는다. 때때로 그들은
거대한 물의 소용돌이를 발견한다. 괴물처럼, 그 소용돌이는 근처에 있는 모든 것을 집어 삼킨다.
과학자들이 그 원인을 찾을 수 없어서 버뮤다 삼각지대는 불가사의로 남아있다.

지문 풀이

There's a scary place / in the Atlantic Ocean. / Many strange things happen there. / So far, /
무서운 곳이 있다 /   대서양에 /   많은 이상한 일들이 거기서 발생한다 /   지금까지 /

seventy-five airplanes have gone missing / and hundreds of ships have disappeared. / Where is this
75대의 비행기가 실종되었다 /   그리고 수백여 척의 배가 사라졌다 /   이 불가사의한 장소는

mysterious place? / It's called the Bermuda Triangle. / If you connect the points / ❶ between Bermuda,
어디인가? /   그곳은 버뮤다 삼각지대라고 불린다 /   만약 당신이 점들을 이으면 /   버뮤다,

Florida and Puerto Rico, / it maks a triangle. / Inside this triangle, / scary things happen to
플로리다, 그리고 푸에르토리코 사이의 /   그것은 삼각형을 만든다 /   이 삼각형 안에서 /   무서운 일이 선원들에게 발생한다 /

sailors. / Compasses don't work, / so they lose their way. / Sometimes / they find / a huge swirl of
나침반들이 작동하지 않는다 /   그래서 그들은 그들의 길을 잃는다 /   때때로 /   그들은 발견한다 / 거대한 물의 소용돌이를 /

water. / ❷ **Like a monster,** / the swirl swallows / ❸ **everything nearby.** / Scientists cannot find the
괴물처럼 /   그 소용돌이가 삼킨다 /   주변의 모든 것들을 /   과학자들은 그 원인을 찾을 수 없다 /

cause, / so the Bermuda Triangle remains a mystery. /
그래서 버뮤다 삼각지대는 불가사의로 남아있다 /

❶ between은 '~ 사이에'의 의미로 보통 둘일 때 사용하지만 대상을 확연히 구분할 때는 셋 이상에서도 사용한다.

❷ like + 명사 / 대명사: ~처럼, ~같이
   ex. He walks **like** his dad. 그는 그의 아빠처럼 걷는다.

❸ -thing으로 끝나는 명사는 형용사가 뒤에서 수식한다.
   ex. Today I want to eat **something spicy**. 오늘 나는 뭔가 매콤한 것이 먹고 싶다.

---

23 **아인슈타인 닮은꼴 찾기 대회**   pp. 76~77

문제 정답 **1** ① **2** ③, ⑤ **3** celebrate **4** the girl who is drinking juice

문제 해설 **1** 아인슈타인의 생일을 기념하여 3월 14일마다 열리는 닮은꼴 찾기 대회가 열리는 일정, 장소, 참가 대상 등을
소개하며 대회를 홍보하는 글이다.

2 ③은 9~11행 'They can meet and sing "Happy birthday" to the previous year's winner ~'와
맞지 않는 내용이다. 작년 대회 우승자는 생일 축하 노래를 듣는 입장이다. ⑤는 15행에서 참가비가 3.14
달러라고 나와 있으므로 내용과 맞지 않다.
① 7행 참조   ② 8~11행 참조   ④ 12행 참조

3 celebrate: 축하하다
A: 스승의 날을 <u>축하하자</u>! 나는 풍선을 좀 준비할게!
B: 오, 좋아! 그러면 우리가 우리 선생님을 위해 노래 한 곡을 부르는 건 어때?

4 the girl이 이어지는 문장에서 주어 역할을 하는 주격 관계대명사 who 뒤에 동사구를 쓴다.

본문 해석 해피 파이 데이를 축하하며
아인슈타인 닮은꼴 대회
아인슈타인은 3월 14일, 즉 파이의 날에 태어났습니다!
매년 저희는 Princeton의 Palmer 광장에서 아인슈타인 닮은꼴 대회를 열어 파이 데이를 축하하고 있습니다.
만약 여러분이 저희가 가장 사랑하는 천재와 꼭 닮았다고 생각한다면 저희와 함께해 주세요!
언제   3월 14일, 오전 10시 30분부터 오후 12시까지, Palmer 광장에서
& 어디서   (오전 10시까지 도착한 어린이들은 생일 파티에 참석할 수 있습니다. 그들은 만나서 '생일
              축하 노래'를 작년 우승자에게 불러 주고 생일 케이크 한 조각을 즐길 수 있습니다.)

대상	12세 이하의 모든 남여 어린이
상품	총 1500달러 상당의 상품! 우승자들은 또한 1년간 무료 사과 파이를 받게 될 것입니다!
참가비	3. 14 달러
연락	더 많은 정보를 원한다면 einstein314@princeton.org에 연락하거나, 677-314-2020 으로 전화하세요.

Celebrating HAPPY PI DAY /
해피 파이 데이를 축하하며 /

Einstein Look-Alike Contest /
아인슈타인 닮은꼴 대회 /

Einstein was born on March 14 – 3.14 (*Pi)! /
아인슈타인은 3월 14일, 즉 파이의 날에 태어났습니다! /

Every year / we celebrate Pi Day / ❶ by hosting an Einstein look-alike contest / in Palmer
매년 / 우리는 파이 데이를 축하합니다 / 아인슈타인 닮은꼴 대회를 열어서 / Palmer 광장에서 /

Square / in Princeton. /
Princeton의 /

Join us / ❷ if you think / you look just like our most beloved genius! /
저희와 함께해 주세요 / 만약 여러분이 생각한다면 / 여러분이 우리의 가장 사랑하는 천재와 꼭 닮았다고 /

When /	March 14, / 10:30 a.m.–12 p.m., / Palmer Square /
언제	3월 14일 / 오전 10시 30분부터 오후 12시까지 / Palmer 광장에서 /
& Where /	(Children who arrive by 10 a.m. / can attend the birthday party. / They can meet and
& 어디서 /	오전 10시까지 도착하는 어린이들은 / 생일 파티에 참석할 수 있습니다 / 그들은 만나서 '생일 축하 노래'를
	sing "Happy Birthday" / to the previous year's winner / and enjoy a piece of birthday
	부를 수 있습니다 / 작년 우승자에게 / 그리고 생일 케이크 한 조각을 즐길 수 있습니다 /
	cake.) /
Who /	All boys and girls aged 12 and under. /
대상 /	12세 이하의 모든 남여 어린이 /
Prizes /	Total prizes ❸ worth $1,500! / Winners will also get / a year of free apple pie! /
상품 /	총 1500달러어치의 상품! / 우승자들은 또한 얻게 될 것입니다 / 1년간 무료 사과 파이를! /
Entry Fee /	$3.14 /
참가비 /	3.14 달러 /
Contact /	For more information, / contact einstein314@princeton.org / or call 677-314-2020. /
연락 /	더 많은 정보를 위해서는 / einstein314@princeton.org에 연락하세요 / 또는 677-314-2020으로 전화하세요 /

❶ by -ing: ~함으로써

❷ ~ if you think (that) you look just like our most beloved genius!
　　　　주어　동사　　　　　　　목적어 (접속사 that이 생략된 명사절)

❸ worth + 명사: ~의 가치가 있는, ~ 어치의
　ex. The museum is certainly worth a visit. 그 박물관은 확실히 한 번 가볼 만하다.
　cf. worthy + of + 명사 / 동명사: (~을 받을) 자격이 있는
　Her new book is worthy of her reputation. 그녀의 새 책은 그녀의 명성에 걸맞는다.

1 ② **2** repetition **3** 이해하고 기억하기 쉬워서

문제 해설

1 이전 문장들에서 인기곡이 다른 노래들보다 반복되는 부분이 많다는 일반적인 이야기가 나오며, ⓑ부터 하나의 노래에 대해 구체적으로 설명하고 있으므로, '훌륭한 예시는 '아기 상어' 노래이다'는 ⓑ에 위치하는 것이 적절하다.

2 3~4행에서 사람들은 반복되는 멜로디와 가사를 가진 노래를 좋아한다고 언급했으며, 글 전반에서 반복이 많은 노래가 인기가 많은 이유를 설명하고 있으므로 빈칸에는 repetition이 적절하다.

3 12~14행에서 사람들이 반복이 있는 곡을 좋아하는 것은 이해하고 기억하기 쉽고 멜로디와 가사를 기억하려고 애쓰지 않으면서 음악을 즐길 수 있기 때문이라고 나와 있다.
질문: 왜 사람들은 같은 멜로디와 가사를 반복하는 노래들을 좋아하는가?

본문 해석

당신은 무엇이 노래를 인기 있게 만드는지 알고 있는가? 남부 캘리포니아 대학의 연구원들에 따르면, 그 정답은 반복이다. 사람들은 반복되는 멜로디와 가사를 가진 노래를 좋아한다.

연구원들은 1960년부터 2015년까지 매년 상위 10위곡을 보았다. 그 상위 10위곡은 다른 곡들보다 더 많은 반복이 들어있었다. 훌륭한 예시는 '아기 상어' 노래이다. 그것은 2018년에 가장 유명한 동요 중 하나였다. 그 노래는 이와 같이 진행된다: "아기 상어, 뚜뚜뚜뚜뚜뚜. 아기 상어, 뚜뚜뚜뚜뚜뚜." 당신이 볼 수 있듯이, '뚜뚜'가 여러 번 반복된다. 이것이 이 노래를 인기 있게 만드는 것이다.

그러면 왜 사람들은 반복이 있는 노래를 좋아하는 것일까? 그것들은 이해하고 기억하기에 쉽다. 그래서 사람들은 멜로디와 가사를 기억하려고 애쓰지 않으면서 음악을 즐길 수 있다.

지문 풀이

Do you know / what makes a song popular? / According to researchers / at the University of
당신은 아는가 / 무엇이 노래를 인기 있게 만드는지? / 연구원들에 따르면 / 남부 캘리포니아 대학에 있는 /

Southern California, / the answer is repetition. / People love songs / with ❶ repeating melodies and
그 정답은 반복이다 / 사람들은 노래를 좋아한다 / 반복되는 멜로디와 가사를 가진 /

lyrics. /

The researchers looked at the top ten songs / each year / from 1960 to 2015. / The top ten songs
연구원들은 상위 10위곡을 보았다 / 매년 / 1960년부터 2015년까지 / 그 상위 10위곡은 더 많은

contained more repetition / than other songs. / A great example is the song "Baby Shark." / It was
반복이 들어있었다 / 다른 곡들보다 / 훌륭한 예시는 '아기 상어' 노래이다 / 그것은

❷ one of the most famous children's songs / in 2018. / It goes like this: / "Baby shark, / Doo doo
가장 유명한 동요 중 하나였다 / 2018년에 / 그 노래는 이와 같이 진행된다 / 아기 상어 , / 뚜뚜뚜뚜뚜뚜 /

doo doo doo doo. / Baby shark, / Doo doo doo doo doo doo." / As you can see, / "doo doo"
아기 상어 , / 뚜뚜뚜뚜뚜뚜 / 당신이 볼 수 있듯이 / '뚜뚜'가 반복된다 /

repeats / many times. / ❸ This is what makes the song popular. /
여러 번 / 이것이 이 노래를 인기 있게 만드는 것이다 /

Then why do people love songs / with repetition? / ❹ They are easy / to understand and
그러면 왜 사람들은 노래를 좋아하는 것일까 / 반복이 있는? / 그것들은 쉽다 / 이해하고 기억하기에 /

remember. / So people can enjoy the music / without trying to remember the melodies and lyrics. /
그래서 사람들은 음악을 즐길 수 있다 / 멜로디와 가사를 기억하려고 애쓰지 않으면서 /

1 <u>repeating melodies and lyrics</u>: repeating은 명사를 수식하는 현재분사(-ing)로 쓰였다. 현재분사가 단독으로 쓰일 때는 명사를 주로 앞에서 수식하며, '~하고 있는'으로 해석한다.

2 one of + 복수 명사: ~중 하나

3 This is <u>what</u> makes the song popular.
선행사를 포함한 관계대명사 (~하는 것)

4 They are easy <u>to understand and remember</u>.: to부정사가 형용사 easy를 수식하는 부사적 용법으로 쓰여 '~하기에 …한'의 의미를 나타낸다.

REVIEW TEST
p. 80

문제 정답 **1** ④ **2** ① **3** ① **4** ③ **5** She has left her book **6** I took a picture of the famous singer who showed up for the concert.

문제 해설 **1** swallow: 삼키다
어린 아이들에게 사탕을 주지 마세요. 그들은 그것들을 <u>삼킬</u> 수 있어요.
① 제안하다 ② 호흡하다 ③ 들어있다

2 piece: 조각
나는 그렇게 배가 고프지 않아서 나는 피자 한 <u>조각</u>만 먹었다.
② 상품 ③ 맛 ④ 평화

3 compass: 나침반
항상 북쪽을 가리키는, 방향을 찾기 위해 사용되는 것
② 문자 ③ 빨대 ④ 수단

4 cause: 원인; (문제를) 일으키다
• 무슨 일이 일어났나요? 차 사고의 <u>원인</u>이 무엇이었나요?
• 너무 많은 눈은 도로에 문제를 <u>일으킬</u> 수 있다.
① 효과 ② 반복; 반복하다 ④ 일; 작동하다

5 과거에 발생한 일이 현재까지 영향을 미치고 있음을 나타낼 때, 현재완료 시제 'have + p.p.: ~해 버렸다 (그래서 현재 … 하다)'를 써서 나타낸다.

6 주격 관계대명사 who는 선행사가 사람인 경우에 쓰이며, 형용사절을 이끌어 선행사를 수식한다.
보기 나는 저 소녀를 좋아한다. 그녀는 벤치에 앉아 있다.
→ 나는 벤치에 앉아있는 저 소녀를 좋아한다.
나는 그 유명한 가수의 사진을 찍었다. 그녀는 그 연주회에 나왔다.
→ 나는 그 연주회에 나왔던 그 유명한 가수의 사진을 찍었다.

Unit 9

25 내 키는 몇 cm까지 클까? pp. 84~85

문제 정답 **1** ⑤ **2** ⑤ **3** 181 **4** 모든 질문이 응답하기 쉬운 것은 아니다.

문제 해설 **1** 부모님의 키 정보를 바탕으로 간단한 계산을 하여 자신의 키를 추측해 보는 방법을 설명하는 글이다.
① 계산을 빨리 하는 방법
② 키가 더 커지는 간단한 운동들
③ 키가 더 커지는 방법이 있는가?
④ 아이들을 위한 최고의 음식과 식단
⑤ 당신의 성인 키를 추측할 수 있을까?

2 먼저 키를 계산할 수 있는 방법이 (C)에서 소개되며, (B)에서 사실적인 수치를 대입하여 예시를 들어 설명한 후, (A)에서 '그 결과가 마음에 들지 않더라도, 식단과 운동을 통해 키를 바꿀 수 있다'는 내용으로 이어지는 것이 자연스럽다.

3 11~13행에서 먼저 부모의 키를 더한 후, 아들인 경우 13을 더하고 그 숫자를 2로 나누라고 했으므로, (182+167+13)/2를 계산하면 아들이 성인이 되었을 때 키는 181센티미터임을 알 수 있다.

4 not이 all과 함께 쓰이면 '모두 ~한 것은 아니다'의 부분 부정의 의미이다.

본문 해석 당신이 자랄 때 당신의 키가 어느 정도일지 궁금한 적이 있는가? 항상 그것이 정확하지는 않더라도, 당신은 간단한 계산을 해서 추측해 볼 수 있다.
(C) 먼저 당신의 부모님의 키를 함께 더한다. 만약 당신이 남학생이라면, 13센티미터를 더하라. 만약 당신이 여학생이라면, 13센티미터를 빼라. 그러고 나서 그 숫자를 2로 나누어라.
(B) 예를 들어, 당신의 아빠의 키가 179센티미터이고, 엄마의 키가 168센티미터이고, 당신이 그들의 딸이라고 가정하자. 그러면 당신의 키는 167센티미터가 될 것이다.
(A) 만약 당신이 그 결과를 좋아하지 않는다고 하더라도, 슬퍼하진 말아라. 당신이 먹는 것과 얼마나 운동을 하느냐에 따라서, 당신은 20퍼센트까지 더 커지거나 작아질 수 있다.

지문 풀이

❶ **Have you ever wondered** / how tall you would be / when you grow up? / Although it's not always
당신은 궁금한 적이 있는가 / 당신의 키가 어느 정도일지 / 당신이 다 자랄 때? / 항상 그것이 정확하진 않더라도 /

accurate, / you can guess / by doing simple math. /
당신은 추측할 수 있다 / 간단한 계산을 해서 /

(C) First, / add your parents' heights together. / If you are a boy, / add 13 centimeters; / if you are a
먼저 / 당신의 부모님들의 키를 함께 더하라 / 만약 당신이 남학생이라면 / 13센티미터를 더하라 / 만약 당신이

girl, / subtract 13 centimeters. / Then divide that number by two. /
여학생이라면 / 13센티미터를 빼라 / 그리고 나서 그 숫자를 2로 나누어라 /

(B) For example, / ❷ suppose / your father's height is 179 centimeters, / and your mother's height is
예를 들어 / ~라고 가정하자 / 당신의 아버지의 키가 179센티미터이다 / 그리고 어머니의 키가 168센티미터이다 /

168 centimeters, / and you are their daughter. / Then your height would be 167 centimeters. /
그리고 당신은 그들의 딸이다 / 그러면 당신의 키는 167센티미터일 것이다 /

(A) Even if you don't like the result, / don't be sad. / ❸ Depending on / what you eat / and how
만약 당신이 그 결과를 좋아하지 않는다고 하더라도 / 슬퍼하지 마라 / ~에 따라서 / 당신이 먹는 것 / 그리고 당신이

much you exercise, / you can become / taller or shorter / by up to 20%. /
운동하는지 / 당신은 될 수 있다 / 더 크거나 더 작게 / 20퍼센트까지 /

❶ 현재완료의 경험으로 ever, never, before, often, once 등의 부사와 자주 함께 쓰이며 '~해 본 적이 있다'라는 의미이다.

❷ suppose (that) + 주어 + 동사 ~: ~라고 가정해 보자 (= let's say, imagine, consider that ~)

❸ Depending on what you eat and how much you exercise ~.: on의 목적어가 and로 병렬 연결되었다.
　　　└──── on의 목적어 1 ────┘　　　└─── 목적어 2 ───┘

---

26 하늘에서 개구리 비가 내린다면 　　　　　　　　　pp. 86~87

문제 정답　**1** ③　　**2** (1) F　(2) T　　**3** (A) caught (B) speed (C) fall　　**4** can keep you awake

문제 해설　**1** 일본에서 개구리와 올챙이가 비처럼 떨어져 내린 실제 사례를 바탕으로, 기이한 자연 현상인 '동물 비(animal rain)'를 소개하는 글이다.
① 일본의 엄청난 폭우
② 허리케인 철이 오고 있다!
③ 일본의 개구리와 올챙이 비
④ 노인이 이상한 개구리와 올챙이를 발견하다
⑤ 세계 개구리 개체 수의 엄청난 감소

2 (1) 5~6행에서 수백 마리의 개구리와 올챙이가 주차된 차 위에 있는 것을 보았다고 했으므로, 개구리들이 뛰어가는 것이 아니라, 이미 떨어진 것임을 알 수 있다.
(2) 8~9행 참조

3 (A) 8~9행 참조　　(B) 9~10행 참조　　(C) 10~11행 참조
어떻게 이상한 비가 발생하는가
토네이도가 물 위를 지나갈 때, 개구리와 올챙이들은 그것 안에 (A)잡힐 수 있다.
토네이도는 그것의 (B)속도를 줄인다.
개구리와 올챙이가 하늘에서 (C)떨어진다.

4 keep + 목적어 + 목적격 보어: ~을 …한 상태로 유지시키다

2009년 6월에, 일본에 있는 혼슈 섬의 기이한 비에 관한 보도들이 있었다. 개구리와 올챙이들이 하늘에서 비처럼 내린 것이다. 55세 남성은 기자에게 그는 처음에 주차장에서 이상한 소리를 들었다고 말했다. 그가 확인하러 밖으로 나갔을 때, 그는 주차된 차들 위에 수백 마리의 개구리와 올챙이들이 있는 것을 보았다! 어떻게 이런 일이 일어난 것일까? 몇몇 과학자들은 이 이상한 비가 토네이도 때문이라고 믿는다. 큰 폭풍우가 몰아치는 동안에, 물속에 있는 동물들이 토네이도 안으로 잡혀 들어갈 수 있다. 그 토네이도가 속도를 늦출 때, 동물들이 하늘에서 비처럼 떨어지기 시작한다. 그러니 만일 일기 예보에서 토네이도가 있을 거라고 하면, 무언가 흥미로운 것을 위해 반드시 눈을 뜨고 있어라.

지문 풀이

In June 2009, / there were reports / of unusual rain / on Honshu Island / in Japan. / Frogs and
2009년 6월에 / 보도들이 있었다 / 기이한 비에 관해 / 혼슈 섬의 / 일본에 있는 / 개구리와

tadpoles were raining / from the sky. / A 55-year-old man told reporters / that he first heard strange
올챙이가 비처럼 내리고 있었다 / 하늘에서 / 55세의 남성이 기자에게 말했다 / 그가 처음에 이상한 소리를 들었다고 /

noises / in the parking lot. / When he went outside / to check, / he saw / hundreds of frogs and
소리를 / 주차장에서 / 그가 밖으로 나갔을 때 / 확인하러 / 그는 보았다 / 수백 마리의 개구리와 올챙이를 /

tadpoles / ❶ on the parked cars! /
/ 주차된 차 위에서! /

How did this happen? / Some scientists believe / that this strange rain is due to tornadoes. / During
어떻게 이 일이 일어났는가? / 몇몇 과학자들은 믿는다 / 이 이상한 비가 토네이도 때문이라고 / 큰 폭풍이

a big storm, / ❷ animals in the water / can be caught / in the tornado. / When the tornado loses its
있는 동안에 / 물속에 있는 동물들이 / 잡혀 들어갈 수 있다 / 토네이도 안으로 / 토네이도가 그것의 속도를 늦출 때 /

speed, / the animals start falling down / from the sky / like rain. / So / if ❸ the weather forecast
동물들이 떨어지기 시작한다 / 하늘에서 / 비처럼 / 그래서 / 만약 일기 예보가 말하면 /

says / there will be a tornado, / be sure to keep your eyes open / for something interesting. /
토네이도가 있을 거라고 / 반드시 눈을 뜨고 있어라 / 무언가 흥미로운 것을 위해 /

❶ on the parked cars: parked가 과거분사로 명사 cars를 수식하고 있다.

❷ animals in the water can be caught ~: 조동사 수동태는 「조동사 + be동사 + p.p.」의 형태로 쓴다.
　　　　　　　　　　　　　　조동사 수동태

❸ the weather forecast says (that) there will be a tornado ~
　　　주어　　　　　　동사　　　목적어 (접속사 that이 생략된 명사절)

---

27 때로는 행운이 불행의 원인이 된다

pp. 88~89

문제 정답　　1 ④　　2 ⑤　　3 present　　4 bring good luck

문제 해설　　1 왕이 노인의 아들에게 말을 선물한 내용에 이어지는 것으로, 사람들이 선물 받은 말이 행운을 가져올 것이라고 이야기하는 (C)가 자연스러우며, 그 후 아들이 말을 타러 가서 다리가 부러진 (A)가 오고, 마지막으로 아들이 다리가 부러진 것 때문에 전쟁터로 가지 않은 (B)로 이어지는 것이 적절하다.

2 행운이라고 생각한 것이 불운의 씨앗일 수도 있고, 불운이라고 생각한 것이 행운의 씨앗일 수도 있다는 생각, 즉 새옹지마(인생의 길흉화복은 변화가 많아서 예측하기가 어렵다는 말)를 의미한다.

3 present: 선물, 현재의
- 내가 그를 위해 생일 선물로 무엇을 줄 수 있을까?
- 미래에 대해 걱정하는 것 대신에 현재의 순간을 즐겨라.

4 앞에서 이웃들이 한 말인 "That horse will bring good luck."에 대한 노인의 답변이라는 데 유의한다.

본문 해석

옛날 옛적에, 가난한 노인 한 명이 있었다. 그는 매우 현명해서 많은 사람들이 그에게 조언을 얻기 위해 방문했다. 어느 날, 왕이 그 마을에 방문해서 그 노인의 아들에게 아름다운 말 한 마리를 선물로 주었다.

(C) 모든 이웃들이 "그 말은 행운을 가져다 줄 거예요."라고 말했다. 그 노인은 잠시 동안 생각하더니 "그렇게 될 수도 있겠죠. 그렇게 되지 않을 수도 있고요."라고 말했다.

(A) 그 다음 날, 아들은 말을 타기 위해 들판으로 나갔다. 불행하게도 그는 떨어져서 다리가 부러졌다. "운이 나빴네요!"라고 이웃들이 말했다. 노인은 "그럴 수도 있죠. 아닐 수도 있고요."라고 말했다.

(B) 며칠 후에, 군인들이 마을을 찾아와서 젊은 남자들을 모두 전쟁터로 끌고 갔다. 노인의 아들은 걸을 수가 없었기 때문에 가지 않았다. "그건 행운이네요!"라고 이웃들이 말했다.

지문 풀이

Once upon a time, / there was a poor old man. / He was very wise, / and many people visited
옛날 옛적에 / 가난한 노인이 있었다 / 그는 매우 현명했다 / 그리고 많은 사람들이 그를 방문했다 /

him / for advice. / One day, / the king visited the village / and ❶ gave the old man's son a beautiful
조언을 구하러 / 어느 날 / 왕이 그 마을을 방문했다 / 그리고 노인의 아들에게 훌륭한 말 한 마리를 주었다 /

horse / as a present. /
선물로 /

(C) All the neighbors said, / "That horse will bring good luck." / The old man thought for a minute
모든 이웃들이 말했다 / 그 말은 행운을 가져다 줄 거예요 / 노인이 잠시 동안 생각을 하고 말했다 /

and said, / "Maybe it will. / Maybe it won't." /
그렇게 될 수도 있죠 / 그렇게 되지 않을 수도 있고요 /

(A) The next day, / the son went to the field ❷ to ride the horse. / Unfortunately, / he fell and
그 다음 날 / 아들은 들판으로 갔다 / 말을 타기 위해서 / 불행하게도 / 그는 떨어져서

broke his leg. / "Bad luck!" / the neighbors said. / The old man said, / "❸ Maybe it is. / Maybe it
다리가 부러졌다 / 운이 나빴네요! / 이웃들이 말했다 / 노인은 말했다 / 그럴 수도 있죠 / 그렇지 않을

isn't." /
수도 있고요 /

(B) A few days later, / soldiers came to the village / and ❹ took all the young men to war. / The old
며칠 후에 / 군인들이 마을에 왔다 / 그리고 젊은 남자들을 모두 전쟁터로 끌고 갔다 / 노인의

man's son didn't go / because he couldn't walk. / "That's good luck!" / the neighbors said. /
아들은 가지 않았다 / 그가 걸을 수가 없었기 때문에 / 그건 행운이네요! / 이웃들이 말했다 /

❶ gave the old man's son a beautiful horse
　　give　　A(간접목적어)　　B(직접목적어): A에게 B를 주다

❷ 부사적 용법의 to부정사구: ~하기 위해서 (목적)

❸ Maybe it is (bad luck). Maybe it isn't (bad luck).: 'Maybe it will (bring good luck). Maybe it won't (bring good luck).'와 마찬가지로 앞에서 언급된 어구(bad luck)의 반복을 피하기 위해 bad luck을 생략했다.

④ <u>took</u> <u>all the young men</u> <u>to</u> <u>war</u>
  take   A   to   B: A를 B로 데려가다

  ex. Mom **took** me **to** the hospital. 엄마가 나를 병원으로 데려갔다.

REVIEW TEST

p. 90

문제 정답   **1** ①   **2** ②   **3** ④   **4** ①   **5** ③   **6** Not every   **7** healthy   **8** enjoy playing badminton

- -

문제 해설   **1** ②, ③, ④는 반의어 관계인데 반해 ①은 유의어 관계이다.

     ① 정확한 – 정확한   ② 원인 – 결과   ③ 더하다 – 빼다   ④ 불행하게도 – 운 좋게도

2 grow up: 자라다, 성장하다

네가 성장하면 너는 너의 차를 운전할 수 있다.

   ① 서다   ③ 듣다   ④ 타다

3 unusual: 특이한, 드문

그것은 특이한 상황이고, 나는 무엇을 해야 할지 모르겠다.

   ① 엄청난   ② 가치 있는   ③ 소중한

4 neighbor: 이웃

당신 근처에 살고 있는 사람

   ② 손님   ③ 간호사   ④ 우주 비행사

5 soldier: 군인

군대에서 일하고 전쟁에서 싸우는 사람

   ① 기자   ② 선원   ④ 경찰

6 not every: 모두 ~인 것은 아니다

이어지는 문장에서 일부 아이디어는 쓸모없다고 했으므로, 모든 아이디어가 가치 있는 것은 아니라는 것이 적절하다.

모든 아이디어가 가치 있지는 않다. 일부 아이디어는 쓸모없다.

7 keep + 목적어 + 목적격 보어(형용사): ~을 …한 상태로 유지시키다

요가를 하는 것은 너를 건강하게 유지해 준다.

8 앞 문장의 enjoy playing badminton이 두 번째 문장에서 반복되므로 생략할 수 있다.

나는 배드민턴 치는 것을 좋아하지만, Zoe는 배드민턴 치는 것을 좋아하지 않는다.

| 28 | 모두와 친하기는 어려워 | pp. 92~93 |

문제 정답 **1** ⑤ **2** ⑤ **3** (1) F (2) T (3) T **4** learning

문제 해설 **1** 편지를 쓴 Unhappy Nice는 모두를 즐겁게 하고, 모두에게 친절한 사람이 되어야 한다는 부담감을 느끼고 있다.

2 앞 문장에서 너는 만나는 모든 사람을 좋아하는 것은 아니라고 했고, 이어지는 문장에서 몇몇 사람들도 너를 좋아하지 않을 수 있다고 했으므로 빈칸에는 ⑤ 'In the same way (같은 방식으로)'가 들어가는 것이 적절하다.

① 사실상   ② 그러나   ③ 그러므로   ④ 게다가

3 (1) 모두를 즐겁게 하기 위해 최선을 다하라. (8, 12~13행 참조)
(2) 모든 사람이 너를 좋아하지는 않을 것이다. (11~13행 참조)
(3) 이미 너를 좋아하는 사람들에게 집중해라. (13~14행 참조)

4 동사를 전치사의 목적어로 쓸 때는 동사에 -ing를 붙인 동명사 형태로 쓴다.

본문 해석 안녕하세요, Ms. Wise님
저는 항상 모든 사람을 즐겁게 해 주어야 한다는 느낌이 들어요. 그래서 저는 다른 사람들에게 친절하려고 노력해요. 문제는 그것이 정말 너무 큰 부담이라는 것이에요. 좋은 사람이어야 한다는 것이 저에게 정말 스트레스를 줘요.   – Unhappy Nice

Unhappy Nice에게
친절한 것은 좋지만, 다른 사람들을 즐겁게 하는 것에 대해 너무 걱정하지 마세요. 당신은 모든 사람을 즐겁게 할 수 없어요. 당신은 당신이 만나는 모든 사람을 좋아하지는 않잖아요, 그렇죠? 같은 방식으로 몇몇 사람들도 당신을 좋아하지 않을 수 있어요. 그러니 모든 사람이 당신을 좋아하게 만들도록 애쓰지 마세요. 대신에, 당신의 모습 그대로 당신을 좋아하는 사람들에게 집중하세요.   – Ms. Wise

지문 풀이

Hello, Ms. Wise, /
안녕하세요, Ms. Wise님 /

I feel like / I need to ❶ make everyone happy / all the time. / So I try to be nice / to others. / The
저는 ~한 느낌이 들어요 / 제가 모두를 기쁘게 해 주어야 한다는 /   항상 /   그래서 저는 친절하려고 노력해요 / 다른 사람들에게 /

problem is / that it's just too much pressure. / ❷ Having to be a nice person / really / stresses me out. /
문제는 /   그것이 정말 너무 큰 부담이라는 것이에요 /   좋은 사람이어야 한다는 것이 /   정말 /   저에게 스트레스를 줘요 /

– Unhappy Nice /
Unhappy Nice 드림 /

Dear Unhappy Nice, /
Unhappy Nice에게 /

It's good / to be nice, / but don't worry too much / about pleasing other people. / You cannot please
좋아요 /   친절한 것은 /   하지만 너무 걱정하지 마세요 /   다른 사람들을 즐겁게 하는 것에 대해 /   당신은 모든 사람을 즐겁게

EVERYONE. / You don't like / ❸ **every person you meet**, / do you? / In the same way, / some people
할 수 없어요 / 당신은 좋아하지 않아요 / 당신이 만나는 모든 사람을 / 그렇죠? / 같은 방식으로 / 몇몇 사람들도

won't like you either. / So don't try to / make everyone like you. / Instead, / focus on the
당신을 좋아하지 않을 수 있어요 / 그러니 애쓰지 마세요 / 모든 사람이 당신을 좋아하게 만들도록 / 대신에 / 사람들에게 집중하세요 /

people / who like you / ❹ **as you are.** /
당신을 좋아하는 / 당신의 모습 그대로 /

– Ms. Wise /
Ms. Wise가 /

❶ make(사역동사) + 목적어 + 목적격 보어(형용사): ~가 …하도록 만들다
❷ Having ~ 이하는 주어 역할을 하는 동명사구이며, 동명사 주어는 단수 취급하므로 단수동사 stresses가 쓰였다.
❸ every person (whom) you meet
　　목적격 관계대명사 whom 생략
❹ as(접속사): ~대로, ~처럼
　　ex. Leave the books **as** they are. 그 책들을 그대로 놔 둬.

---

29 낯선 개를 만났을 때

29 낯선 개를 만났을 때　　　　　　　　　　　　　　　　　　　　　　pp. 94~95

문제 정답 **1** ①　　**2** 이를 드러내는 행동이 개가 공격할 때 보이는 행동과 같아서 자신을 공격하는 것으로 착각할 수 있으므로　　**3** ⑤　　**4** let me feed

---

문제 해설 **1** That이 지칭하는 것은 '낯선 사람을 만날 때 그 사람의 눈을 똑바로 마주 보고 웃는 것'을 말한다. 이러한 행동이 왜 개에게는 괜찮지 않은지를 ⓐ이후부터 설명하고 있으므로, 주어진 문장 '그것은 인간에게는 괜찮지만, 개한테는 그렇지 않다.'는 ⓐ에 들어가는 것이 적절하다.

2 2~6행에서 사람들의 웃는 행동이 개에게 위협이나 해를 끼치는 것으로 받아들여질 수 있는데, 이것은 개들이 공격할 때 이빨을 드러내기 때문이라고 언급되어 있다.

3 10~11행에서 'Finally, always stay calm and move slowly in front of them'라고 했으므로 ⑤가 일치하는 내용이다.
　　① 10행 참조　　② 8행 참조　　③ 8~9행 참조　　④ 9행 참조

4 「let + 목적어 + 동사원형」은 '~가 …하게 하다[하도록 해 주다]'의 뜻이므로, let 뒤에 목적어 me와 동사원형 feed를 써서 문장을 완성한다.

본문 해석 당신이 낯선 사람을 만날 때, 당신이 우호적이라는 것을 보여 주기 위해 당신은 아마도 그들의 눈을 똑바로 마주 보고 웃을 것이다. 그것은 인간에게는 괜찮지만, 개한테는 그렇지 않다. 만일 당신이 낯선 개의 눈을 똑바로 쳐다보거나 그 개에게 웃으면, 그 개는 당신이 자신과 싸울 것이라고 생각할 것이다. 그것은 개들이 막 공격하려고 할 때 자신들의 이빨을 드러내기 때문이다.
그러면 낯선 개들과 인사를 하는 올바른 방법은 무엇인가? 먼저, 당신의 손을 개 쪽으로 움직이지 마라. 그들이 당신에게 오게 하라. 두 번째로, 그들의 머리나 얼굴을 만지지 마라. 그들은 그것을 좋아하지 않는다. 대신에, 그들의 어깨나 가슴을 만져라. 마지막으로 그들 앞에서 항상 침착하고 천천히 움직여라.

When you meet a stranger, / you probably meet their eyes directly / and smile / ❶ **to show that you**
당신이 낯선 사람을 만날 때 / 당신은 아마도 그들의 눈을 똑바로 본다 / 그리고 웃을 것이다 / 당신이 우호적이라는 것을

are friendly. / That is okay with people, / but not with dogs. / If you look directly into the eyes of a
보여 주기 위해 / 그것은 인간에게는 괜찮다 / 하지만 개한테는 그렇지 않다 / 만일 당신이 낯선 개의 눈을 똑바로 쳐다보거나 /

strange dog, / or smile at the dog, / it will think / that you are going to fight with it. / ❷ **That's**
또는 그 개에게 웃으면 / 그 개는 생각할 것이다 / 당신이 자신과 싸울 것이라고 / 그것은

because / dogs show their teeth / when they are about to attack. /
~이기 때문이다 / 개들은 이빨을 드러낸다 / 그들이 막 공격하려고 할 때 /

Then / what is ❸ **the right way** / to greet unfamiliar dogs? / First, don't move your hand / toward
그러면 / 무엇이 올바른 방법인가 / 낯선 개들과 인사를 하는? / 먼저, 당신의 손을 움직이지 마라 / 개 쪽으로 /

dogs; / let them come to you. / Second, / do not touch their head or face; / they don't like it.
개들 / 그들이 당신에게 오게 하라 / 두 번째로 / 그들의 머리나 얼굴을 만지지 마라 / 그들은 그것을 좋아하지 않는다 /

Instead, / touch their shoulder or chest. / Finally, / always stay calm / and move slowly / in front of
대신에 / 그들의 어깨나 가슴을 만져라 / 마지막으로 / 항상 침착해라 / 그리고 천천히 움직여라 / 그들 앞에서 /

them. /
그들을 /

❶ • to show ~ 이하는 목적을 나타내는 to부정사의 부사적 용법으로 쓰였다.
  • 접속사 that이 이끄는 명사절이 show의 목적어 역할을 하고 있다.

❷ that is because + 주어 + 동사: 그것은 ~이 …이기 때문이다.

❸ the right way to greet unfamiliar dogs
     └─────────┘ to부정사의 형용사적 용법

30 지구에게 생긴 일

pp. 96~97

문제 정답 1 ① 2 ⑤ 3 (1) T (2) F (3) T

문제 해설 1 2행에서 언급된 46억 년(4.6 billion years)이 3행에서 46년(46 years)으로 바뀌었으며, 4행에서 '이 사람의
일생'이라고 의인화하여 표현했으므로, 지구를 46세의 사람에 비유한 것임을 알 수 있다.
① 46세의 사람 ② 46일이 된 아기 ③ 46억 세의 사람
④ 유인원에서 진화한 사람 ⑤ 46년 전에 사라진 사람

2 인간은 지구의 역사에서 가장 나중에 나타났지만, 그로 인한 피해는 심각하다는 것을 지적하는 글이므로, 빈칸에는
인류의 역사는 '짧다'는 내용과, 그럼에도 지구에게 많이 '영향을 끼쳤다'는 것이 적절하다.
그들의 역사는 짧은데도, 인간은 지구에 많은 영향을 끼쳤다.

(A)	(B)		(A)	(B)
① 짧은	– 도왔다		② 짧은	– 구했다
③ 긴	– 구했다		④ 긴	– 영향을 끼쳤다
⑤ 짧은	– 영향을 끼쳤다			

3 (1) 지구의 초기에 관해 우리는 많은 것을 알지 못한다. (4행 참조)

　　(2) 포유류는 공룡보다 더 일찍 나타났다. (6~8행 참조)

　　(3) 산업혁명 동안 인간은 지구를 파괴하기 시작했다. (10~12행 참조)

본문 해석　지구의 나이는 몇 살일까? 연구에 따르면, 지구는 대략 46억 살이라고 한다. 그래서 우리는 지구를 <u>46세의 사람에 비유할 수 있다</u>. 이 46년 동안 무슨 일이 일어났을까?

이 사람의 일생의 초기 7년에 대해서는 아무것도 알려지지 않았다. 최근 몇 년 간에 대해서만 아주 조금 알려져 있다. 42세에 지구는 첫 번째 생명의 징후를 보였다. 공룡은 1년 전에 등장했으며, 그때 지구는 45세였다. 포유류는 불과 8개월 전에 도착했다. 인간을 닮은 유인원들은 겨우 지난주에 인간으로 진화했다. 현대 인간은 단지 4시간 동안 있었다. 마지막 시간에 우리는 농업을 발견했다. 산업 혁명은 1분 전에 시작되었다. 그 60초 동안 인간은 낙원을 쓰레기장으로 바꾸었다.

지문 풀이

How old is the Earth? / According to research, / the Earth is about 4.6 billion years old. / So we can
지구의 나이는 몇 살일까? / 　　연구에 따르면 / 　　지구는 대략 46억 살이라고 한다 / 　　그래서 우리는

compare the Earth / to a 46-year old person. / What happened / during these 46 years? /
지구를 비유할 수 있다 / 　46세의 사람에 / 　무슨 일이 일어났을까 / 이 46년 동안? /

Nothing is known / about the first 7 years / of this person's life. / Only a little is known / about the
아무것도 알려지지 않았다 / 초기 7년에 대해서는 / 이 사람의 일생의 / 아주 조금만 알려져 있다 / 최근 몇 년 간에

most recent years. / At age 42, / the Earth showed the first sign of life. / Dinosaurs ❶ appeared a
대해서 / 42세에 / 지구는 첫 번째 생명의 징후를 보였다 / 공룡은 1년 전에 등장했다

year ago, / ❷ **when** the Earth was 45 years old. / Mammals arrived / only 8 months ago. / Human-like
그때 지구는 45세였다 / 포유류는 도착했다 / 불과 8개월 전에 / 인간을 닮은

apes evolved into humans / only last week. / Modern humans ❸ have been around / for just 4
유인원들은 인간으로 진화했다 / 겨우 지난주에 / 현대 인간은 머물렀다 / 단지 4시간 동안 /

hours. / During the last hour, / we discovered farming. / The Industrial Revolution began / a
마지막 시간에 / 우리는 농업을 발견했다 / 산업 혁명은 시작했다

minute ago. / During those sixty seconds, / humans ❹ **changed** paradise **into** garbage. /
1분 전에 / 그 60초 동안 / 인간은 낙원을 쓰레기장으로 바꾸었다 /

❶ '~전에'라는 뜻의 부사 ago는 과거 시제 동사와 함께 쓰이며, 현재 완료 시제 동사와 함께 쓰일 수 없다.
ex. I read the book three years **ago**. (O)
ex. I have read the book three years **ago**. (×)

❷ when은 계속적 용법으로 쓰인 관계부사로, 관계부사는 접속사와 부사의 역할을 동시에 한다. 관계부사 when은 '그때'라고 해석한다.
ex. I like February, **when** I was born. 나는 2월을 좋아하는데, 그때 내가 태어났다.

❸ 현재 완료의 계속적 용법으로, '쭉 ~해오고 있다'의 의미이다. 현재 완료의 계속적 용법은 「for + 기간 / since + 과거 시점」 등과 함께 쓰인다.
ex. I **have lived** in Seoul **for three years**. 나는 3년 동안 서울에 살고 있다.
　　 I **have lived** in Seoul **since 2017**. 나는 2017년부터 서울에 살고 있다.

❹ change A into B: A를 B로 바꾸다

REVIEW TEST

p. 98

문제 정답 **1** ② **2** ③ **3** ④ **4** ① **5** eating **6** go **7** dancing **8** do

문제 해설

1 focus: 집중하다

너무 시끄러워서 나는 나의 작업에 <u>집중할</u> 수 없다.

① 의지하다   ③ 결정하다   ④ 구하다

2 paradise: 천국, 낙원, 파라다이스

모든 아이들이 이 공원을 좋아한다. 그것은 아이들의 <u>천국</u>이다.

① 부담감, 압박   ② 병원   ④ 미스터리, 수수께끼

3 unfamiliar: 낯선, 익숙지 않은

무언가에 관해 하나도 모르거나, 거의 알지 못하는 상태

① 거대한   ② 인기 있는   ③ 유명한

4 부분 부정은 '모두 ~은 아니다'로 해석하므로, cannot please anyone은 '모두를 즐겁게 할 수는 없다'의 의미이다.

5 전치사 + 동명사(-ing)

나는 패스트푸드를 먹는 것이 정말로 지겨워졌다.

6 let + 목적어 + 동사원형: ~가 …하게 하다[하도록 해 주다]

그녀는 내가 그녀의 방으로 가게 하지 않을 것이다.

7 전치사 + 동명사(-ing)

나는 무대에서 춤을 추는 것에 대해 걱정이 된다.

8 let + 목적어 + 동사원형: ~가 …하게 하다[하도록 해 주다]

그는 내가 설거지를 하게 하지 않았다.

문제 정답   **1** ⑤   **2** ④   **3** complete   **4** asked me to fix

문제 해설   **1** 3~4행에서 다빈치는 그가 선생님의 자리를 대신할 만큼 충분히 경력이 쌓이지 않았다고 대답했으므로, 그가 선생님의 요청을 들었을 때 그 일을 잘 할 수 있을지 걱정했을 것이다.

다빈치가 그의 선생님의 작품을 마무리하라는 부탁을 받았을 때, <u>그는 그가 잘 하지 못할까 봐 걱정했다.</u>

① 그의 선생님이 아프셔서 슬펐다

② 그의 선생님을 도울 수 있어 기뻤다

③ 그의 선생님이 그를 골라 기뻤다

④ 엄청난 기회에 흥분했다

2 10~11행에서 선생님의 말 'My son, this is amazingly beautiful. I'll paint no more.'가 직접적인 단서이다. 선생님이 다빈치의 그림을 보고 감탄하며 한 말이므로, 자신의 실력보다 제자의 실력이 뛰어나 더 이상 그림을 그리지 않겠다고 했음을 추측할 수 있다.

3 complete: 완성하다, 끝마치다

무언가를 만들거나 하는 것을 마치다

4 「ask + 목적어 + to부정사」는 '~에게 …할 것을 부탁하다'의 뜻이므로, ask 뒤에 목적어 me를 쓴 뒤, 목적격 보어 to fix를 써서 문장을 완성한다.

본문 해석   레오나르도 다빈치의 화가로서의 경력은 특이한 방식으로 시작되었다. 어느 날, 그의 병든 선생님이 다빈치에게 그의 끝내지 못한 그림을 완성해달라고 부탁했다. 다빈치는 그의 선생님의 자리를 대신할 만큼 충분히 경력이 있지 않다고 대답했다. "너의 최선을 다 해다오. 나는 더 이상 그림을 그릴 수 없단다." 그의 선생님이 말했다.

다빈치는 첫째 날에 그 미완성 그림 앞에 서서 "저의 사랑하는 선생님을 위해 이 그림을 완성할 능력과 힘을 주세요."라고 기도했다.

몇 주 후에, 그 그림이 완성되었을 때 선생님은 그것을 신중히 살펴보았고, "젊은이, 이것은 대단히 아름답구나. 나는 그림을 더는 그리지 않겠다." 라고 말했다.

지문 풀이

Leonardo da Vinci's career / as an artist / began / in an unusual way. / One day, / his sick teacher
레오나르도 다빈치의 경력은 /   화가로서 /   시작되었다 / 특이한 방식으로 /   어느 날 /   그의 병든 선생님이

asked da Vinci to complete / his unfinished painting. / Da Vinci replied / that he wasn't ❶ experienced
다빈치에게 완성해달라고 부탁했다 /   그의 끝내지 못한 그림을 /   다빈치는 대답했다 /   그는 경력이 충분하지 않다고 /

enough / **to take** his teacher's place. / "Do your best. / I can't paint anymore," / his teacher said. /
  그의 선생님의 자리를 대신할 만큼 /   너의 최선을 다 해다오. / 나는 더 이상 그림을 그릴 수 없단다 /   그의 선생님이 말했다 /

Da Vinci stood / before the unfinished painting / on the first day / and prayed, / "Please give me
다빈치는 서있었다 / 그 미완성된 그림 앞에 / 첫째 날에 / 그리고 기도했다 / 저에게 능력과

❷ **the skill and power** / **to complete this painting** / for my beloved teacher." /
힘을 주세요 / 이 그림을 완성할 / 저의 사랑하는 선생님을 위해 /

Many weeks later, / when the painting was finished, / the teacher ❸ **looked it over** carefully / and
몇 주 후에 / 그 그림이 완성되었을 때 / 선생님은 그것을 신중히 살펴보았다 / 그리고

said, / "My son, / this is amazingly beautiful. / I'll paint no more." /
말했다 / 젊은이 / 이것은 대단히 아름답구나 / 나는 그림을 더는 그리지 않겠다 /

---

❶ 형용사 / 부사 + enough + to부정사: ~할 만큼 충분히 …한/하게
   ex. He is **strong enough to lift** the box. 그는 그 상자를 들 만큼 충분히 힘이 세다.

❷ the skill and power to complete this painting
        └──────────┘ to부정사의 형용사적 용법

❸ 「동사 + 부사」로 이루어진 구동사는 목적어가 대명사일 경우 목적어를 반드시 동사와 부사 사이에 놓는다.
   ex. I will **pick you up** at 7. 내가 7시에 너를 데리러 올게.

---

32 **친구가 된 고양이와 쥐**   pp. 104~105

문제 정답 **1** friends   **2** (1) F (2) T (3) T   **3** ④   **4** (1) ⓑ (2) ⓐ

문제 해설 **1** 앞 문장이 동물 세계에서 이상한 일이 종종 일어난다는 내용이고, 이어지는 내용에서 천적 관계의 동물들이 서로
        잘 지내면서 친구가 되었다는 것이므로, 빈칸에는 friends(친구)가 적절하다.

2 (1) 고양이 Huan은 새끼 쥐를 떠나 가게 했다. (5~6행 참조)
   (2) 사자들과 늑대들은 같은 우리에서 평화롭게 살았다. (9~10행 참조)
   (3) 동물들은 때때로 예상치 못한 일을 한다. (1행, 11~13행 참조)

3 동물 세계에서 가끔 발생하는 예외적인 일로 천적 동물들이 친구가 된 일화를 소개하고 있으므로, the laws of
   nature는 '천적인 동물들이 서로 다투거나 잡아먹는 자연의 법칙'을 의미한다.

4 (1) as (전치사): ~로써 (수단)
        우리는 그 돌을 의자로 썼다.
   (2) as가 just와 함께 「just as (접속사) + 주어 + 동사」의 형태로 쓰이면 '~가 …하는 것과 꼭 마찬가지로'의
        의미로 쓰인다.
        네가 나를 대한 것과 꼭 마찬가지로, 나도 너를 대할 것이다.

본문 해석 동물 세계에서는 때때로 이상한 일이 일어난다. 천적조차 친구가 될 수 있다.
        태국에, 모두를 놀라게 한 어떤 일을 한 Huan(후안)이라고 이름 지어진 고양이가 있었다. 한 번은,
        Huan이 벽장에서 새끼 쥐를 잡았다. 놀랍게도 Huan은 이 새끼 쥐를 죽이지 않았다. 대신에, 그녀는
        그것과 친구가 되었다. 그들은 함께 놀았다. 그들은 같은 침대에서 잠까지 잤다.

보도에 따르면 유사한 일이 Arizona(아리조나) 동물원에서도 일어났다고 한다. 사자와 늑대가 한 공간에 모였을 때, 그들은 싸우지 않았다. 왜 이것이 일어났을까? 아무도 정확히는 모른다. 사람들이 다양한 성격을 지니고 있는 것과 꼭 마찬가지로, 동물들도 다르고, 항상 자연의 법칙을 따르는 것은 아니다.

Sometimes / strange things happen / in the animal world. / Even natural enemies can become
때때로 / 이상한 일이 일어난다 / 동물 세계에서 / 천적조차 친구가 될 수 있다.

friends. /

In Thailand, / there was a cat / named ❶ **Huan** / **who did something** / **that surprised everyone**. / One
태국에 / 고양이 한 마리가 있었다 / Huan이라고 이름지어진 / 어떤 일을 한 / 모두를 놀라게 한 /

time, / Huan caught a baby mouse / in a closet. / Surprisingly, / Huan did not kill this baby mouse. /
한 번은 / Huan이 새끼 쥐를 잡았다 / 벽장에서 / 놀랍게도 / Huan은 이 새끼 쥐를 죽이지 않았다 /

Instead, / she became friends with it. / They played together. / They even slept / in the same bed. /
대신에 / 그녀는 그것과 친구가 되었다 / 그들은 함께 놀았다 / 그들은 잠까지 잤다 / 같은 침대에서 /

According to reports, / a similar thing happened / in the Arizona Zoo. / When ❷ **the lions and**
보도에 따르면 / 유사한 일이 일어났다 / Arizona 동물원에서도 / 사자와 늑대가 모였을 때 /

wolves were put together / in one place, / they didn't fight. / Why did this happen? / No one knows
한 공간에 / 그들은 싸우지 않았다 / 왜 이것이 일어났을까? / 아무도 정확히는 모른다 /

for sure. / Just as humans have various personalities, / animals are different / and ❸ **don't always**
사람들이 다양한 성격을 지니고 있는 것과 꼭 마찬가지로 / 동물들도 다르다 / 그리고 항상 자연의 법칙을

follow the laws of nature. /
따르는 것은 아니다 /

❶ <u>Huan</u> who did something that surprised everyone.
주격 관계대명사절 (that 이하는 something을 수식하는 관계사절)

❷ the lions and wolves were put together 〈수동태〉
→ People put together the lions and wolves 〈능동태〉
: 수동태에 쓰인 put은 과거분사이며, 능동태에 쓰인 put은 과거시제 동사임에 유의한다.

❸ not always: 항상 ~인 것은 아니다 (부분 부정)
ex. Their reviews are **not always** positive. 그들의 평가가 항상 긍정적인 것은 아니다.

---

33 뇌로 맛을 본다! pp. 106~107

1 ② **2** ⑤ **3** (1) F (2) T **4** It was my cup that

1 3~4행에 사람들이 검은 접시보다 하얀 접시에 담긴 디저트를 더 달콤하게 인식한다고 나와 있으며, 5~7행에서 감미로운 음악을 들으면서 믹을 때 더 달콤하다고 했으므로 ② '하얀 접시에 담긴 디저트를 감미로운 음악을 들으면서 먹을 때' 가장 맛있게 먹을 수 있음을 알 수 있다.

2 빈칸 앞에서 소리가 음식의 맛에 영향을 끼친다는 일반적인 내용이 나오고, 뒤에서는 감미로운 음악을 들을 때 사람들이 음식을 더 달콤하게 느낀다는 구체적 예시를 들고 있으므로 빈칸에는 ⑤ 'For instance(예를 들어)'가 적절하다.
① 다시 말해서 ② 게다가 ③ 그러나 ④ 결과적으로

3 (1) 당신의 혀가 단독으로 음식의 맛을 판단한다. (10~11행 참조)

(2) 당신의 뇌는 맛을 결정하기 위해서 다양한 감각을 모은다. (11~14행 참조)

4 It ~ that 강조구문을 활용해 it was와 that 사이에 강조하고자 하는 명사 my cup을 쓴다.

본문 해석 당신의 음식이 어떤 맛이 나는지를 색상이 바꿀 수 있다는 것을 당신은 알고 있는가? 예를 들어, 토마토케첩이 빨간색 대신 파란색이라면, 사람들은 그것이 맛이 없다고 말한다. 만약 디저트가 하얀 접시에 제공되면, 사람들은 그것이 검정 접시에 있는 것보다 10퍼센트 더 달콤하다고 말한다.

소리 또한 음식의 맛에 영향을 끼친다. 예를 들어 사람들이 먹는 동안 감미로운 음악을 들으면, 그들은 그 음식이 대략 10퍼센트까지 더 달콤하다고 느낀다. 이러한 이유로 몇몇 카페에서는 그들이 음식과 음료에 설탕을 덜 쓸 수 있도록 감미로운 음악을 튼다.

왜 소리와 색상이 맛에 그렇게 중요한가? 그것은 당신의 혀가 단독으로 맛을 결정하지 않기 때문이다. 사실, 맛을 결정하는 것은 당신의 뇌이다. 맛을 알아내기 위해, 뇌는 당신의 다른 감각 – 시각, 청각, 후각, 그리고 촉각 –에서 온 모든 신호들도 조합한다.

지문 풀이

Did you know / that color can change / ❶ **how your food tastes?** / For example, / if tomato ketchup
당신은 알고 있는가 / 색상이 바꿀 수 있다는 것을 / 당신의 음식이 어떤 맛이 나는지를? / 예를 들어 / 만약 토마토케첩이

is blue / instead of red, / people say / it is not tasty. / If a dessert is served on a white plate, / people
파란색이라면 / 빨간색 대신 / 사람들은 말한다 / 그것이 맛이 없다고 / 만약 디저트가 하얀 접시에 제공되면 / 사람들은

say / it tastes 10% sweeter / than on a black plate. /
말한다 / 그것이 10퍼센트 더 달콤하다고 / 검은 접시에 있는 것보다 /

Sound also affects the taste of food. / For instance, / if people listen to sweet music / ❷ **while**
소리 또한 음식의 맛에 영향을 끼친다 / 예를 들어 / 만약 사람들이 감미로운 음악을 들으면 / 먹는

eating, / they feel / that the food is sweeter / by about 10%. / For this reason, / some cafes play
동안 / 그들은 느낀다 / 그 음식이 더 달콤하다고 / 약 10퍼센트까지 / 이러한 이유로 / 몇몇 카페는 감미로운

sweet music / ❸ **so they can use less sugar** / in their food and drinks. /
음악을 튼다 / 그들이 설탕을 덜 쓸 수 있도록 / 그들의 음식과 음료에 /

Why are sound and color so important to taste? / It is because / your tongue does not determine
왜 소리와 색상이 맛에 그렇게 중요한가? / 그것은 ~이기 때문이다 / 당신의 혀가 단독으로 맛을 결정하지 않기 /

taste alone. / In fact, / it is your brain / that determines the taste. / ❹ **In order to identify**
단독으로 / 사실 / 그것은 당신의 뇌이다 / 맛을 결정하는 것은 / 맛을 알아내기 위해 /

taste, / your brain combines all the signals / from your other senses / as well : / sight, sound, smell
당신의 뇌는 모든 신호들을 조합한다 / 당신의 다른 감각에서 온 / ~ 도 / 시각, 청각, 후각, 그리고

and touch. /
촉각과 같은 /

❶ 간접의문문이므로 '의문사 + 주어 + 동사'의 어순으로 쓰였다.

❷ while eating은 분사구문으로, 접속사 while과 현재분사 eating 사이에 they are가 생략되었다.

❸ so (that) + 주어 + can + 동사원형 ~: ~하기 위해서, ~하도록
ex. She goes jogging every morning **so that** she **can** stay healthy. 그녀는 건강하려고 매일 아침 조깅을 간다.

❹ in order to ~: ~ 하기 위해서

1 ① **2** ② **3** ④ **4** ③ **5** ③ **6** to buy **7** that **8** Just as

1 experienced: 숙련된, 경험 있는
그는 <u>숙련된</u> 엔지니어이고, 모든 것을 고칠 수 있다.
② 보통의   ③ 우호적인, 다정한   ④ 유사한

2 enemy: 적
군인들은 <u>적</u>을 공격하도록 훈련되었다.
① 승자   ③ 이웃   ④ 포유류

3 personality: 성격
그녀의 <u>성격</u>은 친절하고 다정하다.
① 경력   ② 능력, 기술   ③ 신호

4 plate: 접시
음식을 담을 때 사용되는 둥글고 평평한 그릇
① 시각   ② 벽장, 옷장   ④ 항아리, 냄비

5 signal: 신호; 징후
다른 사람들에게 정보를 주는 움직임이나 소리
① 장면   ② 연기   ④ 감각

6 ask + 목적어 + to부정사: ~에게 …할 것을 부탁하다
나는 이모에게 새 신발을 사달라고 부탁했다.

7 It ~ that 강조구문: …한 것은 바로 ~이다
내가 호주를 방문한 것은 바로 지난 방학 동안이었다.

8 just as (접속사) + 주어 + 동사: ~가 …하는 것과 꼭 마찬가지로

Unit 12

34 침팬지, 우리를 탈출하다

문제 정답 **1** ③ **2** ③ **3** (1) F (2) T (3) F **4** (1) because of (2) because

문제 해설 **1** 2019년 2월에 실제로 있었던 침팬지의 동물원 우리 탈출 사건을 소개하는 글이다.
① 벨파스트 동물원의 위험성
② 침팬지들이 사다리를 쓴다!
③ 탈출한 침팬지들이 동물원으로 돌아오다
④ 폭풍우가 침팬지들의 서식지를 파괴시키다
⑤ 침팬지의 행동에 대한 새로운 연구

2 (A) wondered: 궁금해했다 / wandered: 돌아다녔다
그들이 동물원을 떠나자마자, 그 침팬지들은 잠시 동안 주변을 돌아다녔다.
(B) attack: 공격하다 / defend: 방어하다
그들은 방문객들을 보았지만, 아무도 공격하지 않았다.
(C) leave: 떠나다 / reach: 도착하다
그들은 똑똑한 동물이어서, 그들은 그들의 집을 떠나서는 안 된다는 것을 알고 있다.

3 (1) 3~4행 참조 (2) 8~9행 참조 (3) 10~11행 참조

4 (1) because of + 명사(구)
Sarah는 그녀의 새로운 직장 때문에 뉴욕으로 이사했다.
(2) because + 주어 + 동사 ~
나는 교통이 혼잡했기 때문에 지각했다.

본문 해석 2019년 2월에 침팬지들이 영국 북아일랜드의 벨파스트 동물원에서 탈출했다! 그들은 어떻게 탈출했을까? 어느 날, 폭풍우가 치는 날씨로 인해 동물원 안의 몇몇 나뭇가지들이 부러졌다. 침팬지들은 탈출하기 위해 그 나뭇가지들을 사용했다. 그들은 벽 옆에 부러진 나무들을 놓음으로써 사다리를 만들었고, 그리고 나서 올라가 나갔다. 그들이 동물원을 떠나자마자, 그 침팬지들은 잠시 동안 주변을 돌아다녔다. 그들은 방문객들을 보았지만, 아무도 공격하지 않았다.
다행히도, 침팬지들은 그들 스스로 동물원으로 돌아왔다. 그들은 똑똑한 동물이어서, 그들의 집을 떠나면 안 된다는 것을 알고 있다.

지문 풀이

In February 2019, / chimpanzees escaped / from the Belfast Zoo / in Northern Ireland! / How did
2019년 2월에 / 침팬지들이 탈출했다 / 벨파스트 동물원에서 / 영국 북아일랜드에 있는! / 그들은 어떻게

they do that? /
그것을 했을까? /

One day, / some tree branches in the zoo broke / because of the stormy weather. / The chimpanzees
어느 날 / 동물원 안의 몇몇 나뭇가지들이 부러졌다 / 폭풍우가 치는 날씨로 인해 / 그 침팬지들은

used the branches / to escape. / ❶ They made a ladder / by putting the broken trees / next to a
그 나뭇가지들을 사용했다 / 탈출하기 위해 / 그들은 사다리를 만들었다 / 부러진 나무들을 놓음으로써 / 벽 옆에 /

wall / and then climbed out. / ❷ Once they left the zoo, / the chimpanzees wandered around / for a
그리고 나서 올라가 나갔다 / 그들이 동물원을 떠나자마자 / 침팬지들은 주변을 돌아다녔다 / 잠시 동안 /

little while. / They saw visitors, / but didn't attack anyone. /
그들은 방문객들을 보았다 / 하지만 아무도 공격하지 않았다 /

Fortunately, / the chimpanzees returned / to the zoo / on their own. / They're intelligent
운 좋게도 / 침팬지들은 돌아왔다 / 동물원으로 / 그들 스스로 / 그들은 똑똑한 동물이다 /

animals, / and ❸ they know / they're not supposed to leave their home. /
그리고 그들은 알고 있다 / 그들이 그들의 집을 떠나면 안 된다는 것을 /

❶ They <u>made</u> a ladder by putting the broken trees next to a wall <u>and</u> then <u>climbed</u> out.
　　　　 동사 1　　　　　　　　　　　　　　　　　　　　　　　　　　and 병렬구조　　　 동사 2

❷ once (접속사) + 주어 + 동사 ~: ~하자마자

❸ <u>they</u> <u>know</u> (that) they're not supposed to leave their home
　 주어　 동사　　　　　　 목적어 (접속사 that이 생략된 명사절)

be supposed to: ~해야 한다, ~하기로 되어 있다

35 　바다 위에 떠 있는 도시　　　　　　　　　　　　　　　pp. 112~113

문제 정답　**1** ⑤　　**2** ④　　**3** (1) T　(2) T　(3) F　　**4** No words can describe

문제 해설　**1** 해수면 상승에 대비해 바다 위에 도시를 건설할 계획과, 해당 도시의 특성을 소개하는 글이다.
　① 해수면 상승의 속도를 낮추는 방법들
　② 지구 온난화로부터 해양 생물 보호하기
　③ 떠 있는 도시를 건설하는 것의 문제점들
　④ 지구 온난화에 의해 야기된 심각한 바다 문제들
　⑤ 해수면 상승에 맞설 떠 있는 도시 건설하기

　2 ⓓ 뒤에서 여름에는 좀 더 시원한 곳으로, 겨울에는 좀 더 따뜻한 곳으로 이동한다는 구체적인 설명이 나오므로,
　주어진 문장 '게다가, 그 도시는 계절에 따라 이리저리 이동할 수 있다'는 ⓓ에 위치하는 것이 적절하다.

　3 (1) 6~7행 참조　　(2) 7행 참조　　(3) 8~9행 참조

　4 부정 주어 No words 뒤에 「조동사 + 동사원형」의 어순으로 쓴다.

본문 해석　지구 온난화로 인해 해수면이 급격히 상승하고 있다. 만약 해수면이 이 속도로 계속 상승한다면, 세계의
많은 부분이 가까운 미래에 바다 속으로 잠길 것이다.
　Oceanix(오셔닉스)라는 이름의 한 회사가 이 문제를 해결할 좋은 아이디어를 생각해냈다. 그 회사는 바다
위에 떠 있는 도시를 건설할 것을 제안했다. 이 도시는 대략 일 만 명의 사람들이 살 수 있는 여섯 개의 인공
섬으로 이루어져 있을 것이다. 사람들은 거기서 작물을 기를 수 있기 때문에 음식에 대해 걱정할 필요가

없을 것이다. <u>게다가 그 도시는 계절에 따라 이리저리 이동할 수 있다.</u> 예를 들어 여름에 그것은 더 시원한 장소로 이동할 수 있으며, 겨울에는 더 따뜻한 장소로 이동할 수 있다.

이 도시가 해수면 상승에 대한 우리의 해결책이 될 수 있을까? 누구도 아직 확실히 알지 못하지만, 우리는 너무 늦기 전에 지금 당장 조치를 취해야 한다.

지문 풀이

The sea level is rapidly rising / because of global warming. / ❶ If the sea level continues to rise / at
해수면이 급격히 상승하고 있다 / 지구 온난화로 인해 / 만약 해수면이 계속 상승한다면 /

this rate, / many parts of the world / will sink into the sea / in the near future. /
이러한 속도로 / 세계의 많은 부분은 / 바다 속으로 잠길 것이다 / 가까운 미래에 /

A company named Oceanix / came up with ❷ a good idea / to solve this problem. / The company
Oceanix라는 이름의 한 회사가 / 좋은 아이디어를 생각해냈다 / 이 문제를 해결할 / 그 회사는 제안했다 /

suggested / building a floating city / on the ocean. / This city would be made up of six man-made
떠 있는 도시를 건축하는 것을 / 바다 위에 / 이 도시는 여섯 개의 인공 섬으로 이루어져 있을 것이다 /

islands / ❸ where about 10,000 people could live. / People wouldn't need to worry about food /
대략 일 만 명의 사람들이 살 수 있는 / 사람들은 음식에 관해 걱정할 필요가 없을 것이다 /

because they could grow crops there. / In addition, / the city could move around / depending on
그들이 거기서 작물을 기를 수 있기 때문에 / 게다가 / 그 도시는 이리저리 이동할 수 있다 / 계절에 따라 /

the season. / For example, / in summer / it could move to a cooler place, / ❹ and in the winter / to
예를 들어 / 여름에 / 그것은 더 시원한 장소로 이동할 수 있다 / 그리고 겨울에는 /

a warmer place. /
더 따뜻한 장소로 이동할 수 있다 /

Will this city be our solution / against rising sea level? / No one knows for sure yet, / but we should
이 도시가 우리의 해결책이 될 수 있을까 / 해수면 상승에 대한? / 누구도 아직 확실히 알지 못한다 / 하지만 우리는 지금

take action right now / before it is too late. /
당장 조치를 취해야 한다 / 너무 늦기 전에 /

---

❶ 시간·조건 부사절이므로 현재 시제 동사 continues가 미래 시제를 대신하고 있다.

❷ a good idea to solve this problem
      └─────────────┘ to부정사의 형용사적 용법

❸ where는 six man-made islands를 선행사로 하는 관계부사이며 in which로 바꾸어 쓸 수 있다.

❹ and in the winter (it could move) to a warmer place: 반복되는 주어와 동사가 생략되었다.

---

36 거미줄을 타고 날아올라! pp. 114~115

문제 정답 **1** ④ **2** (A) stream (B) bridge (C) wind (D) balloon **3** ①

문제 해설 **1** 이어지는 내용에서 일부 거미들은 강을 건널 때 거미줄을 사용하며, 어떤 거미들은 더 먼 곳까지 날아가는 데 거미줄을 사용한다는 내용이 나오므로, 빈칸에는 ④ '한 장소에서 다른 장소로 이동하기 위해'가 들어가는 것이 적절하다.

① 그들의 먹이를 죽이고 감싸기 위해 ② 어떤 쪽으로 바람이 부는지 알기 위해
③ 안전하고 강력한 거미집을 짓기 위해 ④ 한 장소에서 다른 장소로 이동하기 위해
⑤ 그들 스스로를 적으로부터 지키기 위해

2 (A) 3~4행 참조   (B) 5행 참조   (C) 9~10행 참조   (D) 10~11행 참조

어떻게 거미들은 그들의 거미줄을 사용하는가

하천을 건너기 위해

거미들은 (A)하천을 가로질러 그들의 거미줄을 던진다. 그들의 거미줄은 (B)다리처럼 사용된다.

먼 어딘가로 날아가기 위해

거미들은 그들의 거미줄을 (C)바람 위에 방출한다. 그들의 거미줄은 (D)풍선처럼 사용된다.

3 11~13행에서 거미가 다른 곳으로 이동하기 전에 그들의 예전 집을 먹어서 단백질로 만들고, 이것을 재활용하여 새로운 거미집을 짓는다고 했다.

거미들은 새로운 장소로 이동하기 전에 무엇을 하는가?

① 그들은 그들의 낡은 거미집을 재사용하기 위해 그것들을 먹는다.

② 그들은 그들의 등에 낡은 거미집을 싣는다.

③ 그들은 새로운 집을 짓기 위해 더 많은 거미줄을 만든다.

④ 그들은 새로운 거미집을 짓기 위해 많은 음식을 먹는다.

⑤ 그들은 다른 거미들에게 멀리서 메시지를 보낸다.

본문 해석　거미들은 주로 그들의 거미줄을 먹이를 잡기 위해 쓴다. 그러나 당신은 거미가 또한 그들의 거미줄을 한 곳에서 다른 곳으로 이동하기 위해 쓴다는 것을 알았는가?

몇몇 거미들은 그들의 거미줄을 하천을 건너기 위해 쓴다. 그들은 실(거미줄)을 하천을 가로질러 던져서 그렇게 한다. 그 실은 25미터 정도로 길 수도 있다. 그것은 거미들을 위해 다리같은 역할을 한다. 그러고 나서, 서커스 곡예자처럼 거미들은 하천을 건너기 위해 그 실을 따라 기어간다.

다른 거미들은 심지어 멀리 어딘가로 날아가기 위해 그들의 거미집을 쓰기도 한다. 처음에 그들은 높은 나무 위로 기어 올라간다. 그러고 나서 바람이 그들을 들어 올릴 때까지 실을 방출한다. 일단 그들이 공기 중에 뜨면, 마치 그들은 풍선에 탄 것처럼 돌아다닐 수 있다. 하지만 거미들이 그들의 예전 집을 낭비되게 하지는 않는다. 그들이 새로운 곳으로 이동하기 전에, 그들은 그들의 집을 먹는다. 그것들(거미집들)은 새로운 집을 위해 그들이 재활용할 단백질이 된다.

지문 풀이

Spiders mainly use their silk / to catch prey. / But did you know / that spiders also use their silk / to
거미들은 주로 거미줄을 쓴다 /　　그들의 먹이를 잡기 위해 / 하지만 당신은 알았는가 /　거미들이 또한 그들의 거미줄을 쓴다는 것 /

move from one place to another? /
한 장소에서 다른 장소로 이동하기 위해? /

Some spiders use their silk / to cross streams. / They ❶ do this / by casting a silk thread / across the
몇몇 거미들은 그들의 거미줄을 쓴다 /　하천을 건너기 위해 /　그들은 이렇게 한다 /　실을 던져서 /　　　하천을 가로질러 /

stream. / The thread can be as long as 25 meters. / It acts like a bridge / for the spiders. / And
실은 25미터 정도로 길 수도 있다 /　　　　　그것은 다리같은 역할을 한다 /　거미들을 위해 /　　그리고

then, / like a circus performer, / the spiders crawl / along the thread / to cross the stream. /
나서 /　서커스 곡예자처럼 /　　거미들은 기어간다 /　그 실을 따라 /　강을 건너기 위해 /

Other spiders even use their web / to fly somewhere far away. / First, they crawl up a high tree. /
다른 거미들은 심지어 그들의 거미집을 쓰기도 한다 /　멀리 어딘가로 날아가기 위해 /　　먼저, 그들은 높은 나무로 기어 올라간다 /

Then, they let out their silk / until ❷ the wind lifts them up. / Once they are in the air, / they can
그러고 나서 그들의 실을 방출한다 /　바람이 그들을 들어 올릴 때까지 /　일단 그들이 공기 중에 뜨면 /　그들은 돌아다닐

travel / ❸ like they are on a balloon. / But spiders ❹ don't let their old home go to waste. / Before
수 있다 /　마치 그들이 풍선에 탄 것처럼 /　　하지만 거미들이 그들의 예전 집을 낭비되게 하지는 않는다. /

they move to a new place, / they eat their webs. / They become ❺ **protein** / **that they can recycle**
그들이 새로운 곳으로 이동하기 전에 / 그들은 그들의 집을 먹는다 / 그것들(거미집들)은 단백질이 된다 / 그들이 재활용할 /

for a new web. /
새로운 집을 위해 /

❶ do는 앞문장의 use를 받는 대동사로, 주어가 They이고 현재 시제이므로 do가 쓰였다.

❷ 이어동사 lift up의 목적어가 대명사 them이므로, 동사와 부사 사이에 위치하여야 한다.

❸ like they are on a balloon: like는 '마치 ~인 것처럼'의 뜻인 접속사로 쓰였다.
　　접속사　주어　동사

❹ 「let + 목적어 + 동사원형」은 '~을 …하게 하다, 두다'의 의미이며, go to waste는 '낭비되다'의 뜻이다.

❺ protein that they can recycle for a new web
　　　　　└──────┘ 목적격 관계대명사절로 이때 that은 생략 가능

REVIEW TEST

p. 116

문제 정답 **1** ③　**2** ②　**3** ①　**4** ②　**5** ④　**6** ①　**7** Because of　**8** could　**9** 어떤 의사들도 그 아픈 아이를 치료할 수 없었다.

문제 해설　**1** escape: 탈출하다
나는 화재에서 안전하게 <u>탈출하여</u> 매우 운이 좋았다.
① 오르다　　② 공격하다　　④ 돌아다니다

2 cast: 던지다
그 낚시꾼은 그의 낚싯대를 바닷속으로 <u>던질</u> 것이다.
① 먹다　　③ 들어 올리다　　④ 건너다

3 warming: 온난화
지구 <u>온난화</u> 때문에 날씨가 점점 더 더워지고 있다.
② 전쟁　　③ 미스터리　　④ 실험

4 come up with: ~을 생각해내다

5 crop: 작물, 곡식
특히 식량을 위해 대량으로 재배되는 식물
① 복숭아　　② (동물, 곤충 등의) 먹이　　③ 굴

6 branch: 나뭇가지
잎이나 꽃, 과일 등이 있는 나무의 일부분
② 들판　　③ 조각　　④ 다리

7 because of(전치사) + 명사: ~ 때문에
그녀의 질병 때문에 그녀는 비행기를 탈 수 없다.

8 부정어가 주어에 이미 포함되어 있으므로, 동사를 부정하는 not을 쓰지 않는다.
아무도 그 수수께끼를 풀 수 없었다.

9 부정 주어: 어떤 ~도 …하지 못 한다

WORKBOOK

UNIT 01

Word Practice
p. 02

A | 1 이점, 유리함　　2 관심사, 흥미　　3 개인적인
4 폭탄　　5 착륙하다, 땅　　6 정보
7 허가　　8 배달하다　　9 사생활
10 전문적인　　11 선호하다　　12 무기, 총기
13 사물　　14 문지르다　　15 침착한
16 ～에 기대어, ～에 대고　　17 작곡하다
18 더 이상 ～이 아닌 19 사람, 인간
20 고객

B | 1 military　　2 life　　3 channel
4 attack　　5 fire　　6 rescue
7 usually　　8 unique　　9 prove
10 observe　　11 turn A into B　　12 originally
13 range　　14 recently　　15 lose
16 unlike　　17 according to　　18 study
19 even if　　20 care about

01 드론의 시대가 온다
p. 03

1 당신은 드론이 새로운 발명품이라고 생각할 수도 있다.
2 하지만 드론은 원래 군사 무기로 사용되었다.
3 드론은 1차 세계대전과 2차 세계대전 동안 폭탄을 운반했다.
4 드론은 조종사가 필요하지 않기 때문에, 그것들이 공격받더라도 어떤 목숨도 잃지 않았다.
5 드론은 날씨를 관측하거나, 뉴스를 위해 하늘에서 사진을 찍기도 한다.
6 곧 드론은 심지어 피자를 배달하러 당신의 현관 계단에 착륙할지도 모른다.
7 드론은 우리를 위해 여러 좋은 일을 할 수 있지만, 몇몇 사람들은 사생활에 대해 걱정한다.
8 드론은 어디든지 날아다닐 수 있기 때문에, 그것들은 스파이 카메라로 사용될지도 모른다.

02 동물도 음악을 좋아해
p. 04

1 동물들은 우리가 즐기는 음악과 같은 종류의 음악을 좋아하지 않는다.
2 이것은 동물이 인간의 것과 다른 청력 범위를 가지고 있기 때문이다.
3 인간과 달리 몇몇 동물은 고음의 음악을 더 좋아한다.
4 최근에 David Teie라고 불리는 음악가가 고양이를 위한 음악을 작곡했다.
5 그는 고양이가 내는 가르랑거리는 소리와 젖을 빠는 소리를 골라 그것들을 음악으로 바꿨다.
6 고양이들이 Teie의 음악을 들었을 때 그들은 침착해졌다.
7 그래서 음악은 더 이상 사람만을 위한 것이 아니다.
8 아마 미래에는 동물을 위한 음악 채널과 연주회가 있을 것이다.

03 특별한 케이크는 디자이너에게!
p. 05

1 오늘날에는 사람들은 케이크가 어떤 맛이 나는지에만 신경 쓰지 않는다.
2 사람들은 케이크가 어떻게 보이는지 또한 신경쓴다.
3 그래서 케이크를 디자인하는 것은 가장 인기 있는 직업들 중 하나가 되었다.
4 케이크 디자이너들은 고객의 관심사나 취미처럼 고객에 관해 더 파악함으로써 시작한다.
5 케이크 디자이너들은 이 개인 정보를 특별한 케이크를 창조하기 위해 사용한다.
6 이러한 케이크들은 사람, 장소, 또는 물건의 형태일 수 있다.
7 예를 들어, 고객이 음악가이면 그 케이크는 기타처럼 보일지도 모른다.
8 몇몇 영상을 보는 것은 당신에게 그 직업이 어떤지 알려줄 것이다.

UNIT 02

Word Practice
p. 06

A | 1 배고픔　　2 감정적인　　3 복통
4 받아들이다　　5 독특한　　6 호흡하다
7 완전히　　8 과식하다　　9 스트레스를 받은
10 기간　　11 ～조차　　12 만들어내다
13 간식, 과자　　14 뇌　　15 ～에 집중하다
16 있는 그대로　　17 ～할 가능성이 있다
18 결과적으로

B | 1 surface　　2 total　　3 drown
4 perfect　　5 probably　　6 solve
7 routine　　8 actually　　9 daily
10 nobody　　11 hormone　　12 reduce
13 shut down　　14 stay awake　　15 take turns
16 keep in mind　　17 be hard on　　18 end up -ing

04 스트레스를 받으면 배가 고파!
p. 07

1 시험 기간 동안에 몇몇 학생들은 스트레스를 받는다는 이유로 많은 양의 간식을 먹는다.
2 스트레스는 왜 사람들을 배고프게 만들까?
3 과학자들에 따르면 우리가 스트레스를 받을 때 뇌가 엔도르핀을 생산해 낸다고 한다.
4 호르몬의 일종인 엔도르핀은 스트레스를 줄여준다.
5 하지만 엔도르핀은 또한 우리가 실제로 배고프지 않을 때조차 배고프다고 느끼게 한다.
6 이러한 종류의 배고픔은 감정적 배고픔이라고 불린다.
7 만약 우리가 감정적인 배고픔 때문에 먹으면, 우리는 잠시 동안 기분이 더 낫다고 느낄지도 모른다.
8 하지만 우리는 과식을 하고 그 결과 복통을 얻을 수도 있다.

05 나만의 매력을 알아 볼 시간
p. 08

1 십 대들에게 거울을 보는 것은 매일의 일과이다.
2 당신이 더 많이 확인할수록 당신은 더 많은 문제를 찾을 것이다.

3 많은 사람들이 또한 그들의 신체를 받아들이는 데 어려움을 겪는다.

4 당신이 오직 당신이 좋아하지 않는 것에 집중하면, 당신은 결국 스스로를 싫어하게 될지도 모른다.

5 그러니 스스로를 가혹하게 대하는 것을 멈춰라!

6 먼저 당신의 몸을 있는 그대로 받아들여라. 아무도 완벽하지 않다.

7 당신이 완벽할 필요는 없고, 당신은 그저 당신이어야 한다!

8 마지막으로 아무도 당신과 같지 않다는 것을 기억해라!

06 돌고래의 독특한 수면법
p. 09

1 돌고래들은 몇 분마다 호흡하기 위해 수면 위로 올라가야 한다.

2 돌고래의 뇌는 인간의 것처럼 두 개의 부분을 가지고 있다.

3 하지만 인간과 달리 돌고래들은 결코 완전히 잠들 수 없다.

4 고맙게도, 자연은 이 문제를 해결하는 독특한 방법을 가지고 있다.

5 그들이 자는 동안, 그들은 뇌의 한 부분만 정지시킨다.

6 약 2시간 후에, 뇌의 두 부분은 그들의 역할을 바꾼다.

7 뇌의 각 부분은 양측이 4시간의 수면을 취할 때까지 교대로 깨어 있는다.

8 이러한 방식으로, 돌고래는 하루에 총 8시간의 수면을 취할 수 있다.

UNIT 03

Word Practice
p. 10

A | **1** 화가 난 **2** 방법 **3** 행동
4 보존하다 **5** 친절함 **6** 행동
7 먼저 하다 **8** 놀랍게도 **9** 축복
10 유용한 **11** 자리, 좌석 **12** 벗다
13 수수께끼 **14** 교육을 받은 **15** 함께 쓰다
16 만족스러운 **17** 이러한 이유로 **18** 단 하나의
19 포기하다 **20** 급여, 보수; 지불하다

B | **1** useless **2** suggest **3** respond
4 embarrassed **5** professor **6** salary
7 soldier **8** board **9** unfortunately
10 calmly **11** worth **12** slip off
13 be tired of **14** either **15** be unable to
16 leader **17** instead **18** valuable
19 conversation **20** at that time

07 소금, 얕잡아 보면 안 돼
p. 11

1 왜 콜럼버스가 아메리카 대륙으로 여행을 갔을까?

2 놀랍게도, 그것은 그가 소금을 구하기를 원했기 때문이었다.

3 당시에 소금은 음식을 저장하는 유일한 방법이었다.

4 하지만, 바닷물에서 소금을 얻기가 어려워서 그것이 매우 귀중했다.

5 이러한 이유로, 세계의 어떤 지역에서는 소금이 심지어 돈으로 사용되기도 했다.

6 실제로 '급여'라는 단어는 '소금'이라는 단어에서 유래되었다.

7 로마의 군인들은 때때로 그들의 일의 대가로 돈 대신에 소금을 받기도 했다.

8 어떤 이가 '자신의 밥값을 한다'고 할 때, 그것은 그에게 급여를 지불할 만한 가치가 있다는 의미이다.

08 학생과 교수의 수수께끼 대결!
p. 12

1 학생과 교수가 기차에서 함께 앉아 있었다.

2 그들은 대화하기가 지겨워졌다.

3 그래서 교수가 시간을 보내려고 수수께끼를 제안했다.

4 수수께끼를 못 푸는 사람은 상대방에게 1달러를 줘야 한다.

5 하지만 당신은 더 많이 교육을 받았어요. 저는 당신에게 50센트만 드릴 거예요.

6 음, 수영할 때는 다리가 네 개가 되고, 날아다닐 때는 다리가 두 개가 되는 게 무엇일까요?

7 아, 그것은 내가 들어본 수수께끼 중 가장 어렵구나.

8 저도 몰라요. 여기 당신의 50센트가 있어요.

09 간디는 왜 신발을 던졌을까?
p. 13

1 어느 날, 한 남자가 그의 친구와 기차에 타고 있었다.

2 불행하게도, 그의 신발 중 하나가 벗겨져서 기차 밖으로 떨어졌다.

3 간디는 그것을 집을 수가 없었지만 그는 속상해 보이지 않았다.

4 대신에, 간디는 침착하게 그의 다른 쪽 신발을 벗어서 먼저 떨어진 신발 가까이로 던졌다.

5 글쎄, 신발 한 짝은 나에게 쓸모없어.

6 우리 기차가 떠나고 난 후에, 누군가가 신발 두 짝을 집어서 신을 수 있을 거야.

7 아주 작은 친절의 행위조차도 다른 누군가에게는 큰 축복일 수 있다.

8 당신은 오늘 하루 누군가에게 어떻게 친절을 베풀 것인가?

UNIT 04

Word Practice
p. 14

A | **1** 빛나다 **2** ~으로 남아있다 **3** 제공하다, 차려주다
4 날카로운 **5** 낮잠을 자다 **6** 반복하다
7 총 합쳐서 **8** 흔한 **9** 밝은
10 위기 **11** ~미만 **12** 해발 고도
13 돌아다니다 **14** 캠페인, 운동 **15** 엄청나게 큰
16 건너, ~쪽으로; 끝난 **17** 사냥

B | **1** swallow **2** enemy **3** once
4 repeatedly **5** means **6** be the case
7 perfect **8** tired **9** transportation
10 flat **11** land **12** jaw
13 route **14** parking space **15** way
16 light **17** shut

10 어둠 속에서 빛을 내는 물고기
p. 15

1 흥미로운 물고기 한 마리가 깊은 바다에 산다.

2 그것은 심해어라고 불린다.

3 심해어는 매우 특별한 사냥 방법을 가지고 있다. 그것은 빛을 사용한다.

4   그것의 입의 많은 부분이 불이 켜질 수 있고, 어둠 속에서 빛난다.
5   심해어가 입을 벌리면, 그것은 크리스마스 트리처럼 보인다.
6   작은 물고기들이 그 아름답고 밝은 빛을 볼 때, 그들은 심해어의 입으로 헤엄쳐 간다.
7   일단 작은 물고기들이 그 입안으로 들어오면 심해어는 그것의 턱을 닫고 그것들을 삼켜버린다.
8   작은 물고기들에게 그 불빛 쇼는 끝이 난다. 심해어에게는 맛있는 저녁 식사가 제공된다!

11 위인들은 잠을 적게 잔다?
p. 16

1   몇몇의 유명한 사람들은 특이한 수면 방법을 가지고 있었다.
2   유명한 화가인 Leonardo da Vinci(레오나르도 다빈치)는 하루에 6번을 잤다.
3   다 합쳐서 레오나르도 다빈치는 단지 90분을 잔 것이다.
4   당신은 그가 무척 피곤했을 거라고 생각할지도 모르지만, 그는 그렇지 않았다.
5   다빈치는 그의 일을 하는 데에 어떤 문제도 없었다.
6   Churchill(처칠)도 역시 이 수면 방법을 썼다.
7   Napoleon(나폴레옹)과 Edison(에디슨)은 훨씬 더 적게 수면을 취했다.
8   잠을 적게 자는 사람들은 하루에 여러 번씩 짧은 낮잠을 잤고, 그래서 결코 매우 피곤해하지 않았다.

12 자전거 천국, 네덜란드
p. 17

1   자전거는 네덜란드에서 흔한 교통 수단이다.
2   하지만 이것은 항상 그랬던 것은 아니다.
3   석유 위기 이후에 자동차 대신 자전거를 타자는 캠페인이 있었다.
4   네덜란드는 지형이 매우 평평하기 때문에 자전거를 타기에 완벽하다.
5   네덜란드의 50퍼센트는 해발고도 1미터 미만이다.
6   네덜란드 전역에 훌륭한 자전거 주차 공간들이 있다.
7   그래서 자전거를 타고 돌아다니기가 매우 쉽다.
8   이것이 네덜란드에서 자전거를 타는 것이 여전히 놀랄 만하게 인기 있는 이유이다.

UNIT 05

Word Practice
p. 18

A | 1 옛날 옛적에   2 일, 과업   3 감정
   4 복숭아   5 질병   6 영향을 끼치다
   7 천국   8 치료하다   9 환자
   10 증상   11 효과   12 싸워서 물리치다
   13 발명가   14 땅콩   15 경험
   16 ~을 잘하다   17 깨어있는   18 격려하다
   19 ~을 돌보다

B | 1 nutritionist   2 comfort   3 oyster
   4 serious   5 feed   6 sign
   7 develop   8 diet   9 result
   10 come up with   11 certainly   12 dead

13 cancer   14 pay attention to
15 choose   16 bathe   17 bring
18 go through   19 act like

13 오늘은 시험, 뭘 먹어야 할까?
p. 19

1   우리는 시험 전날 밤에 충분한 수면을 취하는 것이 중요하다는 것을 모두 알고 있다.
2   영양학자들에 따르면, 너의 식단 또한 너의 시험 점수에 영향을 끼칠 수 있다.
3   시험 전에 먹기에 가장 좋은 음식들은 과일, 땅콩, 생선 그리고 굴이다.
4   연구 결과는 그 음식들이 네가 깨어있도록 도와줄 수 있다는 것을 보여 준다.
5   그것들은 밥과 빵에 있는 탄수화물의 졸리게 하는 효과를 싸워 물리친다.
6   만약 네가 너의 다음 시험을 잘 보고 싶으면, 숙면을 취하라.
7   또한, 네가 먹는 것에 주의를 기울이는 것은 중요하다.
8   그러면 너는 확실히 좋은 결과를 얻을 것이다!

14 세상에서 가장 아름다운 것
p. 20

1   하나님이 천사 Gabriel(가브리엘)에게 중요한 임무를 주셨다.
2   그것은 지상에서 가장 아름다운 것을 찾는 것이었다.
3   그는 마침내 가장 아름다운 것 세 가지를 선택했다.
4   Gabriel이 하늘로 돌아오는 데는 오랜 시간이 걸렸다.
5   그가 돌아왔을 때 그 꽃은 이미 죽어 있었다.
6   아기는 더 이상 아기가 아닌 청년이었다.
7   하지만 어머니의 사랑은 예전과 똑같이 아름답고 진실했다!
8   어머니의 참된 사랑은 항상 아름답다. 시간조차도 그것을 변화시킬 수 없다.

15 소아암 어린이에게 오리 로봇을!
p. 21

1   미국인 개발자 Aaron(아론)이 암에 걸린 아이들을 격려하고자 그것을 개발했다.
2   Aflac Duck(애플랙 덕)이라고 이름 지어진 그 로봇은 행복과 슬픔 같은 감정들을 보여줄 수 있다.
3   그 오리는 또한 암 환자처럼 행동할 수 있고, 그 질병의 여러 증상을 나타낼 수 있다.
4   그래서 아이들은 간호사가 하듯이 그것을 목욕시키거나, 먹이를 주면서 그들의 오리를 돌볼 수 있다.
5   아이들은 같은 경험을 겪고 있는 친구를 돌보고 있다.
6   12세에 그는 심각한 병을 앓았다.
7   그는 치료를 받는 동안 무척 외로웠고, 두려웠다.
8   그는 암을 앓는 어린이들이 똑같이 느끼는 것을 원치 않아서 Aflac Duck을 생각해냈다.

UNIT 06

Word Practice
p. 22

A | 1 대통령, 회장   2 흐르다   3 막다, 방지하다
   4 성격   5 자신의   6 소리를 내다

7 A에게 B를 전수하다　　**8** 출생 순서

9 관심, 주목　　**10** 감옥

11 즐기다, 재미있게 놀다　　**12** (꽃을) 피우다

13 창의적인　　**14** 완벽한

15 ~의 역할을 하다　**16** 목욕하다　　**17** 1위로, 1등으로

B | **1** psychologist　**2** bridge　**3** pore

4 disease　**5** bathe　**6** experiment

7 depend on　**8** young

9 be separated from　　**10** interest

11 draw　**12** at least　**13** shower

14 respect　**15** be raised by　**16** artist

17 noise

16　새들의 노래 배우기
p. 23

1 많은 노래하는 새들은 아빠새의 노래를 들음으로써 노래하는 법을 배운다.

2 그래서 만약 그들이 아빠에게서 떨어져서 그들만의 노래 부르는 법을 배우지 못하면, 그들은 이상한 소리만 낼 수도 있을 것이다.

3 그러나 그들이 다른 종류의 새의 노래들을 배우면, 그들은 그것들을 쉽게 배운다.

4 노래하는 새들은 심지어 자신의 새끼들에게 다른 종류의 새의 노래들을 전수한다.

5 한 실험에서 새끼 멋쟁이 새가 카나리아에게 길러졌다.

6 놀랍게도 그 새끼 새는 카나리아의 노래를 쉽게 배웠다.

7 그 노래하는 새가 성체가 되었을 때, 그것은 심지어 자신의 새끼들을 카나리아처럼 노래하도록 가르치기까지 했다.

17　출생 순서에 따라 성격이 달라진다
p. 24

1 당신은 가족 중에 첫째인가? 아니면 막내인가?

2 몇몇 심리학자들은 출생 순서는 당신의 성격에 영향을 미칠 수 있다고 말한다.

3 맏이들은 그들의 형제와 자매들로부터 존경을 원한다.

4 그것이 맏이들이 흔히 지도자가 되는 이유이다.

5 많은 대통령들이 가족 중에 맏이였다.

6 중간 아이들은 맏이와 막내 사이에서 가교 역할을 한다.

7 그것이 중간 아이들이 친구가 많고, 흔히 외교관이 되는 이유이다.

8 막내들은 언제나 가족 내에서 관심의 중심이 되기를 원한다.

18　목욕을 하면 죽는다?
p. 25

1 아마도 당신은 적어도 하루에 한 번이나 두 번 샤워를 할 것이다.

2 하지만 만약 18세기 왕들과 여왕들이 우리의 대답을 듣는다면, 그들은 충격을 받을 것이다.

3 그 당시에 왕들과 여왕들은 샤워나 목욕을 하는 것을 좋아하지 않았다.

4 이사벨라 여왕은 그녀가 평생 동안 목욕을 단 두 번 했다는 것에 자부심을 가졌다.

5 스페인의 필립 2세는 심지어 목욕을 했다는 이유로 사람들을 감옥에 넣기까지 했다.

6 모든 왕들은 따뜻한 물이 몸의 작은 구멍인 모공을 연다고 믿었다.

7 질병이 그 모공을 통해 몸속으로 흘러 들어올 수 있다.

8 그것이 그 왕들과 여왕들이 목욕을 두려워했던 이유이다.

UNIT 07

Word Practice
p. 26

A | **1** 여성인; 여성　**2** 축복　**3** 구조하다

4 알아차리다　**5** 피하다　**6** 물체

7 생활 방식　**8** 게시하다　**9** 장면

10 막힌, 끼인　**11** 출산 예정이다　**12** 파티를 열다

13 목적, 목표　**14** 결혼하다　**15** ~을 아는

16 그 결과　**17** 재활용하다　**18** 모금하다

B | **1** several　**2** relative　**3** breathe

4 harmful　**5** monitor　**6** sentence

7 straw　**8** behavior　**9** possible

10 letter　**11** password　**12** dictionary

13 free　**14** realize　**15** impressed

16 organize　**17** attack　**18** come to mind

19　축복과 선물이 쏟아지는 날
p. 27

1 'shower(샤워)'라는 말을 들을 때 당신의 머릿속에는 무엇이 떠오르는가?

2 아마도 그것은 '당신의 몸을 물로 씻는 것'일 것이다.

3 그러나 샤워는 특별한 날에 '많은 선물을 주는 것과 축복'을 의미할 수도 있다.

4 예를 들어, 한 여성이 출산 예정일 때, 그녀의 가족들은 아기가 태어나기 몇 주 전에 베이비 샤워를 열 것이다.

5 베이비 샤워에서, 초대된 가족과 친구들은 아기를 위한 많은 선물을 가져올 것이다.

6 또 다른 종류의 '샤워'는 브라이들 샤워이다.

7 여성이 결혼을 하게 될 때, 그녀의 모든 여성 친구들과 친척들이 그녀를 위해 파티를 열고 그녀의 행복을 기원한다.

20　내 비밀번호는 안전할까?
p. 28

1 사람들은 종종 그들의 비밀번호로 사전에 있는 단어들을 사용한다.

2 당신이 사전에 있는 단어들을 사용하면 해커들은 당신의 비밀번호를 쉽게 알아낼 수 있다.

3 해커들은 '사전 공격'이라 불리는 프로그램을 사용한다.

4 그들은 가능성이 있는 비밀번호로 사전에 있는 모든 단어들을 시도한다.

5 한 가지 방법은 당신의 비밀번호에 숫자나 특수 문자들을 추가하는 것이다.

6 또한 문자와 숫자만 가진 비밀번호를 사용하는 것을 삼가라.

7 훨씬 더 좋은 방법은 문장을 사용하는 것이다.

8 이 비밀번호는 어떤 사전에도 없다!

UNIT 08

Word Practice p. 30

UNIT 09

Word Practice p. 34

26 하늘에서 개구리 비가 내린다면
p. 36

1 2009년 6월에, 일본에 있는 혼슈 섬의 기이한 비에 관한 보도들이 있었다.
2 55세 남성은 기자에게 그는 처음에 주차장에서 이상한 소리를 들었다고 말했다.
3 그 남자가 확인하러 밖으로 나갔을 때, 그는 차들 위에 수백 마리의 개구리와 올챙이들이 있는 것을 보았다!
4 몇몇 과학자들은 이 이상한 비가 토네이도 때문이라고 생각한다.
5 큰 폭풍우가 몰아치는 동안에, 물속에 있던 동물들이 토네이도 안으로 잡혀 들어갈 수 있다.
6 그 토네이도가 속도를 늦출 때, 동물들이 하늘에서 비처럼 떨어지기 시작한다.
7 그러니 만일 일기 예보에서 토네이도가 있을 거라고 하면, 무언가 흥미로운 것을 위해 반드시 눈을 뜨고 있어라.

27 때로는 불행이 행운의 원인이 된다
p. 37

1 옛날 옛적에, 가난한 노인 한 명이 있었다.
2 그는 매우 현명해서 많은 사람들이 그에게 조언을 얻기 위해 방문했다.
3 왕이 그 마을에 방문해서 그 노인의 아들에게 아름다운 말 한 마리를 선물로 주었다.
4 그 다음 날, 아들은 말을 타기 위해 들판으로 나갔다.
5 며칠 후에, 군인들이 마을을 찾아와서 젊은 남자들을 모두 전쟁터로 끌고 갔다.
6 노인의 아들은 걸을 수가 없었기 때문에 가지 않았다.
7 모든 이웃들이 "그 말은 행운을 가져다 줄 거예요."라고 말했다.
8 그 노인은 잠시 동안 생각하더니 "그럴 수도 있겠죠. 그렇지 않을 수도 있고요."라고 말했다.

UNIT 10

Word Practice
p. 38

A
1 친절한 2 부담, 압박 3 대신에
4 스트레스를 주다 5 같은 방식으로 6 ~에 집중하다
7 낯선 사람 8 ~을 들여다보다 9 똑바로
10 ~을 향해 11 어깨 12 인사하다
13 공격하다 14 천국, 파라다이스 15 쓰레기장, 쓰레기
16 구하다 17 영향을 끼치다

B
1 try to 2 all the time 3 please
4 feel like 5 calm 6 unfamiliar
7 be about to 8 stay 9 probably
10 billion 11 recent 12 mammal
13 ape 14 compare A to B
15 evolve 16 farming 17 damage

28 모두와 친하기는 어려워
p. 39

1 저는 항상 모든 사람을 즐겁게 해 주어야 한다는 느낌이 들어요.
2 문제는 그것이 정말 너무 큰 부담이라는 것이에요.

3 좋은 사람이어야 한다는 것이 저에게 정말 스트레스를 줘요.
4 친절한 것은 좋지만, 다른 사람들을 즐겁게 하는 것에 대해 너무 걱정하지 마세요.
5 당신은 당신이 만나는 모든 사람을 좋아하지는 않잖아요, 그렇죠?
6 같은 방식으로 몇몇 사람들도 당신을 좋아하지 않을 수 있어요.
7 그러니 모든 사람이 당신을 좋아하게 만들도록 애쓰지 마세요.
8 대신에, 당신의 모습 그대로 당신을 좋아하는 사람들에 집중하세요.

29 낯선 개를 만났을 때
p. 40

1 당신이 낯선 사람을 만날 때, 당신이 우호적이라는 것을 보여 주기 위해 당신은 아마도 그들의 눈을 똑바로 마주 보고 웃을 것이다.
2 그것은 인간에게는 괜찮지만, 개한테는 그렇지 않다.
3 만일 당신이 낯선 개의 눈을 똑바로 쳐다보거나 그 개에게 웃으면, 그 개는 당신이 자신과 싸울 것이라고 생각할 것이다.
4 그것은 개들이 막 공격하려고 할 때 자신들의 이빨을 드러내기 때문이다.
5 그러면 낯선 개들과 인사를 하는 올바른 방법은 무엇인가?
6 먼저, 당신의 손을 개 쪽으로 움직이지 마라. 그들이 당신에게 오게 하라.
7 마지막으로 그들 앞에서 항상 침착하고 천천히 움직여라.

30 지구에게 생긴 일
p. 41

1 연구에 따르면, 지구는 대략 46억 살이라고 한다.
2 그래서 우리는 지구를 46세의 사람에 비유할 수 있다.
3 이 사람의 일생의 초기 7년에 대해서는 아무것도 알려지지 않았다.
4 최근 몇 년 간에 대해서만 아주 조금 알려져 있다.
5 공룡은 1년 전에 등장했으며, 그때 지구는 45세였다.
6 현대 인간은 단지 4시간 동안 있었다.
7 마지막 시간에 우리는 농업을 발견했다.
8 그 60초 동안 인간은 낙원을 쓰레기장으로 바꾸었다.

UNIT 11

Word Practice
p. 42

A
1 신중히 2 미완성의 3 우리
4 법칙 5 감각 6 성격
7 벽장 8 적 9 결정하다
10 완성하다 11 놀라게 하다 12 혀
13 사실은, 실은 14 맛이 나다, 맛
15 존경하는, 가장 사랑하는 16 모으다
17 타고난

B
1 career 2 pray 3 unusual
4 opportunity 5 plate 6 follow
7 reply 8 similar 9 peacefully
10 treat 11 signal 12 sight
13 judge 14 skill 15 son
16 way 17 take one's place

31 스승을 놀라게 한 다빈치
p. 43

1 레오나르도 다빈치의 화가로서의 경력은 특이한 방식으로 시작되었다.
2 어느 날, 그의 병든 선생님이 다빈치에게 그의 끝내지 못한 그림을 완성해달라고 부탁했다.
3 다빈치는 그의 선생님의 자리를 대신할 만큼 충분히 경력이 있지 않다고 대답했다.
4 다빈치는 첫째 날에 그 미완성 그림 앞에 서서 기도했다.
5 그 선생님은 "너의 최선을 다 해다오, 나는 더 이상 그림을 그릴 수 없단다."라고 말했다.
6 저의 사랑하는 선생님을 위해 이 그림을 완성할 능력과 힘을 주세요.
7 몇 주 후에, 그 그림이 완성되었을 때 선생님은 그것을 신중히 살펴보았다.
8 선생님은 "젊은이, 이것은 너무나 아름답구나. 나는 그림을 더는 그리지 않겠다." 라고 말했다.

32 친구가 된 고양이와 쥐
p. 44

1 동물 세계에서는 때때로 이상한 일이 일어난다. 천적조차 친구가 될 수 있다.
2 태국에서 Huan(후안)이라고 이름 지어진 고양이가 모두를 놀라게 한 어떤 일을 했다.
3 그 고양이는 그 쥐와 친구가 되었다. 그들은 함께 놀았다.
4 그 고양이와 쥐는 심지어 같은 침대에서 잠까지 잤다.
5 보도에 따르면 유사한 일이 Arizona 동물원에서도 일어났다고 한다.
6 사자와 늑대가 한 공간에 모였을 때, 그들은 싸우지 않았다.
7 사람들이 다양한 성격을 지니고 있는 것과 꼭 마찬가지로, 동물들도 다르고, 항상 자연의 법칙을 따르는 것은 아니다.

33 뇌로 맛을 본다
p. 45

1 당신의 음식이 어떤 맛이 나는지를 색상이 바꿀 수 있다는 것을 당신은 알고 있는가?
2 토마토케첩이 빨간색 대신 파란색이라면, 사람들은 그것이 맛이 없다고 말한다.
3 만약 디저트가 하얀 접시에 제공되면, 사람들은 그것이 검정 접시에 있는 것보다 10퍼센트 더 달콤하다고 말한다.
4 몇몇 카페에서는 그들이 음식과 음료에 설탕을 덜 쓸 수 있도록 감미로운 음악을 튼다.
5 그것은 당신의 혀가 단독으로 맛을 결정하지 않기 때문이다.
6 사실, 맛을 결정하는 것은 당신의 뇌이다.
7 맛을 알아내기 위해, 뇌는 당신의 다른 감각 – 시각, 청각, 후각, 그리고 촉각 –에서 온 모든 신호들도 조합한다.

UNIT 12

Word Practice
p. 46

A |
1 돌아다니다   2 작물   3 기다, 기어가다
4 던지다   5 연구   6 공연가, 연기자
7 들어올리다   8 거의, 주로   9 상승하다
10 흘려 보내다, 방출하다   11 도착하다
12 ~해야 한다   13 손상을 주다   14 먹이
15 머리가좋은, 똑똑한   16 교통   17 오르다

B |
1 suggest   2 fortunately   3 solve
4 rapidly   5 floating   6 thread
7 branch   8 behavior   9 defend
10 fight   11 take action   12 be made up of
13 continue to   14 sea level   15 yet
16 in addition   17 escape

34 침팬지, 우리를 탈출하다
p. 47

1 2019년 2월에 침팬지들이 영국 북아일랜드의 벨파스트 동물원에서 탈출했다!
2 어느 날, 폭풍우가 치는 날씨로 인해 동물원 안의 몇몇 나뭇가지들이 부러졌다.
3 침팬지들은 탈출하기 위해 그 나뭇가지들을 사용했다.
4 그들은 벽 옆에 부러진 나무들을 놓음으로써 사다리를 만들었고, 그러고 나서 올라가 나갔다.
5 그들이 동물원을 떠나자마자, 그 침팬지들은 잠시 동안 주변을 돌아다녔다.
6 그들은 방문객들을 보았지만, 아무도 공격하지 않았다.
7 다행히도, 침팬지들은 그들 스스로 동물원으로 돌아왔다.
8 그들은 똑똑한 동물이어서, 그들은 그들의 집을 떠나면 안 된다는 것을 알고 있다.

35 바다 위에 떠 있는 도시
p. 48

1 지구 온난화로 인해 해수면이 급격히 상승하고 있다.
2 만약 해수면이 이 속도로 계속 올라간다면, 세계의 많은 부분들이 가까운 미래에 바다 속으로 잠길 것이다.
3 Oceanix라는 이름의 한 회사가 이 문제를 해결할 좋은 아이디어를 생각해냈다.
4 그 회사는 바다 위에 떠 있는 도시를 건설할 것을 제안했다.
5 이 도시는 여섯 개의 인공 섬으로 이루어져 있으며, 거기서 대략 일만 명의 사람들이 살 수 있다.
6 사람들은 거기서 작물을 기를 수 있기 때문에 음식에 대해 걱정할 필요가 없다.
7 이 도시가 해수면 상승에 대한 우리의 해결책이 될 수 있을까?
8 누구도 아직 확실히 알지 못하지만, 우리는 너무 늦기 전에 지금 당장 조치를 취해야 한다.

36 거미줄을 타고 날아올라라!
p. 49

1 당신은 거미가 그들의 거미줄을 한 곳에서 다른 곳으로 이동하기 위해 쓴다는 것을 알았는가?
2 거미들은 실(거미줄)을 강을 가로질러 던져서 다른 곳으로 이동한다.
3 그 실은 25미터 정도로 길 수도 있다. 그것은 거미들을 위해 다리처럼 역할을 한다.
4 그러고 나서, 서커스 곡예자처럼 거미들은 강을 건너기 위해 그 실을 따라 기어간다.
5 다른 거미들은 심지어 멀리 어딘가로 날아가기 위해 그들의 거미집을 쓰기도 한다.
6 그러고 나서 거미들은 바람이 그들을 들어 올릴 때까지 실을 방출한다.
7 일단 거미들이 공기 중에 뜨면, 마치 그들은 풍선에 탄 것처럼 돌아다닐 수 있다.
8 그것들(거미집들)은 새로운 집을 위해 그들이 재활용할 단백질이 된다.

READER'S BANK

Level 4

단어장

visang

영어 발음을 한글로도 표기하였다. 영한사전의 발음기호는 우리나라 학생들이 잘 모를 뿐만 아니라 원어민의 실제 발음과도 많이 다르기 때문이다.

예) **film** [film]피음 ('필름'이 아님)

발음 표기 원칙

interest [íntərèst] 인터^❶뤠스트

❶ 강세 있는 철자는 굵게, 제 1강세 위에는 점 표기
❷ 발음이 약한 철자는 작은 글씨로 표기
❸ 단어 끝에서 발음이 거의 나지 않는 무성음은 초성만 표기

01 드론의 시대가 온다 pp. 12~13

☐ **invention**[invénʃən] 인**벤**션 — 몡 발명(품)

☐ **originally**[ərídʒənəli] 어**뤼**저널리 — 뿐 원래, 처음에는

☐ **military**[mílitèri] **밀**리테*뤼* — 혱 군사의, 군대의

☐ **weapon**[wépən] **웨**뻔 — 몡 무기, 총기

☐ **bomb**[bam] **밤** — 몡 폭탄, 폭발물

☐ **advantage**[ədvǽntidʒ] 어드**밴**티쥐 — 몡 이점, 유리함

☐ **pilot**[páilət] **파**일럿 — 몡 조종사

☐ **life**[laif] **라**이프 — 몡 목숨, 생명; 삶

☐ **lose**[lu:z] **루**:즈 — 통 (목숨을) 잃다; (물건을) 잃어버리다

☐ **even if** — ~에도 불구하고

☐ **attack**[ətǽk] 어**택** — 통 공격하다

☐ **observe**[əbzə́:rv] 어브**저**:*r*브 — 통 관측하다, 관찰하다

☐ **take a shot** — 통 촬영하다

☐ **rescue**[réskju:] **뤠**스큐: — 통 구조하다

☐ **fire**[fáiər] **파**이어*r* — 몡 화재, 불

☐ **land**[lænd] **랜**드 — 통 착륙하다 몡 땅

☐ **doorstep**[dɔ́:rstèp] **도**어*r*스뗍ㅍ — 몡 현관 계단

☐ **deliver**[dilívər] 딜**리**버*r* — 통 배달하다

☐ **spy**[spai] 스**빠**이 — 몡 스파이, 탐정

☐ **permission**[pərmíʃən] 퍼*r***미**션 — 몡 허락, 허가

☐ **privacy**[práivəsi] 프**롸**이버씨 — 몡 사생활

□ **according to**   ~에 따르면

□ **study** [stʌ́di] 스떠디   몡 연구, 조사

□ **however** [hauévər] 하우에버r   뿐 그러나, 하지만

□ **kind** [kaind] 카인드   몡 종류

□ **hearing** [híəriŋ] 히어링   몡 청력

□ **range** [reindʒ] 뤠인쥐   몡 범위, 폭

□ **human** [hjú:mən] 휴:먼   몡 사람, 인간

□ **unlike** [ʌnláik] 언라이크   젠 ~와 달리

□ **prefer** [prifə́:r] 프뤼풔:r   동 더 좋아하다, 선호하다

□ **high-toned**   혱 높은 음조의

□ **calm** [ka:m] 카:암   혱 침착한, 차분한

□ **rub** [rʌb] 뤄브   동 문지르다

□ **against** [əgénst] 어겐스트   젠 ~에 기대어, ~에 대고

□ **recently** [rí:sntli] 뤼:슨틀리   뿐 최근에

□ **compose** [kəmpóuz] 컴포우즈   동 작곡하다

□ **turn A into B**   A를 B로 바꾸다

□ **no longer**   더 이상 ~아닌

□ **just** [dʒʌst] 줘스트   뿐 단지, 겨우

□ **maybe** [méibi:] 메이비: 뿐 아마도

□ **channel** [tʃǽnl] 채널   몡 (텔레비전, 라디오 등의) 채널, 주파수

□ **nowadays** [náuədèiz] 나우어데이ㅈ · 閉 요즘, 현재

□ **care about** · ~을 신경 쓰다

□ **taste** [teist] 테이스ㅌ · 동 맛이 나다

□ **as well** · 또한, 역시

□ **popular** [pápjulər] 파퓰러*r* · 형 인기 있는

□ **learn about** · ~을 파악하다, 알게 되다

□ **client** [kláiənt] 클라이언ㅌ · 명 고객

□ **interest** [íntərəst] 인터뤠스ㅌ · 명 관심사, 흥미

□ **personal** [pə́rsənl] 퍼:*r*쓰널 · 형 개인적인

□ **information** [ìnfərméiʃən] 인퍼*r*메이션 · 명 정보

□ **unique** [juːníːk] 유:니:ㅋ · 형 특별한

□ **wedding** [wédiŋ] 웨딩 · 명 결혼식

□ **in the shape of** · ~의 모양으로

□ **object** [ábdʒikt] 아브쥑ㅌ · 명 사물

□ **might** [mait] 마이ㅌ · 조 ~일지도 모른다

□ **be interested in** · ~에 관심이 있다

□ **give ~ an idea of** · ~에게 …에 대해 알려주다

□ **professional** [prəféʃənl] 프뤄풰셔널 · 형 전문적인

04 스트레스를 받으면 배가 고파!

□ **period** [píːəriəd] 피ː어*r*뤼어드 — 몡 기간

□ **snack** [snæk] 스낵 — 몡 간식, 과자

□ **stressed** [strest] 스뜨뤠쓰트 — 혱 스트레스를 받은 *cf.* stress 스트레스

□ **brain** [brein] 브뤠인 — 몡 뇌

□ **produce** [prədjúːs] 프뤄듀ː쓰 — 통 만들어 내다

□ **hormone** [hɔ́ːrmòun] 호ː*r*모운 — 몡 호르몬

□ **reduce** [ridjúːs] 뤼듀ː쓰 — 통 줄이다 (↔ increase 늘리다)

□ **even** [íːvən] 이ː븐 — 뷔 ~ 조차

□ **actually** [ǽktʃuəli] 액츄얼리 — 뷔 실제로, 사실

□ **hunger** [hʌ́ŋgər] 헝거*r* — 몡 배고픔 *cf.* hungry 배고픈

□ **emotional** [imóuʃənl] 이모우셔널 — 혱 감정적인, 심리적인

□ **be likely to** — ~할 수도 있다, ~할 가능성이 있다

□ **overeat** [òuvəríːt] 오우붜뤼ː트 — 통 과식하다

□ **stomachache** [stʌ́məkèik] 스떠머께이크 — 몡 복통

□ **as a result** — 결과적으로

05 나만의 매력을 알아 볼 시간

□ **mirror**[mírə(r)] 미뤄r   명 거울

□ **daily**[déili] 데일리   형 매일의, 일상의

□ **routine**[ru:tí:n] 루:티:인   명 일과, 정해진 순서

□ **probably**[prábəbli] 프라버블리   부 아마도

□ **check**[tʃek] 췍   동 확인하다 명 검사, 체크

□ **have a hard time ~ing**   ~하는 데 어려움을 겪다

□ **accept**[æksépt] 액쎕트   동 받아들이다

□ **focus on**   ~에 집중하다

□ **end up ~ing**   결국 ~하게 되다

□ **be hard on**   ~을 가혹하게 대하다

□ **as it is**   있는 그대로, 상황 그대로

□ **nobody**[nóubàdi] 노우바리   명 아무도 (~하지 않다)

□ **perfect**[pə́:rfikt] 퍼:r픽트   형 완벽한

□ **remember**[rimémbər] 뤼멤버r   동 기억하다

□ **keep in mind**   ~을 명심하다

☐ **dolphin** [dálfin] 달핀   명 돌고래

☐ **spend** [spend] 스뺀드   동 보내다

☐ **surface** [sə́:rfis] 써:*r*퓌ㅅ   명 표면

☐ **breathe** [bri:ð] 브뤼:드   동 호흡하다

☐ **fall asleep**   잠이 들다

☐ **drown** [draun] 드롸운   동 익사하다

☐ **unique** [ju:ní:k] 유:니:크   형 특별한

☐ **a way of -ing**   ~하는 방법

☐ **solve** [salv] 쌀브   동 해결하다

☐ **completely** [kəmplí:tli] 컴플리:틀리   부 완전히

☐ **shut down**   끄다, 정지시키다

☐ **stay awake**   깨어 있다

☐ **take turns**   교대로 하다, 번갈아 하다

☐ **total** [tóutl] 토를   명 전체

07 소금, 얕잡아 보면 안 돼

pp. 30~31

□ **travel** [trǽvəl] 츄**래**블 — 동 여행하다

□ **surprisingly** [sərpráiziŋli] 써r프**롸**이징리 — 부 놀랍게도

□ **at that time** — 그 당시에

□ **way** [wei] **웨**이 — 명 방법, 방식

□ **preserve** [prizə́:rv] 프뤼**저:**r브 — 동 보관하다, 보존하다

□ **hard** [hɑːrd] **하:**r드 — 형 어려운, 힘든

□ **valuable** [vǽljuəbl] **밸**류어블 — 형 귀중한, 가치 있는 *cf.* value 가치
  ▶ Most Valuable Player 최우수 선수(MVP)

□ **in fact** — 실제로, 사실은

□ **salary** [sǽləri] **쌜**러뤼 — 명 급여, 월급

□ **Roman** [róumən] **로**우먼 — 형 로마의; 로마 사람의

□ **soldier** [sóuldʒər] **쏘**울줘r — 명 군인, 병사

□ **receive** [risíːv] 뤼**씨:**브 — 동 받다

□ **instead of** — ~ 대신에

□ **worth** [wəːrθ] **워:**r쓰 — 형 ~의 가치가 있는
  ▶ worth reading 읽을 가치가 있는

□ **pay** [pei] **페**이 — 명 급여, 보수 동 지불하다

□ **in addition** — 게다가

□ **in other words** — 다시 말해서

□ **professor** [prəfésər] 프뤄**페**써*r* 명 교수

□ **share** [ʃɛər] **셰**어*r* 동 (무엇을 다른 사람과) 함께 쓰다

□ **seat** [si:t] **씨**:트 명 자리, 좌석

□ **be tired of** ~에 싫증나다

□ **conversation** [kànvərséiʃən] 칸버*r***쎄**이션 명 대화

□ **suggest** [səgdʒést] 써**줴**스트 동 제안하다

□ **riddle** [rídl] **뤼**들 명 수수께끼

□ **pass the time** 시간을 보내다

□ **educated** [édʒukèitid] **에**듀케이티드 형 교육을 받은

□ **go first** 먼저 하다

□ **either** [í:ðər] **이**:더*r* 부 ~도 또한 (아니다)

□ **respond** [rispánd] 뤼스**빤**드 동 답하다, 응답하다 *cf.* response 반응

□ **embarrassed** [imbǽrəst] 임**배**뤄스트 형 당황한

□ **satisfied** [sǽtisfàid] **쌔**티스파이드 형 만족하는

09 간디는 왜 신발을 던졌을까?

☐ **board** [bɔːrd] 보ː르드 — 동 타다, 승차하다 (= get on)

☐ **unfortunately** [ʌnfɔːrtʃənətli] 언포ː르춰너틀리 — 부 불행하게도, 유감스럽게도

☐ **slip off** — (옷 신발 등이) 벗겨지다

☐ **fall** [fɔːl] 퍼ː얼 — 동 떨어지다, 넘어지다 (-fell-fallen)

☐ **be unable to** — ~을 할 수 없다

☐ **upset** [ʌpsét] 업쎄트 — 형 속상한, 화가 난

☐ **instead** [instéd] 인스떼드 — 대신에

☐ **calmly** [káːmli] 카ː암리 — 부 침착히

☐ **take off** — (옷 등을) 벗다 (↔ put on ~을 입다)

☐ **throw** [θrou] 쓰로우 — 던지다 (-threw-thrown)

☐ **close** [klous] 클로우쓰 — 부 가까이, 바싹

☐ **single** [síŋgl] 씽글 — 형 단 하나의

☐ **useful** [júːsfəl] 유ː스펄 — 형 유용한

☐ **useless** [júːslis] 유ː슬리쓰 — 형 쓸모없는

☐ **Indian** [índiən] 인디언 — 형 인도의

☐ **leader** [líːdər] 리ː더r — 명 지도자 동 lead 이끌다

☐ **act** [ækt] 액트 — 명 행동

☐ **kindness** [káindnis] 카인드니쓰 — 명 친절함

☐ **blessing** [blésiŋ] 블레씽 — 명 축복

☐ **give up** — 포기하다

Unit 4

pp. 38~39

10 어둠 속에서 빛을 내는 물고기

☐ **deep**[diːp] 디ː프 — 형 깊은 *cf.* deeply 깊게

☐ **interesting**[íntərəstiŋ] 인터뤠스팅 — 형 흥미로운, 재미있는

☐ **way**[wei] 웨이 — 명 방식, 방법

☐ **hunting**[hʌ́ntiŋ] 헌팅 — 명 사냥

☐ **light**[lait] 라이트 — 명 빛 동 빛을 내다
  ▶ light up 불이 켜지다
  ▶ light show 불빛 쇼

☐ **glow**[glou] 글로우 — 동 (계속, 은은히) 빛나다

☐ **bright**[brait] 브롸이트 — 형 밝은

☐ **over**[óuvər] 오우버*r* — 부 건너, ~ 쪽으로 형 끝난
  ▶ be over 끝나다

☐ **once**[wʌns] 원쓰 — 접 일단 ~하면

☐ **shut**[ʃʌt] 셭 — 동 닫다; 닫히다

☐ **jaw**[dʒɔː] 줘ː — 명 턱; 아래턱

☐ **swallow**[swálou] 스왈로우 — 동 삼키다

☐ **serve**[səːrv] 써ː*r*브 — 동 제공하다

☐ **sharp**[ʃɑːrp] 샤ː*r*프 — 형 날카로운

☐ **light fishing** — 불빛을 이용한 낚시

☐ **enemy**[énəmi] 에너미 — 명 적

11   위인들은 잠을 적게 잔다?

pp. 40~41

☐ **famous** [féiməs] 페이머ㅆ · 형 유명한

☐ **unusual** [ənjúːʒuəl] 언유:쥬얼 · 형 특이한, 드문 (↔ usual 보통의)

☐ **sleep** [sliːp] 슬리:잎 · 동 잠을 자다 (-slept-slept) 명 잠, 수면

☐ **painter** [péintər] 페인터r · 명 화가

☐ **repeat** [ripíːt] 뤼피:트 · 동 반복하다 *cf.* repeatedly 반복하여

☐ **in total** · 총, 합쳐서

　　total [tóutl] 토를 · 명 합계, 총수

☐ **have no problem -ing** · ~하는 데 문제가 없다

☐ **problem** [prάbləm] 프롸블럼 · 명 문제, 어려움

☐ **less than** · 미만 (↔ more than ~이상)

　　less [les] 레쓰 · 형 (양이) 더 적은 (little의 비교급)

☐ **take a nap** · 동 낮잠을 자다

　　nap [næp] 냎 · 명 낮잠, 잠깐 자는 잠

12 자전거 천국, 네덜란드

☐ **common** [kámən] 카먼 · — 혱 흔한

☐ **means** [mi:nz] 미:인ㅈ · — 명 수단

☐ **transportation** [trænspərtéiʃən] 트랜스퍼테이션 — 명 교통

☐ **be the case** — 사실이 그러하다

☐ **get around** — 돌아다니다

☐ **crisis** [kráisis] 크롸이씨ㅆ · — 명 위기

☐ **campaign** [kæmpéin] 캠페인 · — 명 운동 ·

☐ **perfect** [pə́:rfikt] 퍼:ㄹ픽ㅌ · — 혱 완벽한

☐ **land** [lænd] 랜ㄷ · — 명 땅, 육지

☐ **flat** [flæt] 플뢛 · — 혱 평평한

☐ **above** [əbʌ́v] 어버ㅂ · — 전 ~보다 위에

☐ **sea level** — 해발 고도

☐ **huge** [hju:ʤ] 휴:쥐 · — 혱 엄청나게 큰

☐ **network** [nétwə̀:rk] 넽워:ㄹㅋ · — 명 네트워크

☐ **bike route** — 명 자전거 도로

　 route [ru:t] 루:ㅌ · — 명 도로

☐ **parking space** — 주차 공간

　 space [speis] 스뻬이ㅆ · — 명 공간

☐ **all over** — ~의 전면에

☐ **remain** [riméin] 뤼메인 · — 동 ~로 남아있다

☐ **amazingly** [əméiziŋli] 어메이징리 · — 부 놀랍게도

☐ **rental** [réntl] 뤤틀 · — 혱 임대의, 대여의

Unit **05**

13 오늘은 시험, 뭘 먹어야 할까? pp. 48~49

☐ **nutritionist**[njuːtríʃənist] 뉴:트뤼셔니스트   명 영양학자 *cf.* nutrition 영양

☐ **diet**[dáiət] 다이어트   명 식단, 음식

☐ **affect**[əfékt] 어펙트   동 영향을 끼치다

☐ **peach**[piːtʃ] 피:취   명 복숭아

☐ **peanut**[pínət] 피:너트   명 땅콩

☐ **oyster**[ɔ́istər] 오이스터*r*   명 굴

☐ **stay awake**   동 자지 않고 깨어 있다

　　awake[əwéik] 어웨이크   형 깨어 있는

☐ **fight off**   싸워서 물리치다

☐ **effect**[ifékt] 이펙트   명 효과
　　▶ special effect 특수 효과

☐ **do well on**   (시험을) 잘 보다, ~을 잘하다

☐ **get a good night's sleep**   숙면을 취하다

☐ **pay attention to**   ~에 주의를 기울이다

☐ **certainly**[sə́ːrtənli] 써:*r*튼리   부 확실히, 명확히

☐ **result**[rizʌ́lt] 뤼절트   명 결과

☐ **Jewish** [dʒúːiʃ] 쥬ː이쉬   형 유대인의 *cf.* Jew 유대인

☐ **once upon a time**   옛날 옛적에

☐ **send** [send] 쎈드   동 보내다 (-sent-sent)

☐ **Earth** [əːrθ] 어ː*r*쓰   명 지구, 세상

☐ **important** [impɔ́ːrtənt] 임포ː*r*턴트   형 중요한

☐ **task** [tæsk] 태스크   명 일, 과업

☐ **all over**   곳곳에

☐ **finally** [fáinəli] 파이널리   부 마침내

☐ **choose** [tʃuːz] 츄ː즈   동 선택하다, 고르다 (-chose-chosen)

☐ **take** [teik] 테이크   동 (얼마의 시간이) 걸리다

☐ **a long time**   오랜 시간

☐ **heaven** [hévən] 헤븐   명 하늘, 천국
     ▸ go to heaven 죽다

☐ **return** [ritə́ːrn] 뤼터ː*r*언   동 돌아오다, 돌아가다

☐ **dead** [ded] 데드   형 죽은 동 die 죽다

☐ **no longer A but B**   더 이상 A가 아닌 B

   no longer   더 이상 ~ 아닌 (= not any longer)

15 소아암 어린이에게 오리 로봇을! pp. 52~53

□ **bring**[briŋ] 브링 — 동 가져다 주다

□ **comfort**[kʌ́mfərt] 컴퍼r트 — 명 위안, 위로 (↔ discomfort 불편함)

□ **inventor**[invéntər] 인벤터r — 명 발명가 cf. invent 발명하다

□ **develop**[divéləp] 디벨렆 — 동 개발하다

□ **cheer up** — 격려하다, 생기를 주다

□ **cancer**[kǽnsər] 캔써r — 명 암

□ **emotion**[imóuʃən] 이모우션 — 명 감정

□ **patient**[péiʃənt] 페이션트 — 명 환자 형 참을성 있는

□ **symptom**[símptəm] 씸프텀 — 명 (질병의) 증상

□ **take care of** — 돌보다

□ **bathe**[beið] 베이드 — ~을 목욕시키다 cf. bath 목욕

□ **feed**[fiːd] 피ː드 — 먹이를 주다

□ **care for** — ~을 보살피다, 돌보다

□ **go through** — ~을 겪다, 경험하다

□ **experience**[ikspíəriəns] 익스피어리언ㅆ — 명 경험

□ **serious**[síəriəs] 씨어뤼어ㅆ — 형 심각한

□ **illness**[ílnis] 일니ㅆ — 명 질병, 질환 cf. ill 아픈

□ **lonely**[lóunli] 로운리 — 형 외로운

□ **treat**[triːt] 츄뤼ː트 — 동 치료하다

□ **come up with** — (해답 등을) 생각해내다, 찾아내다

□ **feel the same way** — 똑같이 느끼다, 동감하다

□ **sign**[sain] 싸인 — 명 징후, 신호

16 새들의 노래 배우기   pp. 56~57

□ **songbird** [sɔ́(:)ŋbəːrd] 쏘응버ː*r*드   명 노래하는 새, 지저귀는 새

□ **kind** [kaind] 카인ㄷ   명 종류, 유형 형 친절한, 다정한

□ **easily** [íːzili] 이ː질리   부 쉽게 *cf.* easy 쉬운

□ **pass A on to B**   A를 B에게 전수하다, 물려주다

    pass [pæs] 패쓰   동 전해지다, 건네주다; 지나가다

□ **young** [jʌŋ] 영   명 (동물의) 새끼

□ **be separated from**   ~에서 분리되다

    separate [sépərèit] 쎄퍼뤠이트   동 분리하다, 나누다

□ **one's own**   ~ 자신의

□ **strange** [streindʒ] 스뜨뤠인쥐   형 이상한, 낯선

□ **make a noise**   소리를 내다

    noise [nɔiz] 노이ㅈ   명 (듣기 시끄러운) 소리, 소음

□ **experiment** [ikspérəmənt] 익스페뤄먼트   명 실험

□ **be raised by**   ~에 의해 길러지다, 양육되다

    raise [reiz] 뤠이ㅈ   동 기르다, 키우다

□ **surprisingly** [sərpráiziŋli] 써*r*프롸이징리   부 놀랍게도 *cf.* surprising 놀라운

□ **adult** [ədʌ́lt] 어덜트   명 성인, 어른

□ **depend on**   ~에 달려있다

17 출생 순서에 따라 성격이 달라진다? pp. 58~59

☐ **psychologist**[saikáləʤist] 싸이**칼**러쥐스트	명 심리학자 *cf.* psychology 명 심리학	
☐ **birth order**	출생 순서	
☐ **affect**[əfékt] 어**펙**트	동 영향을 끼치다	
☐ **personality**[pə̀ːrsənǽləti] 퍼ː*r*써**낼**러티	명 성격	
☐ **first-born**	형 첫째의, 제일 먼저 태어난	
☐ **perfect**[pə́ːrfikt] 퍼ː*r***픽**트	형 완벽한	
☐ **respect**[rispékt] 뤼스**펙**트	명 존경, 존중	
☐ **president**[prézədənt] 프**뤠**저던트	명 대통령, 회장	
☐ **act as**	~의 역할을 하다	
☐ **bridge**[briʤ] 브**뤼**쥐	명 다리, 가교	
☐ **diplomat**[dípləmæt] 디플러매트	명 외교관	
☐ **attention**[əténʃən] 어**텐**션	명 관심, 주목	
☐ **creative**[kriéitiv] 크뤼**에**이리브	형 창의적인	
☐ **have fun**	즐기다, 재밌게 놀다	
☐ **artist**[áːrtist] 아ː*r***티**스트	명 예술가, 화가	
☐ **draw**[drɔː] 드**뤄**	동 끌다	
☐ **interest**[íntərəst] 인터레스트	명 관심, 흥미	
☐ **prevent**[privént] 프뤼**벤**트	동 막다, 방지하다	
☐ **bloom**[bluːm] 블**루ː**움	동 (꽃을) 피우다	
☐ **in first place**	1위로, 1등으로	

18 목욕을 하면 죽는다?

□ **shower** [ʃáuər] 샤워r — 동 샤워하다 (=take a shower)

□ **at least** — 적어도

□ **be shocked** — 충격을 받다

  shock [ʃɑk] 샥 — 동 충격을 주다

□ **take a bath** — 목욕하다

□ **take something for example** — ~을 예시로 들다

□ **proud** [praud] 프롸우드 — 형 자부심이 있는

□ **bathe** [beið] 베이드 — 동 몸을 씻다

□ **whole life** — 전 생애, 평생

  whole [houl] 호울 — 형 전체의

□ **jail** [dʒeil] 줴일 — 명 감옥
  ▶ put in jail 투옥시키다

□ **pore** [pɔːr] 포ːr — 명 모공, 구멍

□ **disease** [dizíːz] 디지ːz — 명 질병

□ **flow** [flou] 플로우 — 동 흐르다

Unit **07**

□ **shower** [ʃáuər] 샤워r   몡 선물을 하는 파티; 샤워

□ **come to mind**   (생각이) 떠오르다

□ **blessing** [blésiŋ] 블레씽   몡 축복

□ **expect a baby**   출산 예정이다, 임신 중이다

□ **baby shower**   몡 임신 축하 파티

□ **several** [sévərəl] 쎄버럴   휑 몇몇의

□ **invite** [inváit] 인바이트   동 초대하다

□ **kind** [kaind] 카인드   몡 종류, 유형 휑 친절한

□ **bridal shower**   몡 결혼 축하 파티

     bridal [bráidl] 브라이들   휑 신부의

□ **get married**   결혼하다 *cf.* marry 결혼하다

□ **female** [fíːmeil] 피ː메일   휑 여성인 몡 여성 *cf.* male 남성인, 남성

□ **relative** [rélətiv] 뤨러티브   몡 친척

□ **throw a party**   파티를 열다

□ **wish ~ well**   ~가 잘 되길 빌어주다

□ **plan** [plæn] 플랜   몡 계획 동 계획하다

☐ **dictionary** [díkʃənèri] 딕셔네뤼 　　명 사전

☐ **password** [pǽswɔ̀rd] 패쓰워/드 　　명 비밀번호

☐ **hacker** [hǽkər] 해커/r 　　명 해커 *cf.* hack 해킹하다

☐ **easily** [íːzili] 이:질리 　　부 쉽게 *cf.* easy 쉬운

☐ **find out** 　　~을 알아내다

☐ **attack** [ətǽk] 어택 　　명 공격 동 공격하다

☐ **possible** [pásəbl] 파써블 　　형 가능한 (↔ impossible 불가능한)

☐ **in a few minutes** 　　몇 분 안에 *cf.* a few 몇몇의

☐ **add** [æd] 애드 　　동 더하다, 추가하다 (↔ subtract 빼다)

☐ **special character** 　　특수 문자

　　character [kǽriktər] 캐뤽터/r 　　명 문자; 등장인물; 성격

☐ **avoid** [əvɔ́id] 어보이드 　　동 삼가다, 피하다

☐ **letter** [létər] 레러/r 　　명 글자, 문자; 편지

☐ **even** [íːvən] 이:븐 　　부 (비교급 앞에서) 훨씬

☐ **sentence** [séntəns] 쎈턴ㅅ 　　명 문장

☐ **forgotten** [fərɡátn] 퍼r갇튼 　　형 잊혀진, 잊어버린 *cf.* forget 잊다

☐ **contemporary** [kəntémpərèri] 컨템퍼뤠리 　형 동시대의

21 바다거북아, 미안해 pp. 70~71

☐ **study** [stʌ́di] 스터디 — 명 연구, 조사

☐ **sea turtle** — 바다거북

turtle [tə́ːrtl] 터ːr를 — 명 거북

☐ **notice** [nóutis] 노우티씨 — 동 알아차리다

☐ **behave** [bihéiv] 비헤이ㅂ — 동 행동하다

☐ **stuck** [stʌk] 스턱 — 형 박힌, 끼인

☐ **seem to** — ~인 것 같다

☐ **have difficulty -ing** — ~하는 데 어려움을 겪다

☐ **breathe** [briːð] 브뤼ː드 — 동 호흡하다 cf. breath 호흡

☐ **as a result** — 그 결과

☐ **at first** — 처음에

☐ **object** [ábdʒikt] 아브직트 — 명 물체, 물건

☐ **worm** [wəːrm] 워ːr엄 — 명 벌레

☐ **realize** [ríːəlàiz] 뤼ː얼라이즈 — 동 깨닫다, 알다

☐ **straw** [strɔː] 스트로ː — 명 빨대
  ▶ plastic straw 플라스틱 빨대

☐ **once** [wʌns] 원쓰 — 접 ~하자마자

☐ **post** [poust] 포우스트 — 동 게시하다, 올리다

☐ **rescue** [réskjuː] 뤠스큐ː — 명 구조

☐ **scene** [siːn] 씨인 — 명 장면

☐ **goal** [goul] 고울 — 명 목적, 목표

☐ **aware of** — ~을 아는, ~을 인지하는

☐ **harmful** [háːrmfəl] 하ァ암펄	형 해로운, 유해한 *cf.* harm 해치다
☐ **effect** [ifékt] 이**펙**트	명 영향, 결과
☐ **life style**	생활 방식
☐ **turning point**	전환점
☐ **impressed** [imprést] 임프**뤠**스트	형 감명을 받은 *cf.* impress 감명을 주다
☐ **campaign** [kæmpéin] 캠**페**인	명 캠페인, 운동
☐ **free** [friː] 프**뤼**ː	형 ~이 없는
	▶ stress-free 스트레스가 없는
	▶ smoke-free 흡연이 없는
☐ **organize** [ɔ́ːrgənàiz] **오**ːァ거**나**이ㅈ	동 설립하다, 조직하다
☐ **monitor** [mánitər] **마**니터ァ	동 관찰하다
☐ **recycle** [riːsáikl] 뤼ː**싸**이클	동 재활용하다
☐ **raise money**	모금하다
raise [reiz] **뤠**이ㅈ	동 모으다; 올리다; 기르다
☐ **eagerly** [íːgərli] **이**ː걸리	부 열성적으로; 간절히

Unit

☐ **the Atlantic Ocean**   대서양

☐ **so far**   지금까지

☐ **go missing**   실종되다

☐ **disappear**[dìsəpíər] 디쎄피어r   동 사라지다 (↔ appear 나타나다)

☐ **mysterious**[mistíəriəs] 미스티어뤼어ㅅ   형 불가사의한, 신비의
cf. mystery 미스터리, 신비

☐ **triangle**[tráiæŋgl] 츄롸이앵글   명 삼각지대, 삼각형

☐ **connect**[kənékt] 커넥트   동 연결하다

☐ **point**[pɔint] 포인트   명 점

☐ **between**[bitwíːn] 비트위인   전 ~ 사이에서

☐ **sailor**[séilər] 쎄일러r   명 선원 *cf.* sail 항해하다

☐ **compass**[kʌ́mpəs] 컴퍼ㅆ   명 나침반

☐ **work**[wəːrk] 워:r크   동 작동하다; 일하다

☐ **lose one's way**   길을 잃다

    lose[luːz] 루:즈   동 잃다

☐ **huge**[hjuːdʒ] 휴:쥐   형 거대한, 엄청난

☐ **monster**[mʌ́nstər] 만스터r   명 괴물

☐ **swallow**[swálou] 스왈로우   동 삼키다

☐ **nearby**[nìərbái] 니어r바이   형 근처의, 가까이에 있는

☐ **cause**[kɔːz] 커:즈   명 원인 동 일으키다

☐ **remain**[riméin] 뤼메인   동 (~의 상태로) 남아 있다

☐ **celebrate** [séləbrèit] 쎌러브뤠이트 — 동 축하하다, 기념하다

☐ **look-alike** [lúkəlàik] 룩얼라이크 — 명 (사람 이름 뒤에서) ~을 꼭 빼닮은 사람

☐ **be born** — 태어나다

☐ **host** [houst] 호우스트 — 동 개최하다, 열다

☐ **square** [skwɛər] 스꿰어r — 명 광장; 사각형, 네모

☐ **look like** — ~처럼 보이다

☐ **beloved** [bilʌ́vid] 빌러비드 — 형 사랑하는, 소중한

☐ **genius** [dʒíːniəs] 쥐:니어쓰 — 명 천재

☐ **arrive** [əráiv] 어롸이브 — 동 도착하다

☐ **by** [bai] 바이 — 전 ~까지

☐ **attend** [əténd] 어텐드 — 동 참석하다

☐ **previous** [príːviəs] 프뤼:비어쓰 — 형 이전의

☐ **winner** [wínər] 위너r — 명 우승자 *cf.* win (상을) 타다; 이기다

☐ **piece** [piːs] 피:쓰 — 명 한 조각, 한 부분

☐ **aged** [éidʒid] 에이쥐드 — 형 (나이가) ~세의

☐ **under** [ʌ́ndər] 언더r — 형 ~미만

☐ **prize** [praiz] 프롸이즈 — 명 상품

☐ **worth** [wəːrθ] 워:r쓰 — 형 ~의 가치가 있는, ~어치

☐ **free** [friː] 프뤼: — 형 공짜의, 무료의

☐ **entry fee** — 참가비 *cf.* fee 요금, 수수료

☐ **contact** [kántækt] 칸텍트 — 명 연락, 연결

24 '아기 상어'가 인기 있는 이유는? pp. 78~79

- **popular** [pápjulər] 파퓰러r — 형 인기 있는 *cf.* popularity 인기

- **researcher** [risə́:rtʃər] 뤼써:r춰r — 명 연구원, 조사자

- **repeat** [ripí:t] 뤼피:트 — 동 반복하다

  repetition [rèpətíʃən] 뤠퍼티션 — 명 반복

- **melody** [mélədi] 멜러디 — 명 선율, 가락

- **lyrics** [líriks] 리릭ㅅ — 명 (복수형으로) 노랫말, 가사

- **contain** [kəntéin] 컨테인 — 동 들어있다, 담다

- **go** [ɡou] 고우 — 동 ~이 되어가다, 진전되다

- **many times** — 여러 번

- **understand** [ʌ̀ndərstǽnd] 언더r스탠ㄷ — 동 이해하다

- **without** [wiðáut] 위다웃 — ~하지 않고
  ▶ without knocking 노크하지 않고

- **try to** — ~하려고 애쓰다

25 내 키는 몇 cm까지 클까? pp. 84~85

☐ **wonder** [wʌ́ndər] 원더r — 동 궁금해하다

☐ **grow up** — 어른이 되다, 성장하다

☐ **not always** — 항상 ~은 아닌

☐ **accurate** [ǽkjurət] 애큐러트 — 형 정확한 *cf.* accuracy 정확, 정밀도

☐ **guess** [ges] 게쓰 — 동 추측하다

☐ **do math** — 계산하다

math [mæθ] 매쓰 — 명 산수

☐ **even if** — ~ 할지라도

☐ **result** [rizʌ́lt] 뤼졀트 — 명 결과

☐ **depending on** — ~에 따라서

☐ **exercise** [éksərsàiz] 엑써r싸이ㅈ — 동 운동하다 명 운동

☐ **up to** — ~까지

☐ **suppose** [səpóuz] 써포우ㅈ — 동 가정하다

☐ **height** [hait] 하이트 — 명 키

☐ **add** [æd] 애드 — 동 더하다

☐ **subtract** [səbtrǽkt] 써브뢕트 — 동 빼다

☐ **divide A by B** — A를 B로 나누다

divide [diváid] 디바이ㄷ — 동 나누다

☐ **adult** [ədʌ́lt] 어덜트 — 명 성인, 어른

26 하늘에서 개구리 비가 내린다면 pp. 86~87

☐ **report** [ripɔ́ːrt] 뤼포ː르트 — 몡 보도, 보고 *cf.* reporter 기자, 리포터

☐ **unusual** [ʌnjúːʒuəl] 언유ː쥬얼 — 혱 특이한, 드문 (↔ usual 평소의)

☐ **frog** [frɔːg] 프로ː그 — 몡 개구리

☐ **tadpole** [tǽdpòul] 태드포울 — 몡 올챙이

☐ **rain** [rein] 뤠인 — 동 비처럼 내리다, 퍼붓다 몡 비

☐ **noise** [nɔiz] 노이즈 — 몡 (듣기 싫은) 소리, 소음; 잡음

☐ **parking lot** — 주차장

   park [pɑːrk] 파ː르크 — 동 주차하다

☐ **check** [tʃek] 췍 — 동 확인하다, 점검하다

☐ **due to** — ~ 때문에

☐ **tornado** [tɔːrnéidou] 토ː르네이도우 — 몡 토네이도, 회오리 바람

☐ **storm** [stɔːrm] 스토ː름 — 몡 폭풍, 폭풍우

☐ **catch** [kætʃ] 캐취 — 동 붙들다, 잡다

☐ **weather forecast** — 일기 예보

   weather [wéðər] 웨더r — 몡 날씨

   forecast [fɔ́ːrkæ̀st] 포ː르캐스트 — 몡 예보

☐ **be sure to** — 반드시 ~ 하다

☐ **drop** [drɑp] 드랍 — 몡 하락, 저하

☐ **population** [pàpjəléiʃən] 파퓰레이션 — 몡 개체수, 인구

☐ **reduce** [ridjúːs] 뤼듀ː쓰 — 동 줄이다, 감소시키다

27 때로는 행복이 불행의 원인이 된다

☐ **once upon a time**   옛날 옛적에

☐ **wise** [waiz] 와이ㅈ   형 현명한

☐ **for advice**   조언을 구하려고

    advice [ədváis] 어드바이ㅅ   명 조언

☐ **village** [vílidʒ] 빌리쥐   명 마을

☐ **present** [préznt] 프뤠즌ㅌ   명 선물 형 현재의

☐ **field** [fi:ld] 피:일ㄷ   명 들판, 밭

☐ **ride** [raid] 롸이ㄷ   동 (말, 자전거 등을) 타다

☐ **unfortunately** [ʌnfɔ́:rtʃənitli] 언포:r춰니틀리   부 불행하게도, 유감스럽게도 (↔ fortunately 다행히, 운 좋게)

☐ **fall** [fɔ:l] 퍼:얼   동 떨어지다 (-fell-fallen)

☐ **break one's leg**   다리가 부러지다

    break [breik] 브뤠이ㅋ   동 부러뜨리다 (-broke-broken)

☐ **luck** [lʌk] 럭   명 운, 행운

☐ **neighbor** [néibər] 네이버r   명 이웃

☐ **soldier** [sóuldʒər] 쏘울져r   명 군인

☐ **take A to B**   A를 B로 데려가다

☐ **for a minute**   잠시 동안

Unit **10**

☐ **feel like** 　　　　　　　　　　　　　　～한 느낌이 들다

☐ **all the time** 　　　　　　　　　　　　항상, 언제나

☐ **try to** 　　　　　　　　　　　　　　　～하려고 애쓰다

☐ **nice** [nais] 나이ㅅ 　　　　　　　　　　형 친절한

☐ **others** 　　　　　　　　　　　　　　　명 다른 사람들

　　other [ʌ́ðər] 아더ɾ 　　　　　　　　형 다른 　명 타인

☐ **stress out** 　　　　　　　　　　　　　스트레스를 주다

　　stress [stres] 스뜨뤠ㅆ 　　　　　　명 부담, 압박; 압력

☐ **please** [pliːz] 플리:ㅈ 　　　　　　　　동 남을 즐겁게 하다 　부 부디

☐ **either** [íːðər] 이:더ɾ 　　　　　　　　부 ～도 또한 (아니다)

☐ **instead** [instéd] 인스떼ㄷ 　　　　　부 대신에

☐ **focus on** 　　　　　　　　　　　　　～에 집중하다

☐ **in the same way** 　　　　　　　　　같은 방식으로

☐ **give attention to** 　　　　　　　　～에 집중하다

　　attention [əténʃən] 어텐션 　　　　명 집중, 관심, 주의

□ **stranger** [stréindʒər] 스뜨뤠인저r · 명 낯선 사람

strange [streindʒ] 스뜨뤠인쥐 · 형 낯선; 이상한

□ **probably** [prábəbli] 프롸버블리 · 부 아마도 (= perhaps, maybe)

□ **directly** [diréktli] 디뤡틀리 · 부 똑바로 (= straight)

□ **friendly** [fréndli] 프뤤들리 · 형 친절한, 우호적인

□ **look into** · ~을 들여다보다

□ **be going to** · ~할 것이다, ~할 예정이다

□ **be about to** · 막 ~하려고 하다

□ **attack** [ətǽk] 어택 · 동 공격하다

□ **greet** [griːt] 그뤼ː트 · 동 인사하다

□ **unfamiliar** [ʌnfəmíljər] 언퍼밀리어r · 형 낯선, 익숙하지 않은
(↔ familiar 익숙한)

□ **toward** [tɔːrd] 토ːr드 · 전 ~을 향해

□ **instead** [instéd] 인스떼드 · 부 대신에

□ **shoulder** [ʃóuldər] 쇼울더r · 명 어깨

□ **chest** [tʃest] 체스트 · 명 가슴

□ **stay** [stei] 스떼이 · 동 ~한 채로 있다

□ **calm** [kɑːm] 카암 · 형 침착한

□ **in front of** · ~ 앞에서

30 지구에게 생긴 일　　　　　　　pp. 96~97

☐ **billion** [bíljən] 빌리언　　　　　　명 10억

☐ **compare A to B**　　　　　　A를 B에 비유하다

　　compare [kəmpɛ́ər] 컴페어r　　동 비교하다, 비유하다

☐ **during** [djúəriŋ] 듀어링　　　　전 ~동안

☐ **recent** [ríːsnt] 뤼:슨트　　　　　형 최근의, 최신의

☐ **sign** [sain] 싸인　　　　　　　　명 징후, 신호

☐ **life** [laif] 라이ㅍ　　　　　　　　명 생명; 삶

☐ **mammal** [mǽməl] 매멀　　　　명 포유류, 포유 동물

☐ **ape** [eip] 애이ㅍ　　　　　　　　명 유인원, 영장류

☐ **evolve** [iválv] 이봘ㅂ　　　　　동 진화하다

☐ **modern** [mádərn] 마더r언　　　형 현대의

☐ **farming** [fáːrmiŋ] 퐈:r밍　　　　명 농사

☐ **Industrial Revolution**　　　산업 혁명

　　industrial [indʌ́striəl] 인더스트뤼얼　형 산업의, 공업의

　　revolution [rèvəljúːʃən] 뤠벌루:션　명 혁명

☐ **paradise** [pǽrədàis] 패러다이ㅅ　명 천국, 파라다이스

☐ **garbage** [gáːrbidʒ] 가:r비쥐　　명 쓰레기장, 쓰레기
　　　　　　　　　　　　　　　　　cf. trash (생활) 쓰레기
　　　　　　　　　　　　　　　　　cf. waste (폐기물) 쓰레기

☐ **save** [seiv] 쎄이ㅂ　　　　　　　동 구하다

☐ **affect** [əfékt] 어펙트　　　　　　동 영향을 끼치다

☐ **damage** [dǽmidʒ] 대미쥐　　　동 파괴하다, 손해를 입히다

Unit

- [ ] **career** [kəríər] 커뤼어r — 명 경력; 직업
- [ ] **as** [æz] 애즈 — 전 ~로서
- [ ] **complete** [kəmplíːt] 컴플리:트 — 동 완성하다
- [ ] **unfinished** [ʌnfíniʃt] 언피니쉬트 — 형 미완성의
- [ ] **reply** [riplái] 뤼플라이 — 동 대답하다 (-replied-replied)
- [ ] **experienced** [ikspíəriənst] 익스피어r리언스트 — 형 경험있는, 숙련된
- [ ] **take one's place** — ~을 대신하다
- [ ] **do one's best** — 최선을 다하다
- [ ] **anymore** [ènimɔ́ːr] 애니모:r — 부 더 이상, 이제
- [ ] **pray** [prei] 프뤠이 — 동 기도하다
- [ ] **skill** [skil] 스끼을 — 명 능력, 실력
- [ ] **beloved** [bilʌ́vid] 빌러비드 — 형 사랑하는
- [ ] **look over** — 살펴보다, 검토하다
- [ ] **carefully** [kɛ́ərfəli] 케어r펄리 — 부 신중히 *cf.* careful 신중한
- [ ] **son** [sʌn] 썬 — 명 청년, 젊은이, 아들
- [ ] **amazingly** [əméiziŋli] 어메이징리 — 부 대단히, 놀랍게
- [ ] **pleased** [pliːzd] 플리:즈드 — 형 기쁜
- [ ] **pick** [pik] 픽 — 동 고르다, 선택하다
- [ ] **opportunity** [ὰpərtjúːnəti] 아퍼r튜:너티 — 명 기회
- [ ] **fix** [fiks] 픽쓰 — 동 고치다

Unit

32 친구가 된 고양이와 쥐

pp. 104~105

☐ **natural enemy**　　천적

　natural[nǽtʃərəl] 내츄럴　　휑 타고난; 자연의

　enemy[énəmi] 에너미　　몡 적; 적군

☐ **surprise**[sərpráiz] 써ｒ프롸이즈　　동 놀라게 하다　*cf.* surprisingly 놀랍게도

☐ **closet**[klázit] 클라지ㅌ　　몡 벽장, 옷장

☐ **become friends with**　　~와 친구가 되다

☐ **similar**[símələr] 씨멀러ｒ　　휑 비슷한, 유사한

☐ **wolf**[wulf] 울ㅍ　　몡 늑대

☐ **put together**　　모으다

☐ **for sure**　　확실히, 틀림없이

☐ **various**[véəriəs] 배어뤼어ㅆ　　휑 다양한, 여러 가지의　*cf.* variety 다양성

☐ **personality**[pə̀rsənǽləti] 퍼ｒ스낼러티　　몡 성격, 개성

☐ **follow**[fálou] 팔로우　　동 따르다

☐ **law**[lɔː] 러ː　　몡 법칙

☐ **cage**[keidʒ] 케이쥐　　몡 우리; 새장

☐ **peacefully**[píːsfəli] 피ː쓰펄리　　휭 평화롭게　*cf.* peaceful 평화로운

☐ **unexpected**[ənikspéktid] 언익스펙티ㄷ　　휑 예기치 않은

☐ **treat**[triːt] 츄륃ː트　　동 대우하다, 대하다
　　　　　　　　　　　　cf. treatment 대우, 치료

☐ **in front of**　　~ 앞에서

33 뇌로 맛을 본다!

□ **taste** [teist] 테이스트
동 맛이 나다 명 맛
cf. tasty 맛있는, 맛 좋은

□ **be served on**
~에 제공되다

serve [sə:rv] 써:r브
동 (음식을) 내놓다, 제공하다

□ **plate** [pleit] 플레이트
명 접시, 그릇

□ **sweet** [swi:t] 스위:트
형 (음식이) 달콤한, (음악이) 감미로운

□ **by** [bai] 바이
전 ~한 차이로

□ **about** [əbáut] 어바웃
부 대략, 거의 전 ~에 대하여

□ **for this reason**
이러한 이유로

□ **tongue** [tʌŋ] 텅
명 혀

□ **determine** [ditə́:rmin] 디터:r민
동 결정하다 *cf.* determination 결정

□ **alone** [əlóun] 얼로운
형 부 단독으로, 홀로; 외로운

□ **in fact**
사실은, 실은

□ **in order to**
~하기 위해

□ **identify** [aidéntəfài] 아이덴터파이
동 확인하다, 인식하다

□ **combine** [kəmbáin] 컴바인
동 합치다

□ **signal** [sígnəl] 씨그널
명 신호, 징후

□ **sense** [sens] 쎈쓰
명 감각

□ **as well**
또한, ~도

□ **sight** [sait] 싸이트
명 시각, 시력

□ **judge** [dʒʌdʒ] 줘쥐
동 판단하다, 평가하다 명 판사

Unit

☐ **escape** [iskéip] 이스께이ㅍ   동 탈출하다, 벗어나다

☐ **branch** [bræntʃ] 브랜춰   명 나뭇가지

☐ **stormy** [stɔ́ːrmi] 스토ːr미   형 폭풍의, 폭풍우가 몰아치는

☐ **ladder** [lǽdər] 래더r   명 사다리

☐ **broken** [bróukən] 브로우컨   형 부러진, 깨진

☐ **once** [wʌns] 원쓰   접 ~하자마자 부 이전에, 한 번

☐ **wonder** [wʌ́ndər] 원더r   동 궁금해하다

☐ **wander** [wɑ́ndər] 완더r   동 돌아다니다

☐ **for a little while**   잠깐 동안

☐ **attack** [ətǽk] 어택   동 공격하다 (↔ defend 방어하다)

☐ **fortunately** [fɔ́ːrtʃənitli] 포ːr춰니틀리   부 다행히도 cf. fortunate 다행인

☐ **on one's own**   스스로

☐ **intelligent** [intélədʒənt] 인텔러전트   형 머리가 좋은, 똑똑한

☐ **be supposed to**   ~해야 한다

☐ **leave** [liːv] 리ːㅂ   동 떠나다

☐ **reach** [riːtʃ] 뤼ː취   동 도착하다

☐ **damage** [dǽmidʒ] 대미쥐   동 손상을 주다

☐ **research** [risɔ́ːrtʃ] 뤼써ːr취   명 연구

☐ **behavior** [bihéivjər] 비헤이뷔어r   명 행동 cf. behave 행동하다

☐ **heavy** [hévi] 헤비   형 (교통이) 혼잡한; 무거운

☐ **traffic** [trǽfik] 트뤠픽   명 교통

□ **sea level**   해수면

□ **rapidly** [rǽpidli] 래피들리   閉 빠르게, 급속히 *cf.* rapid 빠른

□ **rise** [raiz] 롸이ㅈ   동 상승하다, 오르다

□ **global warming**   지구 온난화

□ **continue to**   계속 ~하다

□ **at this rate**   이러한 속도로 *cf.* rate 속도

□ **sink into**   ~속으로 가라앉다

□ **come up with**   (아이디어를) 내다

□ **solve** [salv] 쌀브   동 해결하다 *cf.* solution 해결책

□ **suggest** [sədʒést] 써줴스트   동 제안하다

□ **floating** [flóutiŋ] 플로우팅   형 (물 위, 공중에) 떠 있는 *cf.* float 뜨다

□ **be made up of**   ~으로 구성되다

□ **man-made**   형 인공의, 사람이 만든

□ **crop** [krap] 크뢉   명 농작물, 곡물

□ **against** [əgénst] 어겐스트   전 ~에 대한, ~을 대비하여

□ **for sure**   확실히, 틀림없이

□ **yet** [jet] 옐   閉 아직, 그러나

□ **take action**   조치를 취하다

□ **slow down**   ~을 늦추다

□ **fight** [fait] 퐈이트   동 대처하다; 싸우다

□ **in addition**   게다가

□ **describe** [diskráib] 디스끄롸이ㅂ   동 표현하다; 묘사하다

36 거미줄을 타고 날아올라! pp. 114~115

□ **mainly** [méinli] 메인리 ⊕ 거의, 주로

□ **silk** [silk] 씰크 몡 거미줄; 비단

□ **catch** [kætʃ] 캐취 통 잡다, 붙들다

□ **prey** [prei] 프뤠이 몡 먹이

□ **cross** [krɔːs] 크로ː쓰 통 건너다, 가로지르다

□ **stream** [striːm] 스트뤼임 몡 하천, 개울

□ **cast** [kæst] 캐스트 통 던지다

□ **thread** [θred] 쓰뤠드 몡 실, 가닥

□ **bridge** [bridʒ] 브뤼쥐 몡 다리, 교량

□ **performer** [pərfɔ́ːrmər] 펄포ːr머r 몡 공연가, 연기자 *cf.* perform 공연하다

□ **crawl** [krɔːl] 크로ː올 통 기다, 기어가다

□ **web** [web] 웹 몡 거미집; 인터넷

□ **let out** 흘려 보내다, 방출하다

□ **lift** [lift] 리프트 통 들어 올리다 몡 승강기, 엘리베이터

□ **go to waste** 낭비되다

□ **protein** [próutiːn] 프로우티ː인 몡 단백질

□ **recycle** [riːsáikl] 뤼ː싸이클 통 재활용하다

MEMO